JN408835

아니, 아직도
그 남자랑
살아?

**지은이** 유희인
**발행일** 1쇄 2013 년 10월 22일
4쇄 2015 년 1월 11일

**펴낸곳** 도서출판 계명사
110-796 서울시 종로구 신문로 1가 24
전화 | 02-733-2087~8
팩스 | 02-737-4764
출판등록 300-1964-5호

ISBN 978-89-7256-109-5 03810

값 14,000 원
※잘못 만들어진 책은 바꾸어 드립니다.

# 목차

머리말

## 괴상한 남자

왕족 10
영업시간 11
사랑을 할 거야 12
한국말 공부 13
왕창수와 이천수 14
당신도 늙는구나 15
잘난 아들 16
그 어머니에 그 아들 18
비아그라 19
환청 20
대접 21
격투기시합 22
노동요 24
사돈의 팔촌 25
뒤끝 26
마담 에비프라이 28
프롤레타리아 소 30
유엔 인권위원회 31
다코야끼 32
모나카 33
전설의 콩나물국 34
낙지볶음 35
아스트로 박 36
결자해지 37
특수문자 38
클린 에너지 39
민주화 40
흡연삼우 41
네 이웃을 네 몸과 같이 42
금연테라피 43
사회지도층 44
단점 45
가정파괴범 46
문제는 간(肝) 47
괴상한 남자 48
정성 49
삐라 50
배은망덕 51

생일카드 54
니나노 정신 55
휴일 아침의 허튼 56
한심한 욕망 57
날리지엔타 58
선수 60
마사지 61
좋기도 하겠다 62
도깨비여행 63
여름휴가 64
휴대전화 66
지동설 67
상차림 68
겨울은 추워야 하고 69
아버지 그리고 남자 70
포기 71
정체성 72
옳은 말 73
모르면 가만히 있으라고 74
스위트 룸 75
저혈압 76
수건 77
바른생활 상급코스 78
저녁준비 79
오염 80
한밤의 고스톱 81
영어도 못하면서 82
이상한 쿠폰 84
친구 남편 85
트위터 86
팔자 87
커피에서 삼전도비까지 88
서약서 90
지하철 92
가죽제품 손질 93
송년회 후유증 94
어거지 96
박력 97
제목 98
관점 99
동반출장 100
돈 먹은 남편 101
최악의 시나리오 102
우수사원 104
내기를 하다 105
시켜야 산다 106
나, 이런 사람이야 107
신문기사 108
돈암동 마야 110
여보, 들었어? 111
판정 112
노인학대 113
비상사태 114
괘씸한 아들 117
출장 118
부녀자의 길 120
신문 121
관성의 법칙 122
나만 참으면 되지 123

## 리쿠쓰보이와 막가보이


예술인가 저질인가 126

다리 127

화상 128

주의산만 129

어버이날에 받은 편지 130

문제해결능력 132

무자식 상팔자 134

어버이날에 받은 편지2 135

고얀 놈 136

'여자'와 살다 137

부부싸움 코치 138

구씨 140

복권 142

아들을 찾아 144

시아버지 시집살이 146

아들의 여자 친구 148

노예의 사랑 149

도둑을 잡다 150

너희가 보비트를 아느냐 152

대북방송 153

날이 갈수록 154

관찰력 157

번뇌의 원인 158

실패한 구매 159

피해망상 & 과대망상 160

알아서 하랄 땐 언제고 162

신중한 건 좋은데 163

소원수리함 164

챔피언 165

좋거나 혹은 서글프거나 166

오늘의 운세 167

아들의 승진 168

GDP 169

사채보다 무서운 돈 170

쉬운 남자 171

컴퓨터 172

세포 173

갖다먹어요 174

이해불가 176

독립 혹은 고립 177

왕자의 난 178

엔진 180

엄마도 그랬으면서 181

카카오톡 182

불공정거래 184

관점 185

효자 186

새해 덕담 188

아들의 이상형 189

에너지불변의 법칙 190

담배 191

메모들 192

시험문제 194

# 머리말

말년에는 치매 증세를 보이신 시어머니와 친정아버지를 모시고 살 때에 개인적인 일로 외출하기가 어려워 친구들과 만나 이야기하는 기분으로 고등학교 동창 카페에 글을 쓰기 시작한 게 사십대 후반이었다. 지금은 사라진 네이버의 <몰래하는 시댁이야기>를 통해서는 젊은 주부들과 교유하였고 대학과 고등학교 동창생들, 그리고 중고등부 시절을 함께 보낸 교회 친구들의 카페에 일상적인 이야기를 올렸다.

그러는 사이에 시어머니가 돌아가셔서 장례식을 치르고 곧바로 친정아버지를 우리 집으로 모셨는데 1년 남짓 후에 돌아가시자 일이 많이 줄어들었다. 두 어르신을 각각 씻기고 먹여드리고 놀아드리고 병원에 모시고 다니지 않게 되었으니까.

그 후 2008년 6월에 몸에 이상을 발견하고 조직검사 결과에 따라 유방암 수술을 한 후로는 거의 외출하지 못하게 되었다. 병상에서 컴퓨터와 텔레비전을 보는 시간이 많아지면서 IMF 때보다 더 힘들다는 뉴스를 자주 들었다. 개인도, 회사도 살아남기 위해 애를 쓰고 있을 때 사람들은 어디에서 위로를 받을 수 있을까? 무엇으로 용기를 얻을 수 있을까?

가화만사성(家和萬事成)! 고리타분한 이야기인 것 같지만, 가정이 화목하면 만

사가 형통한다. 특히 부부 사이가 좋으면 여러 가지 문제가 저절로 해결된다. 그리고 가정은 생명이 태어나고 자라며 위로와 안식과 힘을 얻는 곳이다. 노숙자들도 가족과 연결된 끈이 있는 사람은 재기에 성공할 확률이 높다고 한다.

항암치료와 방사선치료를 받을 때는 많이 힘들었지만 조금씩 나아지고 있다. 예전에 비하여 일도 많이 줄이고 피곤하다 싶을 땐 얼른 눕는다. 올해로 결혼 34주년을 맞는데 이제 와 되돌아보면 그동안 참 잘 살았다고 내 머리를 쓰다듬어주고 싶은 생각이 든다. 마음대로 되지 않는 일을 견디어 내면서 참는 것도 배우고 기다리는 것도 배웠다. 훌륭한 장수는 사납지 않고 뛰어난 싸움꾼은 소란스럽지 않다는데 그동안에 나도 싸움의 기술이 좋아진 것 같다.

환갑 맞는 기념으로 그동안 매일 일어났던 일, 늘 만나는 사람 속에서 건져낸 이야기들을 발표하기 전에 다시 한 번 읽어 보니 새삼스럽게 가정의 소중함과 일상의 위대함이 느껴진다. 그리고 가족들은 물론이고 그동안 여러 곳에서 나와 마주쳤던 모든 이에게 감사하다. 덕분에 많은 걸 배웠으므로.

2013년 9월

# 괴상한 남자

연세대학교 외국어학당에서 일본어 공부를 하고 있을 때에 연세대학교 국문과 대학원으로 유학 온 재일교포 청년이었던 남편을 만났다. 남편은 내가 일본에 가 있는 동안 2백여 통의 편지도 보내주었고 교환수를 통하여 국제전화를 하던 그 시절에 비싼 요금을 내면서 전화로 노래도 불러주었다. 생각하는 방식이 신기해서 호기심 때문에 만나다가 결혼을 하고 문화적 배경이 다른 남편과 35년째 투닥투닥 싸우며 지내고 있다.

# 왕족

시어머니는 열아홉 살에 일본으로 가서 40여 년을 교오토에서 지내셨기 때문에 섬세한 감정은 일본어로 표현하는 쪽이 더 쉽다고 하셨다. 또 '가끔은 일본어로 실컷 이야기해보고 싶다'고 하셔서 한국 남자들에게 시집온 재일교포 아주머니들이 모이는 자리에 모시고 갔다. 그 자리에서는 시어머니가 최고령자였고 고맙게도 그날 참석한 아주머니들이 극진하게 대해 주셨다.

그다음에는 재일교포 남성들이 주축이 된 본국회 모임에도 모시고 갔다. 남편의 친구들이 '어머니'라고 부르며 좋은 자리로 안내하고 음식도 가져다주었다. 시어머니도 매우 만족해하셨고 그 이후로도 본국회가 주관하는 가족 모임에는 꼬박꼬박 참석하셨다.

부인회와 본국회가 주관하는 행사에서는 언제나 노인우대 차원에서 시어머니의 회비를 받지 않았다. 식탁에는 맥주가 나왔지만 시어머니는 웨이터를 불러 따로 와인을 주문하셨다. 그 상황을 본 어느 재일교포 아주머니가 내게 다가와 말했다.

"그동안 고생 많이 했겠어요. 시어머니가 대단하시네요. 태생이 왕족이신가 봐요."

"그러지 않아도 김해 김씨는 원래 신라 왕족의 후예라고 자부심이 대단하셔요."

"그렇게 말하면 우리도 왕족이에요."

"성씨가?"

"빠삐용 융씨거든요."

그 아주머니는 파평 윤씨였다.

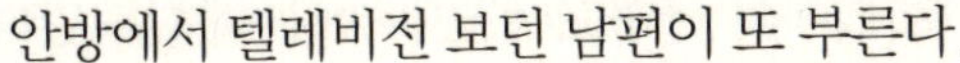

안방에서 텔레비전 보던 남편이 또 부른다.

"오~이!"

"왜요?"

"이고 좀 바!"

"뭔데요?"

텔레비전에서는 사극을 방영하고 있었다.

"조 소쪼비 '밤은 길고 무료 하실까 바 톤닭과 라이스 와잉을 가져 왔사나이다.'라고 했오."

"소쪼비?"

"응."

"그게 뭔데?"

"조 요자가 소쪼비라고 하돈데."

'소첩(小妾)'이 막걸리(=라이스 와인: rice wine)와 통닭처럼 보이는 안줏거리를 들고 들어오는 장면이 있었던 거다. 화면은 술 마시는 장면으로 바뀌었다.

"부잉! 우리도 몬가 목자!"

"부인(婦人)! 우리도 뭔가 먹자!"라고 하는 이야기인 건 알아들었지만 '소쪼비'는 오늘 너무 피곤해서 부잉의 영업시간을 9시까지로 하고 싶다.

# 사랑을 할 거야

오늘은 본국회 및 부인회원들과 안면도에 있는 펜션에 다녀왔다. 요 며칠 작은아들의 일로 마음이 시끄럽던 차에 한고비 넘어간 것 같기도 하고 좀 쉬고 싶기도 해서 아침 6시부터 서둘렀다.

버스를 타고 안면도에 도착해서 갯벌에 나가 조개 캐는 걸 지켜보다가 불고기 바비큐와 조개탕을 먹고 난방이 잘 되어있는 방에 들어가 몸을 녹였다.

돌아오는 길에 버스 안에서 노래방 기계가 돌아가기 시작했다. 그런데, 아아! 그런데 나의 남편만 한국말이 서툰 게 아니었다. 창밖의 경치를 바라보며 건성으로 노래를 듣고 있는데 가사가 좀 귀에 거슬렸다.

날 직여바저 ♪♬
날 직여바저 ♪♬

나는 고개를 길게 빼고 이 해괴한 가사의 노래를 부르는 사람을 찾는 한편, 노래방 기기에서 흘러나오는 반주를 자세히 들으니 '날 지켜봐 줘'라는 가사가 들어간 <사랑을 할 거야>라는 노래였다.

구정 휴가 때에 <왕의 남자>라는 영화를 보러 갔는데 캄캄한 극장 안에서 남편이 뭔가 메모를 했다. 집에 도착했을 때 남편이 메모지를 꺼내 들고 내게 물었다.

"눈깔이 눈이냐?"

"응."

"입을 아가리라고 하는 것처럼?"

"응."

"몽둥이는?"

"그건 비어(卑語)가 아닌데요."

"몸을 말하는 게 아니야?"

"아아! 몸뚱이?"

"그래. 몽둥이!"

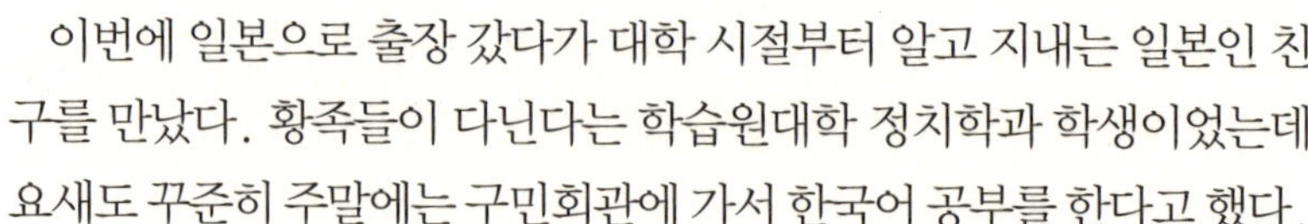

# 왕창수와 이천수

이번에 일본으로 출장 갔다가 대학 시절부터 알고 지내는 일본인 친구를 만났다. 황족들이 다닌다는 학습원대학 정치학과 학생이었는데 요새도 꾸준히 주말에는 구민회관에 가서 한국어 공부를 한다고 했다.

나는 인터넷에서 '왕창수'라는 닉네임을 쓴다. 2002년 월드컵 때 남편이 '우리도 왕창수만 있으면 이길 수 있다'고 하는 말을 듣고 그게 누구냐고 물었더니 선수 이름이 아니고 원 찬스(One Chance)라고 했었다. 재미있기도 하고 뜻도 좋아서 그다음부터는 왕창수를 나의 닉네임으로 사용하기 시작했다.

일본인 친구가 그 이야기를 듣고 자기도 한국 선수 중에 Lee Chance(이천수)란 선수가 있기에 이름이 참 좋다고 생각했단다. 30년째 서울에서 살고 있는 남편이나 30년째 한국어 공부를 하는 일본인 친구나 한국어발음이 서툴기는 마찬가지였다.

그는 금요일에는 회사가 끝나는 대로 어머니가 계신 나고야에 갔다가 일요일 밤에 온다고 한다. 그의 아버지가 작년에 아흔 살로 돌아가신 이후, 어머니는 사회복지사의 도움을 받으며 혼자 살고 계시다고 했다.

그 자신도 요새는 늙어서 그런지 건망증이 심해져서 마누라에게 야단맞는 일이 늘고 있다며 웃었다. 이제는 우리도 언제 죽더라도 이상하지 않은 나이가 되었으니 부모님도 부모님이지만 각자 건강에 주의하자고 하면서 헤어졌다.

아침에 출근하려던 남편이 옷장 앞에서 화를 벌컥 냈다.

"도대체 이 바지에다 무슨 짓을 한 거야?"

무슨 짓이라니! 말본새 한번 고약하다.

"뭐가요?"

"이 바지를 어떻게 했느냐고?"

"5cm 정도 늘렸는데요."

"이 바지는 원래 잘 맞는 거였어요. 세탁하라고 했지, 누가 늘려 달랬어?"

"세탁 맡긴 건 다른 바지인데요."

"아닙니다. 세탁해 달라고 한 건 이 바지에요."

남편이 얼마나 우기는지 하마터면 나까지 착각할 뻔했다. 그럼 5cm나 늘려서 잘 맞는 지금 이 바지는 뭐냐고 하려다가 참았다. 우기는 것도 노인의 특징이라고 하니 젊은 내가 참아야지.

어느 날 아침에  돌아눕다가 웬 할아버지가 옆에 누워있는 걸 발견하고 순간적으로 놀란 게 2년쯤 된 것 같다. 귀밑머리가 눈에 띄게 하얀 낯선 할아버지의 잠든 얼굴을 가만히 들여다보던 생각이 난다.

남에게 피해를 주거나 폐가 되지 않게 자기의 일만큼은 똑 소리 나게 챙기는 사람이었는데 남편도 나이를 먹으니 어쩔 수가 없나 보다. 같은 색깔의 바지를 하나는 세탁하고 다른 하나는 늘려달라고 했었는데 얼마나 자신 있게 화를 내는지 내가 실수를 한 건가 하고 가슴이 내려앉았었다.

집으로 오는 길에 세탁소에 들러 남편의 바지를 찾아왔다. 내일 아침 옷장 문을 열어보고 늘리지 않았어도 잘 맞는 바지를 입어보면 머쓱해질 테지. 그러게 허리둘레가 38이나 되도록 살이 찌지 말았어야지.

# 잘난 아들

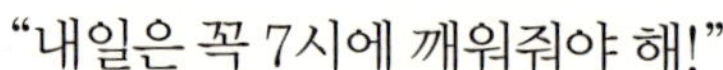

"내일은 꼭 7시에 깨워줘야 해!"

"깨우면 일어나기나 하세요."

어젯밤에 이런 대화를 나누고 나서 나는 밤을 꼬박 새웠다. 치매 증상이 심해지고 있는 아버지 생각을 하니 잠이 오지 않기에 자리를 차고 일어나서 밀린 서류도 정리하고 새로 산 책도 뒤적거리고 인터넷 카페에도 들락거렸다.

그러다가 정확하게 7시에 남편을 깨웠는데 자기 손으로 자명종을 끄고 화장실에 다녀오더니 다시 누웠다. 나도 일찍 집을 나서서 근처에 살고 계신 아버지를 모시고 예약된 시간까지 병원에 가야 했기 때문에 부지런히 외출준비를 하면서 아침 식사를 차려 놓고 신발을 신으며 안방을 향해 소리쳤다.

"나 먼저 나가요!"

내 인사에 잠이 확 깼는지 남편이 벌떡 일어나더니 비명을 지른다.

"앗! 큰일났다."

남편의 늦잠 버릇은 신혼 때부터, 아니 어릴 때부터이다. 중학교 입학식 날에도 지각했다고 한다. 시어머니는 아침에 좀 깨워주지 그랬냐고 하셨다.

"어머니, 애비가 조금 있으면 환갑이에요. 나이가 몇 살인데 깨워야 일어나요?"

당신 아들이 공부 잘하고 예의 바르고 센스 있고 취미도 고상해서 동네에서 칭찬이 자자했다고 자랑하시던 시어머니도 그때만큼은 혀를 찼다.

남편은 초등학생이던 두 아들을 앞에 앉혀놓고 이렇게 말하곤 했다.

"아빠는 어릴 때 거의 1등만 했다. 어쩌다가, 정말 어쩌다가 2등을 한 적도 있기는 했지. 그렇지만 나는 이 세상에 3등이라는 게 있는 줄도 몰랐다."

어느 날 두 아들이 시어머니에게 여쭈어 보았다.

"할머니, 아빠가 정말 매일 1등만 했어요?"

"그건 사실이야."

"근데 중학교 입학식 날에도 지각했다면서요?"

"누가 그러더냐?"

"아빠가요."

"미친놈! 지랄했다고 그걸 자랑한다냐?"

잘난 아들이 한순간에 '미친놈'이 되어버렸다.

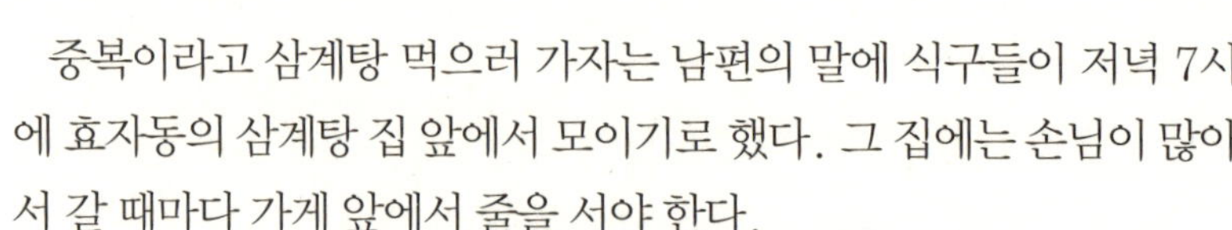

# 그 어머니에 그 아들

중복이라고 삼계탕 먹으러 가자는 남편의 말에 식구들이 저녁 7시에 효자동의 삼계탕 집 앞에서 모이기로 했다. 그 집에는 손님이 많아서 갈 때마다 가게 앞에서 줄을 서야 한다.

오늘도 그 사태가 염려되어 30분 먼저 도착했더니만 벌써 백 명쯤 되는 손님들이 주차장 끄트머리까지 줄을 서 있다. 15분쯤 있다가 큰아들이 도착해서 내 옆에 서더니 툴툴거렸다.

"삼계탕을 꼭 이 집에서 먹어야 하나?"

"할 수 없지. 네 아버지가 할머니처럼 브랜드 충성도가 높으니."

30분이 지나서 겨우 우리 순서가 될 무렵 남편이 도착했다. 빈 자리로 안내받고 주문한 음식이 나오기를 기다리는데 종업원이 우리보다 늦게 들어온 손님상에 삼계탕 뚝배기를 내려놓자 남편이 불러 세웠다.

"저기요, 우리가 먼저 왔는데요."

큰아들이 빙긋 웃으며 내게 귓속말로 아버지가 점점 더 할머니 닮아간다고 했다. 예전에 시어머니를 모시고 식당에 가면 음식 나오는 순서나 종업원의 태도를 두고 식당 주인을 불러 나무라곤 하셨었다.

나랑 큰아들은 벌써 식사를 마쳤건만 남편은 아직도 먹고 있는 중이다. 시어머니도 식사하는 데에 남들보다 시간이 유난히 오래 걸렸었다. 남편이 계산하는 동안 아들과 함께 먼저 삼계탕 집에서 나와 주차장으로 가는데 큰아들이 내 귀에 대고 속삭였다.

"엄만 이제 큰일 난 거야."

'배려와 존중이 쌍방이 아니라 일방적으로 진행될 땐 자해행위와 같아진다'며 참기만 하지 말라는 친구에게 메일을 보냈다.

> 지난달부터 밤늦게까지 문제를 내고 있는 남편은
> 요즈음 신경이 상당히 날카롭다.
> 아침에 출근할 때 약 먹을 물을 갖다 주며
> "오늘 저녁에 약속 있다고 그랬지요?"라고 물었을 뿐인데
> 앞으로 한 달 동안은 자기를 내버려두라고 버럭 소리를 쳤다.
> 잠깐 사이를 두고 있다가 나도 작정하고 한 마디 했다.
> "내가 어디를 같이 가자고 했어? 뭘 사달라고 했어?
> 저녁에 약속 있냐고 물어보지도 못해? 왜 화를 내고 지랄이야?"
> 원고 쓴다고 잠도 제대로 못 잤을 텐데
> 출근한 다음에 생각하니 좀 미안하네.

다음날 아침에 메일을 확인하니 친구에게서 <자기야, 왜 그렇게 쎄졌어?>라는 제목의 메일이 왔기에 클릭했다. 비아그라 광고였다. 눈 씻고 다시 보니 친구가 보낸 메일은 그 아래 칸에 있었다.

## 환청

일찍 퇴근하여 저녁을 먹자마자 잠들었던 남편은 밤 12시에 일어났다. 나는 잘 준비를 마쳤는데 남편은 새벽까지 원고를 쓸 모양이다. 밤에 먹을 수 있도록 찰떡을 구워 식탁 위에 놓고 바로 마실 뜨거운 커피를 준비했다.

"먹을 거 있나?"

"식탁 위에 찰떡이 있어요."

"어, 고마워."

"그리고 여기 커피!"

"찰떡은 녹차랑 마셔야지, 무슨 커피야?"

"커피는 지금 마시라는 거고 떡은 이따가 배고플 때 드시라는 거예요."

그러자 남편이 씨익 웃으며 말했다.

"아, 그래? 고마워. 그렇게 해."

"무엇을?"

"떡 먹을 때 깨우면 일어나서 녹차를 넣어주겠다고 말하지 않았어? 내 귀에는 그렇게 들렸는데."

어제 저녁, 부엌을 정리하며 아직도 원고를 쓰고 있던 남편에게 물었다.

"혹시 이따가 담배 필요할 것 같으세요?"

"왜?"

"혹시 필요할 것 같으면 자기 전에 사다놓으려고요."

"됐어. 나도 오늘은 일찍 잘 거야. 그렇지만 그 자세만큼은 좋았어. 그 자세가 늘 유지되는 건 아니지만."

"무슨 소리를 하는 거야? 당신은 자기가 늘 존중받고 있다고 생각하지 않아?"

"아이고, 말도 마요. 내가 그 이야기를 하려면 몇 시간도 모자라."

"그 몇 시간도 모자라는 이야기를 좀 해 보시지."

"우선 이 아들들! 얘들이 내 말을 안 들어."

"그야 당신이 아이들에게 신용을 잃었으니까 그렇지."

"그런가?"

"아무튼 당신 집 식구들은 다 자기가 무시당하고 있다고 생각하나 봐. 어머니도, 당신도. 도대체 얼마나 대접을 받아야 만족하는 거야?"

존경받고 싶으면 존경할 수 있는 행동을 하면 된다. 사랑받고 싶으면 사랑스럽게 행동하면 된다. 그리고 대접받고 싶은 대로 남을 대접해야 한다.

예배 끝나고 남편에게 문자를 보냈다.

(오후에 가나아트센타에 전시회 보러 갈까요?)

전시회장이 집에서 가깝기도 하고 날씨도 좋아서 제안했는데 응답이 없다. 집에 들어올 때 보니까 남편의 차가 주차장에 있다. 휴일에도 잠깐씩은 회사에 나가던 사람이 웬 일인가?

"어? 안 나가셨어요?"

"내가 놀고 있는 줄 아세요?"

퉁명스럽게 대답한 남편은 늦은 오후가 되도록 점심도 안 먹고 원고를 쓰더니 떡이나 있으면 달란다. 원고 쓸 때 배부르면 집중하기 어렵다고 적게 먹을 때도 있고 밥 먹는 걸 아예 잊을 때도 있다.

"아아, 안 돼. 목욕하고 좀 쉬어야겠어. 이따가 영화나 보러 갈까?"

그 말을 듣고 인터넷을 뒤져 남편 취향의 액션 영화를 예약했다. 가능한 한 늦은 시간이 좋겠다고 해서 10시 15분에 시작하는 걸 보기로 했다.

그런데 9시쯤에 이제 저녁 먹고 나갈 준비를 하자고 했더니 정색을 하고 화를 낸다.

"저기요, 나는 현역이란 말입니다."

"네?"

"영화나 보러 다닐 시간이 없어요."

"아니, 영화 보러 가자고 한 건 당신이잖아? 내가 영화 보자고 했어?"

"말은 안 했지만 태도로 그랬잖아요."

"내가 언제?"

"보면 다 알아요."

"바쁘시면 가지 않아도 되는데 왜 화를 내고 그러세요?"

"말은 안 해도 내가 당신 때문에 얼마나 스트레스 받는지 아십니까?"

"당신이 받는 스트레스는 내 것에 비하면 아무 것도 아니야."

예매한 티켓을 취소할 수 있는 시간이 지났기 때문에 남편 대신 큰 아들과 함께 영화를 보러 나섰다. 좋아하지도 않는 액션영화를 아들과 함께 본 후, 차 끊어질까봐 허겁지겁 극장을 나와 마지막 버스를 타고 돌아오는 길에 슬그머니 부아가 나서 문자를 보냈다.

(나한테 원하는 게 뭐야? 나보고 어쩌라는 건데?)

버스에서 내려 집으로 오는 길에 만난 작은 아들을 붙잡고 하소연을 했다. 엄마가 여차여차해서 너무 기가 막히는데 아빠가 잘 한 거냐고. 아들이 낄낄 웃으면서 대답했다.

"아빠가 엄마한테 뭔가 서비스 해야 할 것 같아서 영화 보러 가자고는 했는데 가기가 귀찮다는 뜻이네."

당시에 남편이 쓰고 있던 원고

집 앞 편의점에서 아이스크림을 사가지고 가는데 남편에게서 답장이 왔다.

(빨리 오세용.)

곧 이어 하트 마크가 수십 개 달린 문자 메시지가 뒤따라왔다. 그 문자를 큰 아들에게 보여주며 말했다.

"느이 아빠는 엄마를 화나게 해놓고 이렇게 얼렁뚱땅 넘어가려고 하는구나."

"그게 바로 아웃복싱이에요. 정면승부를 피하고 밖으로 돌면서 자기가 필요할 때만 들어가서 치는 거지요."

대표적인 아웃복싱을 하는 이종격투기 선수가 어네스트 후스트인데 밖으로만 돌다가 마지막에 콤비네이션 히트로 마무리하는 걸로 유명하고 네 번이나 챔피언이 되었지만 밥 샙에게는 어이없게 졌고 밥 샙의 천적은 누구인데 그 사람은 또 누구만 만나면 힘을 못 쓴다고 하면서 내가 모르는 선수들의 이름과 격투기 용어를 써가면서 설명했다.

맞다! 당신 아들이 사람대접도 못 받고 있다면서 재떨이를 벽에 던지던 시어머니도 남편에게는 금방 누그러졌으니 유독 힘을 못 쓰는 상대가 있는 건 격투기 시합이나 가정생활이나 비슷하구나.

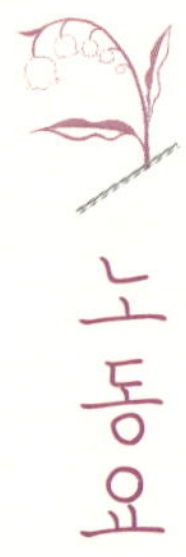

## 노동요

남편은 원고 쓰느라고 밤을 새운 듯, 내가 일어나서 아침 먹고 설거지 하고 빨래 개고 교회에 갈 준비를 마칠 때까지 업어 가도 모르게 깊이 잠들어 있었다. 외출준비를 마친 후에 자고 있는 남편의 발을 밟아주다가 귀에 대고 속삭였다.

"나, 이제 나가요. 이따가 와서 죽 끓여 드릴게요."

이때 남편은 분명히 고개를 끄덕거렸다.

예배를 마치고 돌아왔는데도 남편은 여전히 자고 있기에 컴퓨터를 켜고 메일을 열어보는 도중에 안방에서 소리가 났다.

"아이~~~~~~~야!"

깜짝 놀라서 들어가 보니 기지개켜는 소리였다.

"왜 그러세요?"

"아, 엄마가 집에 있었구나."

"왜요?"

"나, 밥도 먹어야 하고 이것저것 시켜야 하는데 이 인간 리모컨이 또 어디 가서 박수치고 노래하고 있구나 생각했지."

"아침에 내가 나갈 때까지 세상모르고 주무시던데 몇 시까지 원고 쓰셨어요?"

"7시 반!"

"아까 내가 발도 밟아 드렸는데 전혀 모르셨나 봐."

"그랬어? 어디 다시 재현해 봐."

"이젠 더워서 힘들어."

"인간은 예로부터 힘든 일을 하게 되면 그걸 견디기 위해서 노래를 불렀어요. 아직 노래가 나오지 않는 걸 보면 힘든 게 아니야."

어제 찻집에서 고등학교 동창생과 만나 부모님 모시는 일, 앞으로도 한참 남은 우리들의 노후에 관해 이야기하다가 돌아왔다. 어르신들을 모시는 동안 치매 문제에서 노인 문제로 다시 가정 문제로 눈을 돌리게 되었는데 요즈음 젊은이 중에는 결혼은 꼭 하지는 않아도 된다고 생각하는 이들이 많단다.

그렇지만 남편 때문에 애먹고 자식 때문에 속 썩으면서 인생과 사람에 대한 이해가 깊어지니 인간적으로도 성숙해지는 데에는 결혼만한 수련이 없는 것 같다.

나는 며칠에 한 번꼴로 집안을 시끄럽게 하는 남편과 아이들 사이에서 곤욕을 치르는 일이 많은데 어젯밤에도 제 아버지 때문에 심통이 난 큰아들을 달래야 했다.

"얘, 그래도 아버지가 너희 때문에 얼마나 신경 쓰시는지 아니?"

"별로요. 근데 난 엄마도 이해가 안 돼요."

"뭐가?"

"왜 그렇게 아버지를 포기하지 못하시는 거예요?"

"그게 무슨 소리야?"

"아버지가 그래도 괜찮은 사람이라고 말하고 있잖아요?"

일촌이던 아들이 대학에 들어가면 사촌, 돈 벌기 시작하면 팔촌, 장가가면 사돈, 손주 낳으면 사돈의 팔촌이 된다고 하더니 이 녀석이 돈도 벌기 전에, 장가도 가기 전에, 애도 낳기 전에 사돈의 팔촌이 되어버렸다.

# 뒤끝

남편이 원고를 쓰는 동안은 늘 신경이 날카로워서 말도 함부로 붙일 수가 없다. 출제모드로 바뀐 그 머리는 듣는 것, 보는 것이 다 '출제'에 집중되어 있어서 생각의 흐름이 끊기면 여간 짜증을 내는 게 아니다.

전날 저녁 퇴근길에 내게 휴대전화를 걸어 통닭을 주문해달라던 남편은 막상 배달되어온 통닭을 보고 그게 무슨 통닭이냐고 투덜거렸다. 자기가 지명한 가게에서 자기가 지명한 메뉴를 사왔건만.

생각할수록 속이 부글부글 끓어 올랐다.

'내가 무슨 죄가 있냐고! 내가 그 닭을 키우기를 했어, 튀기기를 했어?'

그래도 새벽까지 원고를 쓰다 잠든 남편을 보니 안쓰러운 마음이 들어서 일하러 나가면서 버스 안에서 문자를 보냈다.

(오늘 저녁에는 장작구이 통닭 준비해 놓을게요.)

싸아한 대답이 돌아왔다.

(필요하면 말합니다. 좀 가만히 계세요.)

그러려면 아침까지 통닭 타령을 하지 말든지.

오전의 냉랭한 반응에 삐져서 저녁밥 차려주고 싶은 생각이 없던 차에 밥은 먹고 왔단다. 각각 서로 다른 방에서 남편은 원고 쓰고 나는 책을 읽고 있는데 밤중에 남편이 건너와서 말을 걸었다.

"우리 소면 먹을까?"

"……."

"소면 먹자고."

"알았어요."

얼굴도 쳐다보지 않고 대답한 후 여전히 앉은 채로 책을 읽고 있었더니 남편이 다시 말했다.

"어? 이거 고장 났나? 배터리가 다 떨어졌나?"

그제야 고개를 들어 남편을 쳐다보았다.

"뭐가?"

"리모컨이."
"무슨 리모컨?"
"네 리모컨! 왜 빨리 안 움직여?"
"푸하하하!"
통닭 타령 때문에 삐졌다고 말하기는 치사하고 아무렇지도 않은 척 하기에는 약이 오르는데 리모컨 운운하는 바람에 웃음이 터졌다.
'우이씨! 이렇게 금방 웃으면 안 되는데.'

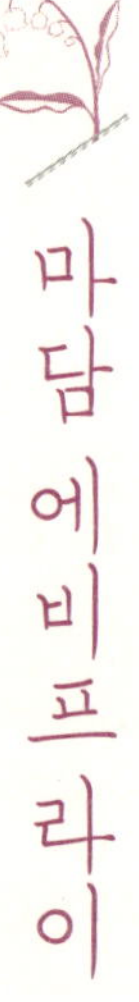

남편은 유물론자
나는 유신론자.
남편은 맛있는 것을 먹어야 행복하고
나는 먹을 것만 보아도 행복하다.
남편은 저녁마다 다음날 입을 옷을 챙겨두지만
나는 아침에 제일 먼저 눈에 띄는 옷을 입고 나간다.
남편은 정리하고 나서 일하지만
나는 일하고 나서 정리한다.
남편은 맛있는 식당을 일부러 찾아가서 먹지만
나는 아무 데나 들어가서 잘 먹는다.

남편은 경부고속도로 기흥휴게소에서 파는 우동을 먹고 싶다고 고속도로 통행료 내가며 기흥까지 가서 우동 먹고 다시 통행료 내고 돌아온 적도 있다. 우동보다 우동 먹으러 가는 데에 비용이 더 많이 든다.

나는 메뉴를 정하고 장을 보는데 남편은 그게 잘못되었다고 말한다. 일단 시장에 가서 좋은 재료가 눈에 띄면 그 재료를 이용해서 요리해야 하는 것인데 내가 만든 요리를 보면 재료가 불쌍하다고 한다.

시장에 가면 우선 귀를 기울이고 '재료와의 대화'를 해보라는 것이다.

"오징어야, 너는 어디서 왔니?" 혹은 "시금치야, 너는 무엇이 되고 싶니?"

이렇게 물어보면

"나는 볶음이 되고 싶어요." 혹은 "나는 튀김이 되고 싶어요."

이런 소리가 들릴 것이라고 한다.

우리 부부가 다투는 이유 중의 40% 이상은 음식 때문이다. 결혼한 이후로 이제까지 나는 "아무거나 먹으면 어때? 먹을 게 있는 것만이라도 감사하지."라고 하고 남편은 "너는 기독교의 천당에 갈지는 모르지만 불교 지옥에 갈 거다. 네가 무참히 죽여 버린 그 새우, 돼지고

기, 명태알과 고등어 때문에." 라고 한다.

결혼 초, 내가 새우튀김을 한 적이 있다. 껍질도 벗기지 않고 튀김옷을 입혀 튀겨 내놓은 새우를 보고 남편이 혀를 찼다.

"새우가 너무 불쌍해. 이렇게 되려고 태어난 게 아닌데."

그리고는 즉석에서 나에게 '마담 에비프라이'라는 별명을 지어주었다. 언뜻 들으면 <마담 버터플라이>의 아류(亞流)인가 싶지만 에비는 일본어로 エビ、즉 '새우'라는 뜻이다.

# 프롤레타리아 소

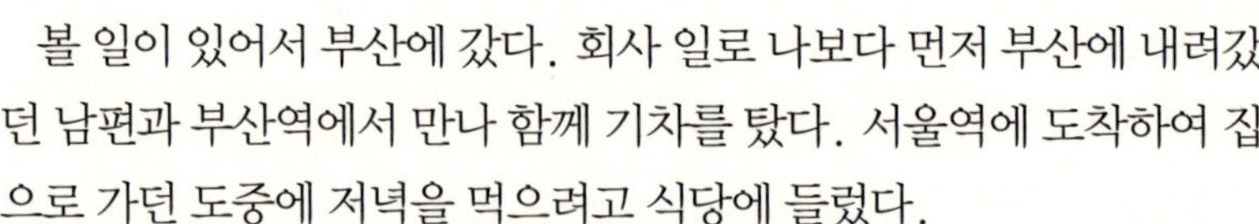

볼 일이 있어서 부산에 갔다. 회사 일로 나보다 먼저 부산에 내려갔던 남편과 부산역에서 만나 함께 기차를 탔다. 서울역에 도착하여 집으로 가던 도중에 저녁을 먹으려고 식당에 들렀다.

종업원도 친절하고 음식도 깨끗했지만 고기는 별로 부드럽지 않았다. 음식에 까다로운 남편이 그냥 넘어가지 않고 익은 고기를 잘라주러 온 여종업원에게 말했다.

"이 소는 일을 많이 했나 봐요."

"왜요?"

"고기에 기름기가 없잖아요?"

여종업원은 남편의 싱거운 소리에 대답도 않고 가버렸다.

남편은 음식 값을 치르고 나오면서도 계속 불평을 했다.

"그 프롤레타리아 소가 고생을 많이 했나 봐."

"그만 좀 해! 그 소를 내가 키웠어? 듣기 싫어 죽겠네."

며칠 전 아침 식사 메뉴가 이틀째 똑같다고 남편이 투덜댔다. 내가 연이어 내놓은 것은 버터 바른 호밀빵, 크림수프, 소시지와 오이. 가능하면 빵을 바꾸거나 야채, 혹은 수프를 바꾸어가며 조금씩 다르게 내놓으려고 애쓰지만 그때는 내가 몸이 아파 시장에 가지 못해서 같은 메뉴가 나갈 수밖에 없었다.

오늘 저녁 식사를 마친 남편에게 후식으로 녹차와 양갱을 갖다 주며 말했다.

"내가 할 수 있는데도 하지 않는 사람이 아닌 건 알죠?"

"응."

"내가 뭔가 안 할 때는 할 수 없기 때문에 안 하는 거라 생각하고 좀 참아요."

"그래도 이제 더는 못 하겠다 하는 한계에 이르면 자기도 알 수 없는 힘이 솟아나는 게 사람인데?"

"와하하!"

나는 소리 내어 웃으며 남편의 머리를 퍽 소리가 나게 받아버렸다.

"며칠 전에 내가 같은 아침 식사를 연달아 내놓는 건 그럴 수밖에 없는 사정이 있어서 그런 거야. 내가 그때 컨디션이 좋지 않아서 장을 볼 수 없었거든. 그런데 나한테 화를 내면 어떻게 해?"

"이건 유엔 인권위원회에 제소해도 내가 이길 수 있어. 사람이 어떻게 똑같은 아침 식사를 이틀 동안 먹냐?"

내가 아예 앓고 드러눕거나 이 남자를 며칠 동안 굶기거나 무슨 수를 내야겠다. 그러면 이 사람도 자신도 알 수 없는 힘이 솟아나겠지.

# 다코야끼

남편과 함께 지방에 갔다가 돌아오는 길에 고속도로 휴게소에서 다코야끼를 사 먹었다. 다코야끼가 우리나라에 소개된 건 오래전인데 그동안에는 문어볼이라는 이름으로 팔리더니 요즈음에는 일본 이름 그대로 다코야키라고 부른다.

휴게소에서 산 다코야키에는 정말 문어만 들어있었다. 가다랑어 가루는 뿌려주지 않느냐고 묻자 자기네는 파래김만 뿌려준다고 했다. 문어 외에도 다른 여러 가지 야채가 들어가야 하고 껍질은 바삭거릴 정도로 구워져야 하는데 야채는 전혀 들어있지 않았고 제대로 구워지지도 않았다. 말하자면 이름만 다코야키다.

남편이 옆에서 투덜거렸다.

"에잇! 이상한 거 먹었네. 이건 고발해야 하겠다."

"어디다?"

"일본다코야키협회 같은 곳에."

남편은 오늘 먹은 다코야키는 조연 배우도, 배경도 없이 무대 위에 주연 배우만 서 있다가 끝난 연극 같다고 했다. 그리고 다코야키 원래의 맛을 잊을 정도로 충격을 받았다며 내일은 꼭 백화점에 가서 제대로 된 걸 사 먹어야겠다고 벼르고 있다.

모나카

"야! 나와서 이거 먹어봐라."

10시가 넘어 집에 들어온 남편이 식탁 위에 선물상자를 올려놓으며 아들에게 말했다. 포장을 풀어보니 일본의 유명한 양갱회사 제품으로 내용물은 모나카인데 오늘 일본에서 온 손님에게서 받은 선물이라고 한다.

아무 말 없이 포장을 뜯어 모나카를 먹고 있는 작은아들에게 남편이 물었다.

"먹어보니까 이제까지 우리가 먹었던 모나카는 무엇이었더란 말인가 하는 생각이 들지? 이거 봐라! 이게 바로 하얀 팥고물이라고 하는 거다. 넌 이런 거 먹으면 감동이 안 되냐? 이런 걸 녹차도 없이 덥석 베어 먹는 사람을 보면 난 정말 이해가 안 돼."

내가 녹차를 따라주며 남편에게 물었다.

"그렇게 맛있어요?"

"응. 진짜 맛있는 건 여러 번 맛을 느낄 수 있어. 입에서, 식도에서 그리고 위의 입구에서. 목을 넘어간 다음에 따라오는 맛이 있거든."

나는 놀리느라고 한 말인데 남편은 아주 진지하게 대답한다. 남편은 가격은 고하간에 맛있는 걸 먹으면 행복해하다 못해 감격하기까지 한다. 그런 만큼 음식이 맛없으면 보기 민망할 정도로 기분이 가라앉는다.

우리 집에는 금지요리 목록도 있다. 내가 육류요리는 어찌어찌 남편 입맛에 맞추는데 생선요리는 잘 하지 못한다. 생선요리 몇 가지는 여러 번 시도해봤는데도 맛이 개선되지 않으니까 참다못한 남편이 드디어 금지요리로 지정하고 말았다.

근데 저 모나카, 진짜 그렇게 맛이 있나? 지금은 너무 늦었고 내일 아침에 일어나자마자 하나 먹어봐야겠다.

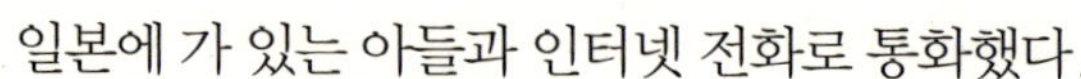

# 전설의 콩나물국

일본에 가 있는 아들과 인터넷 전화로 통화했다.

"강남에 있는 결혼정보회사에서 너에 대해 묻는 전화가 왔었다."

"어떻게 내 정보를 알고?"

"네 나이, 신장, 전공, 직업 그리고 아빠의 직업을 묻더니 일본에 가서 살 수 있는 아가씨를 원하시느냐고 물었어."

"그래서?"

"넌 재일교포나 일본 여자를 좋아하지 않니?"

"출신성분이나 국적은 따지지 않아요."

"아무튼 난 여자가 기독교인이고 사치스럽지 않은 직업을 가진 사람이면 좋겠다고 했다."

"나도 된장녀는 싫지만 기독교인이어야 할 필요는 없다고 봐. 그리고 사치스런 직업은 아니어도 좋지만, 청바지가 잘 어울리고 밥을 많이 먹어도 배 안 나오고 웃는 모습이 예쁘고 웃음의 코드가 맞는 아가씨라면 진지하게 고려해 볼게."

"나도 덧붙인다면 영리하고 두세 가지 음식은 할 줄 알고 다른 사람들을 배려할 줄 아는 사람이면 좋겠어."

"소금간조차 조절하지 못해서 집들이에 온 아빠 후배들에게 맹탕 콩나물국을 내주던 분이 요리할 줄 아는 며느리 맞아서 호강하시려고?"

아들이 얼마 전에 아카사카에서 남편의 후배를 만났는데 신혼 시절 집들이에 와서 밥 먹은 이야기를 하더란다.

"곱디곱게 자란 너희 엄마가 끓여준 콩나물국을 입에 떠 넣은 순간, 우리는 모두 아무 말 없이 서로 얼굴을 쳐다보았었지. 우리가 집에 갈 때 너희 아빠가 대문 밖에까지 나와서 미안하다고 했단다."

남편은 지지난 주에는 휴가로, 지난주에는 출장으로 열흘 사이에 두 번이나 일본에 갔다가 어저께 밤에 돌아왔다. 가까운 나라이기는 해도 고단했던 모양이다. 피곤해서 일찍 들어가겠다고 전화가 왔다.

매운 음식이 당기는지 낙지볶음을 먹고 싶다고 해서 집 앞 슈퍼에서 낙지를 사다가 야채와 함께 볶아서 식탁에 올렸다. 묵묵히 저녁 식사를 마친 남편이 말했다.

"이건 금지요리는 아니지만 통제요리 목록에 올려야겠다."

"왜요?"

"사기 전에 낙지와 대화를 해봤어?"

"응. 나더러 자기를 사가라고 하던 걸."

"뭐가 되고 싶대?"

"뭐가 되고 싶으냐고?"

"볶음이 되고 싶은지 연포탕이 되고 싶은지 물어봤어?"

"그건 안 물어봤는데."

"그럼 대화를 한 게 아니잖아. 그냥 끌고 온 거지."

내가 잘 만드는 미역국이나 고기요리는 신고제인데 낙지볶음은 허가제가 되었다. 앞으로는 낙지볶음을 만들어도 되는지 물어보고 나서 만들라고 한다. 자꾸 그러다간 허가제고 뭐고 폐업하는 수가 있는 줄도 모르고.

다음날에는 감기 기운이 있는 아들을 위해 불고기를 했다. 의사가 내게 동물성 지방은 삼가라고 해서 육류를 사지 않은지 꽤 오래되었는데 아들이 고기를 먹고 싶다고 했기 때문이다.

"맛있네, 이거."

아들의 말에 내가 이렇게 대꾸했다.

"글쎄, 엄마의 육류요리는 허가받지 않고 만들어도 되는 신고제 품목이라고 했잖아."

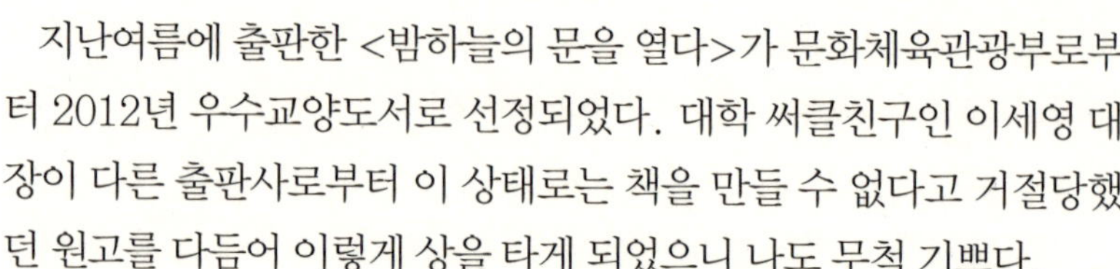

# 아스트로 박

지난여름에 출판한 <밤하늘의 문을 열다>가 문화체육관광부로부터 2012년 우수교양도서로 선정되었다. 대학 써클친구인 이세영 대장이 다른 출판사로부터 이 상태로는 책을 만들 수 없다고 거절당했던 원고를 다듬어 이렇게 상을 타게 되었으니 나도 무척 기쁘다.

더욱이 저자인 이세영 대장이 운영하다가 잠시 문을 닫았던 코스모피아 천문대도 <밤하늘의 문을 열다>가 출판될 즈음에 다시 문을 열었다. 원고를 다듬고 사진을 고르고 표지를 선정하는 동안에 이세영 대장도 심기일전하여 천문대를 리모델링하고 별 보러 오는 손님들을 맞기 시작했다.

어젯밤 자축연을 하느라고 출판에 간여했던 사람들이 모였었다는 이야기를 들은 남편은 무언가를 만든다는 건 참 기분 좋은 일이라며 이제 그 천문대에서 새로운 일을 해야 한다고 했다. 별 보러 오는 아이들이 아니라 그 엄마들을 상대로 점도 쳐주고 별도 분양해야 한다는 것이다.

<겨울연가>가 일본 여성들에게 폭발적인 인기를 끌었던 것은 그동안 잊고 있던 낭만을 생각나게 하고 환상을 만족시켜 주었기 때문이니 일본어를 할 수 있는 점성술사를 고용하란다. 또 '나의 별'을 분양하는 한편 인기 높은 별은 회비를 받고 렌트하기도 하고 골드와 플래티늄 등 등급을 정해서 회원카드를 만들고 별 찾는 지도도 팔고 별 분양사무실에는 <두 개의 작은 별>처럼 별과 관련된 음악이 흐르게 하는 등 비과학적인 이벤트를 해야 한다는 것이다. 별을 갖고 싶다든가 별을 따다 준다든가 하는 것은 전세계의 사람들이 공통적으로 생각하는 일이란다.

남편은 일본인 여성 관광객에게는 3천 엔의 회비를 받기로 하라면서 일본어를 할 줄 아는 점성술사로 이벤트회사를 운영하고 있는 남편의 후배를 추천했다. '아스트로 박(Astro Park)'이라는 예명까지 곁들여서.

며칠 동안 손보던 번역 원고가 마무리 되었다. 저자와 출판사에 파일을 보내고 나서 어제 하루는 컴퓨터도 켜지 않고 휴대전화도 만지지 않았다. 대신 식혜도 만들고 구두도 수리하고 겨울코트도 정리해서 집어넣고 꽃무늬가 있는 식탁보도 깔았다.

오늘 아침에는 밤새 발효된 식혜에 생강을 저며 넣고 다시 끓였다. 좀 더 일찍 일어났어야 하는데 이러다간 머리 감을 시간도 없겠다고 서두르는데 남편이 나왔다.

"밥 먹자! 마실 것 좀 줘."

"오늘은 시간이 없어요. 토스트 하고 바나나주스만 드세요."

"그거면 충분해. 근데 케이크도 있네? 그럼 홍차도 줘야지."

후다닥 홍차를 대령했는데 남편이 티슈가 다 떨어졌다고 했다.

"그런 건 좀 자기가 가져오지."

"어, 알았어. 아들! 안방에 있는 티슈 좀 가져와."

아들이 티슈를 한 장만 뽑아왔다.

"이거 말고 통째로 들고 와."

'아효~! 자기가 좀 움직이지.'

남편이 출근한 후 나도 나갈 준비를 하고 있는데 남편이 되돌아왔다.

"오~~~이! 엄마야!"

"왜요?"

"나, 그거 안 먹었다. 홍삼이랑 100년 사는 약!"

약과 생수를 현관에 갖다 주고 방으로 뛰어 들어가는데 남편이 또 불렀다.

"다 마셨다. 이거 가져가."

내가 방안에서 버럭 소리를 쳤다.

"아, 그냥 놓고 나가!"

나의 면박에도 굴하지 않고 남편은 현관에 서서 맞받아쳤다.

"넌 결자해지라는 말도 모르냐?"

# 특수문자

출장 갔던 남편이 공항에서 전화를 했다. 마지막 비행기로 도착했는데 공항버스를 타고 갈 테니 12시 30분까지 서소문으로 나와 달란다. 버스 기다리기가 싫다고 해서 자정 무렵에 공항까지 마중 나갔던 적도 있는데 오늘은 서소문까지만 가면 된다.

공항버스에서 내리는 남편을 조수석에 태우고 오다가 집에 도착할 즈음, 아들에게 전화를 걸어 짐을 가지러 나오라고 했다. 남편은 맨몸으로 먼저 집에 들어갔고 나는 차를 주차장에 세우고 나서 들어갔다.

오늘 아침, 잠에서 깨어난 남편은 회사의 여러 부서에 연락을 하더니 전화를 끊으며 말했다.

"나를 기다리고 있는 사람이 너무 많아."

"저도 기다리고 있었어요."

"어젯밤의 태도를 보면 그런 것 같지 않은 걸."

"어째서요? 어떻게 해주기를 바라는데?"

"'아이고, 서방님 오셨느냐?'고 하면서 말하지 않아도 착착 목욕물 받고 이불 깔고 마사지도 해야 하는데 일일이 내가 다 시켜야 해주고 해주면서도 뭐라뭐라 그러고 에효~! 내 팔자야."

아침상을 차려놓고 남편보다 먼저 집을 나서면서 문자를 보냈다.

(차는 경비실 앞에 있어요. 기다리던 서방님이 오셔서 나도 기뻐요. ♥)

나의 핸드폰에서 문자를 보낼 때는 메뉴에서 한글, 영문, 특수문자, 숫자를 선택할 수 있는데 특수문자에서 마침표는 1, ♥는 8이다.

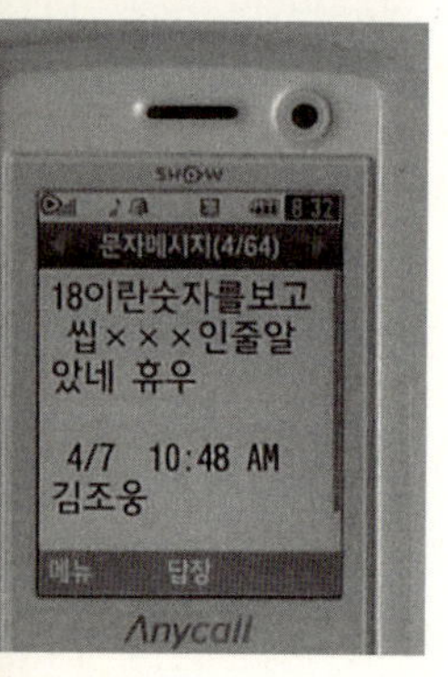


문자를 보내고 나서 발신메시지를 확인하니 내가 특수문자를 선택한 줄 알았는데 숫자를 선택한 것이다. 그러므로 나는 아래와 같은 문자메시지를 보낸 셈이었다.

(차는 경비실 앞에 있어요. 기다리던 서방님이 오셔서 나도 기뻐요18)

클린 에너지

NHK를 보고 있는데 어떤 할아버지가 인터뷰 도중에 이런 말을 했다.

"어느 날 정전이 되어 전등도 켤 수 없고 텔레비전도 안 나오고 선풍기도, 에어컨도 멈추었는데 어두컴컴한 데서 움직이는 게 있더라. 가만히 보니 집사람이었다. 그때 깨달았다. 집사람이야말로 전기나 가스가 끊어지더라도 사용할 수 있는 마지막 클린 에너지라는 것을."

함께 텔레비전을 보고 있던 남편이 저 할아버지는 나중에 여성인권단체에서 한 마디 듣게 생겼다고 했으면서도 그 다음부터 가끔 나를 '마지막 클린 에너지'라고 부른다.

# 민주화

남편의 휴대폰 알람이 계속 울렸다.

"저거, 끌까요?"

"꺼요, 꺼요."

"지난번에 당신 알람 껐다가 '내가 알람을 괜히 해놓은 줄 아십니까?' 라는 말 듣고부터는 아무리 시끄러워도 건드리지 않기로 했어요."

"에효~! 내가 우리 집을 너무 일찍 민주화 시킨 것 같애."

"어디를 봐서 우리집이 민주적이야?"

전에 남편이 차를 정비소에 맡기고 출근한 날, 후배들과 점심을 먹고 있는데 남편에게서 정비가 다 끝났을 테니 차를 찾아서 세차한 후에 회사로 갖다달라는 전화가 왔다.

"차를 갖다 주고 나면 언니는 버스 타고 가야 하잖아요?"

"그래야지."

"너무 잘 해주신다아~!"

후배의 말을 남편에게 전했더니 남편이 발끈했다.

"내가 당신에게 차를 정비하라고 그랬어, 세차를 하라고 그랬어? 정비가 끝난 차를 세차장에 가져가면 다른 사람들이 다 세차해 주는데 그만 하면 민주적이지, 뭐가 권위적이야?"

"그렇게 말하는 게 권위적인 거야."

"에효, 내 팔자야!"

"그럼, 당신이 우리 집이 민주적이라고 생각하는 이유를 하나만 꼽아보세요."

"이렇게 묻는 자세가 민주적인 거지."

"민주적이 아니면?"

"감히 그런 질문을 하지도 못해요. 눈도 마주치지 못하고."

"내가 당신 하인이야? 눈도 마주치지 못하게?"

그래도 어제 오후 어느 모임에서 '감사하게 생각하고 있는 세 가지'를 말하라고 할 때에 내 주위에 좋은 사람들이 많은 것과 재미있게 이야기하는 남편이 있는 것과 빚이 없는 것을 꼽았다.

월드컵 경기 본다고 일찌감치 집에 들어온 남편이 뉴스를 보며 밥을 먹겠다고 해서 밥상도 텔레비전 앞에 차렸는데 저녁 식사를 마치자 남편은 길게 누워 잠이 들었다.

축구 중계가 시작된 다음에 남편을 깨웠다.

"일본이 먼저 한 골을 넣었어요."

"어? 언제?"

"방금."

"자, 이제 흡연삼우가 필요해."

"그게 뭔데요?"

"흡연삼우! 담배, 재떨이, 라이터! 근데 담배가 없다. 좀 사다 줘."

"그런 건 자기가 사와야지."

"이 사람이 무슨 소리를 하나? 지금 축구가 시작됐는데."

축구를 좋아하는 남편은 월드컵이 시작되었는데 영화 보러 가잔다고 나더러 매국노라고 했었다. 축구경기가 시작되었으므로 담배는 내가 사러 가야 한다고 우긴다.

# 네 이웃을 네 몸과 같이

모기에 물린 남편이 자다 말고 짜증을 내며 모기약 좀 뿌리라고 했다. 말없이 일어나서 모기약을 뿌리고 나서 시계를 보니 새벽 2시다. 약간 짜증이 났지만 잠자코 다시 잠들었는데 잠결에 남편의 투덜거리는 소리가 들렸다.

"어디서 이렇게 찬바람이 들어오는 거야?"

잠든 척하고 가만히 있었다.

"……."

"오~이! 문 좀 닫아요."

이번에는 못 들은 척하고 가만히 있었다.

"……."

"문 닫으라는데 뭐하냐?"

말없이 일어나서 문을 닫고 시계를 보니 이번엔 새벽 3시 반이다.

다음 날 아침, 남편에게 조용히 말했다.

"나는 모기가 물어도 괜찮거든. 또 춥지도 않아요. 그러니까 물리는 게 싫은 당신이 일어나서 모기약도 뿌리고 춥다는 사람이 문도 닫아야 하는 거 아니에요? 왜 짜증을 내면서 자는 사람을 깨우세요?"

"아하! 내가 하면 되는 걸 그랬네. 알았어. 다음부터는 그렇게 할게."

"고마워요."

"그렇기는 한데 너는 내가 5리를 가자고 하면 10리를 가줘야 하는 거 아니냐?"

남편이 한 말은 성경에 나와 있는 구절이나. 성경에는 겉옷을 달라고 하면 속옷도 벗어주라고 하는 구절도 있다. 교회에 나가지도 않으면서 아는 것도 많다.

그런데 왜 남편에게 대꾸할 말이 그날 오후쯤이나 되어서 생각나는 걸까? "네가 대접받고 싶은 대로 남을 대접하라든가 네 이웃을 네 몸과 같이 사랑하라는 말은 모르느냐?"라고 되받아쳤으면 좋았을 것을.

구정연휴가 시작되는 첫날이라 온 식구가 늦잠을 잤다. 온 식구라고 해도 작은아들까지 달랑 세 명. 일본에 있는 큰아들과는 어제 전화로 안부를 주고받았다. 양쪽 부모님들이 다 돌아가신 이후로 딱히 인사갈 데도 없으니 예전처럼 아침 일찍부터 부산떨지 않아도 된다.

아침에 눈을 뜬 게 9시 반. 그래도 뭉기적거리다 식구 중에 제일 먼저 내가 일어난 게 10시. 10시 반에 아침식사를 하고 있는 남편에게 말했다.

"당신이 우리 아버지랑 달라서 좋은 점이 하나 있는데 그건 명절날에도 늦게 일어난다는 거야."

"그게 왜?"

"우리 아버지는 이런 날에는 아침 6시부터 식구들을 깨우셨거든. 집안 청소 시키고 마당 쓸게 하고."

"나도 하려면 그렇게 할 수 있어."

"당신은 그렇게 못하지. 적어도 우리 아버지는 솔선수범하시거든요."

"그 대신 장인어른은 저녁에 일찍 주무시잖아."

"그건 그렇지. 우리 아버지는 일요일에도 교회에 가자고 이른 아침부터 엄마를 재촉하셨는데 당신이 그러지 않는 건 불만이야."

"교회에는 꼭 가야 하나?"

"사람은 혼자서 신앙생활 하다 보면 꼭 빗나가게 되거든."

"그렇지만 교회도 끊을 수 있어."

"응?"

"내가 요즈음에 <금연테라피>라는 책을 보고 있는데 금연할 수 있다면 모든 중독을 끊을 수 있대."

이 사람이 정말!

# 사회지도층

남편의 후배 중에 바다이야기라는 게임을 상당히 좋아하던 사람이 있었다. 일본으로 출장 갔는데도 조개, 물고기, 해파리들이 올라오는 소리가 들리더란다. 그렇게 환청이 들리는 정도이면 중독 상태임이 분명하다.

그의 의뢰로 번역 일을 하는 중이었는데 그에게 전할 말이 있어서 전화를 하겠다고 했더니 남편이 한 마디 더 덧붙이란다.

"그 친구 보고 이제부터 바다이야기에 가지 말라고 해."

"가지 말라고?"

"내가 이제 사회지도층이 되었으니 지도를 해야지."

남편은 지난 번에 일한문화교류기금상을 받은 이후로 자칭 사회지도층이 되었다.

"설마 또 가기야 하겠어요?"

"무슨 소리! 가고말고!"

"아이고, 그 사람 나이가 몇 살인데요? 이제 정신 차렸겠지요."

"너도 계속 교회 다니고 있잖아!"

"네에?"

"네가 교회에 중독된 거나 마찬가지라고."

# 단점

아는 이가 아버지학교에 다녀왔는데 그 프로그램 중에 '아내의 장점 스무 가지'를 쓰는 순서가 있었단다. 실없는 줄 알면서도 나도 남편에게 물어보았다.

"당신이 생각하기에 나의 장점은 뭐예요?"

"그런 거 왜 물어?"

"글쎄, 이야기 해 봐요."

"밝고 낙천적인 거."

"다시 말해서 바보라는 뜻으로 들리는데요."

"나쁘게 말하면 그렇지."

"단점은?"

"예수님하고 같아."

"어디가 같아?"

"먹는 거에 신경 안 쓰는 거."

<최후의 만찬>이라는 그림을 보면 식탁을 둘러싸고 있는 사람 수에 비해서 음식이 풍성해 보이지 않는 건 사실이지만 중요한 건 메뉴가 아닌데 남편은 예수님의 식생활에 불만이 많다.

아내는 남편과 평생 결혼한 것이지 남편의 식사시간을 위하여 결혼한 것이 아니라고 하는 격언도 있건만 이 남자의 음식 타령은 끝이 없다.

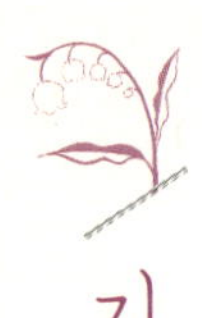

# 가정파괴범

미국에서 온 고등학교 동창을 만나는 날, 밤늦게까지 먹으며 놀았다. 다음 날 아침에 산보하러 나가서 평소보다 더 많이 걷고 돌아와 남편을 깨우자 생선 뒤집듯이 엎드리면서 발을 밟으라고 했다.

"당신도 나랑 산보 다니면 발 마사지 안 받아도 되는데."

"당신은 생태계를 모르냐? 다 각자가 역할이 있는 거야."

"역할?"

"그래. 사자가 원숭이 할 일을 하고 코끼리가 악어의 일을 하면 생태계가 파괴되잖아."

"그럼, 나의 일은 뭔데?"

"많지. 우선 발 밟는 거."

"우하하하. 그리고 또 뭐가 있는데?"

"아침에 일찍 일어나고 밤에 늦게 자는 거."

"그러면 내가 생태계 지킴이야?"

"그렇지. 옛날 말로는 위계질서라고 해."

"요새 말로는?"

"가정생태계. 동물은 본능과 습성에 따라 움직이지만 인간은 자유의지가 있다고."

"그래? 나도 나의 자유의지로는 발을 밟고 싶지 않을 때도 있는데."

"어허, 참! 그렇게 하면 생태계가 파괴된대도. 넌 가정파괴범이 되고 싶냐?"

시어머니 살아계실 때부터 남편은 아무래도 자신이 당뇨병에 걸린 것 같다고 하면서도 시어머니가 아무리 병원에 가보라고 해도 말을 듣지 않았다. 제대로 진찰을 받아보지도 않고 밥 먹으면 졸음이 오고 피곤하며 소변이 어쩌니 저쩌니 하면서 스스로 당뇨병이라고 주장하는 돌팔이 환자다.

올여름 내가 아프고 나면서부터 병원 출입하느라고 남편이 더 피곤했는지 내게 당뇨병에 좋은 음식을 알아봐 달라고 했다. 걱정이 된 나는 그날로 혈당계를 사서 그날 밤에도 재어보고 다음 날 아침에도 재어보았지만 결과는 정상.

그렇다면 간이 나쁜 건가 싶어 인터넷에서 간이 나쁠 때에 나타나는 일반적인 증상을 찾아 일러주었더니 지금 자기에게 나타나는 증상과 일치한다고 하면서 바로 간장치료제를 복용하고 있다.

어제 남편이 '올해를 마무리하는 한민족대화합 골패놀이한마당'에 간 후에 일본에 있는 큰아들에게서 전화가 왔다.

"아빠는?"

"한민족대화합 골패놀이한마당인가 뭔가에 가셨다."

"으흐흐흐. 그래도 아빠가 반평생 넘게 그런 게임을 즐기는데도 우리 집이 쪽박을 차지 않은 건 아빠의 자제력이 대단하거나 간이 작거나 둘 중의 하나에요."

아침에 남편에게 그 이야기를 전해주었더니 이렇게 말했다.

"맞아! 나는 간이 문제야."

"나도 그렇게 생각해. 당신은 간이 부었거나 온몸이 간이니까."

# 괴상한 남자

예전에 같은 동네에 살던 아기엄마와 만나 점심 먹고 차를 마셨다. 그녀는 그동안에 사춘기를 혹독하게 겪는 아이들 때문에 고생한 이야기를 하다가 갑자기 생각난 듯 남편의 안부를 물었다.

"자기, 아직도 그 괴상한 남자랑 살고 있냐? 옛날에 보니까 조선 시대 여인처럼 남편을 아주 떠받들고 살더구먼. 요새 자기 같은 여자가 어디 있냐? 나 같으면 국물도 없다."

그랬구나. 자주 마주치지도 않는 동네 아줌마 눈에도 괴상해 보일 정도로 남편은 까다로웠구나. 이제는 남편이 집에 있어도 전처럼 불편하지는 않은 걸 보면 그동안에 남편은 나의 어떤 부분에 대하여는 체념한 것 같기도 하고 나도 남편의 까탈스러움을 받아내는 데에 어지간히 이골이 났나 보다.

집안의 화목을 깨뜨려야 할 만큼 중요한 일은 없다고 생각해서 생명에 지장이 없는 한, 남편의 말을 따르며 살았으니 남편을 떠받드는 것처럼 보였을지도 모른다. 그런데도 남편은 가만히 보면 모든 게 내가 하고 싶은 대로 되어가는 것 같다고 불평했다.

아무튼 남편이 오늘 출장을 떠났으니 집안일이 반쯤은 줄어들 것 같다. 갖다 달라는 것도 많고 먹고 싶다는 것도 많고 해달라는 것도 많아서 그 시중드는 일이 보통 아니다. 큰아들이 "아빠는 엄마가 그냥 가만히 앉아있는 게 싫으세요?"라고 물어본 적이 있을 정도이다.

남편도 그건 알고 있는 것 같다. 출장에서 돌아오면 현관에 들어서면서 이렇게 말한다.

"그동안 푹 쉬었지?"

그 말 끝나자마자 여행 가방의 바퀴를 닦아라, 녹차를 가져와라, 창문을 열어라, 이걸 가져가라, 저걸 가져와라 등 지시와 명령과 요구가 많다.

새벽 3시에 시작하는 유로축구를 보고 잠들었던 남편은 내가 교회에 가려고 집을 나설 때까지 곯아떨어져 있었다. 자느라고 아침밥도 먹지 못했으니 지금쯤은 배가 고파 일어났으리라 생각되어 예배를 마치고 서둘러 집으로 돌아왔다.

그러나 그것은 완전히 나의 착각. 현관문을 열고 들어서니 안방은 깨끗하게 정리되어 있다. 남편은 이불까지 개 놓고 벌써 어디론가 나가버렸다.

'밥도 먹지 않고 어디로 갔지?'

이렇게 생각하고 있는데 문자가 왔다.

(말이란 무엇인가? 기수와 더불어 생각하는 모임에 참가하기로 했음.)

냉큼 답장을 보냈다.

(이 더운 날 경마장에? 정성이 뻗쳤네.)

제깍 답장이 왔다.

(정성일념이 우리 회사의 사훈이랍니다. ^^)

# 삐라

어제 남편의 환갑기념으로 남편 회사의 회장님께서 직원들과 함께 점심 먹는 자리를 마련해주셨다. 식순에 따라 개회사, 약력소개가 있고 나서 축사를 할 차례인데 갑자기 나더러 원장님이 집에서는 어떤 남편인지 소개해 달라고 했다. 우리는 둘 다 당황해서 머뭇거렸는데 내가 일어나서 말하려고 하자 남편이 멋쩍게 웃으면서 식은땀 난다고 했다.

'당연히 식은땀이 나겠지. 나야 하고말고!'

마침 전날 저녁에 남편과 함께 찍은 옛날 사진을 보면서 직업도 없이 아르바이트로 생활하던 당시의 모습과 현재를 비교했었다. 자리에서 일어나 우리가 처음 만나던 시절의 이야기와 어버이날에 아이들로부터 맹랑한 편지를 받기는 했지만 아버지로서는 상당히 괜찮은 사람이라고 소개했다.

그런데 오늘 새벽에 일본으로 출장 갈 준비를 하면서 별 것도 아닌 일로 투덜거리는 남편을 보니 하고 싶은 이야기가 더 생각났다.

"아이고, 어제 집에서는 어떤 남편이냐고 물어볼 때 빠뜨린 이야기가 많네. 다시 한 번만 그런 기회를 만들어 주세요. 당신이 어떤 사람인지 다 말해버릴 테니까."

"그래도 아무도 안 믿을걸."

"내가 뭐라고 말할 줄 알고?"

"무슨 말을 하든. 이북에 가서 김정일은 나쁜 사람이라고 해봐라. 누가 믿겠냐?"

이야기하는 것으로는 부족하고 삐라를 뿌려야 할 거라고 한다. 대북삐라처럼 달러를 넣어야 할 거라고도 했다.

남편은 많은 단점이 있는 사람이지만 그래도 남편이 근무하는 학원의 직원들과 일본어 및 중국어 선생님들이 한 마디씩 써서 보내준 환갑기념 스크랩북 첫 장에는 '멋있고 화려하고 위대하고 훌륭하고 재미있고 지성적인 우리들의 원장 전하(院長殿)'라고 쓰여 있었고 남편의 우스꽝스러운 사진도 붙어있었다. 얼마 전에 큰아들과 국제전화를 할 때 아들은 엄마가 돈을 보고 아버지랑 결혼한 게 아니지만 아버지가 가진 능력은 돈으로 따질 수 없는 대단한 것이라고 했다.

"아버지는 내가 태어나서 이제까지 직접 만나본 사람 중에서 손에 꼽을 정도로 머리가 좋은 건 사실이에요. 그리고 처음 만난 사람에게도 호감을 주는 매력이 있어요. 그건 아무나 흉내 낼 수 없는 장점이죠."

큰아들이 일본으로 유학 가기 전부터 남편과의 관계가 삐거덕거리기 시작하더니 남편의 전화번호를 수신거부명단에 올려놓을 만큼 험악한 지경까지 갔었는데 이제 서서히 회복되려나 보다.

환갑 축하선물로 받은 스크랩북

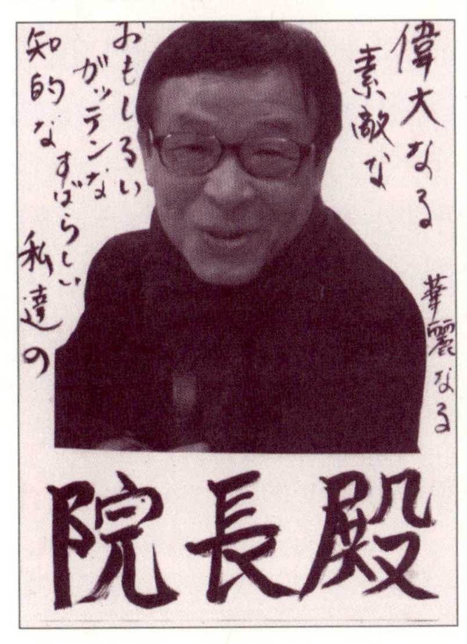

배운망덕

남편과 함께 <워낭소리>라는 영화를 보러 갔다. 마흔 살쯤 되었을 거라는 소가 나오는 첫 장면에서 정상이 아니라는 걸 한눈에 알 수 있었다. 그 소의 반쯤 감긴 눈, 야윈 엉덩이를 보자 소띠였던 친정아버지 생각이 났다.

아버지는 아침이면 4시에 일어나 운동하고 목욕하고 이발소에 다녀오셨고 그때쯤에야 일어난 우리와 아침 식사를 하셨다. 남편은 무엄하게도 장인어른의 부지런함을 거의 괴물 수준이라고 말했지만 건강하고 부지런한 것도 한때, 아버지는 아흔이 넘으면서부터 몸도 야위고 정신도 맑지 않으셨다.

남편은 일요일인 오늘 아침, 10시에 일어나서 교회 갈 준비로 바쁜 나에게 말했다.

"난 커피 마실래. 그러고 나서 고기만두와 조개가 들어간 된장국을 마실 거야."

"나 바쁜데 자기가 좀 준비해서 먹지."

이렇게 말하며 돌아서서 남편의 얼굴을 본 순간, 나는 웃음을 터뜨렸다.

"우하하하! 당신 눈이 어제 영화에서 본 그 소 눈 같아. 아주 맛이 갔네."

"잠이 부족해서 그래. 아아, 피곤하다!"

남편은 그때까지 자고 있던 작은아들에게 소리쳤다.

"이놈아, 빨리 일어나. 이 배운만덕한 놈아! 너, <워낭소리> 봤어? 네가 그 영화를 봐야 해. 그 할아버지는 구 남매를 키웠어. 마지막 장면에 '우리를 키우기 위해 헌신했던 이 땅의 모든 소와 아버지들에게 이 작품을 바칩니다.'라는 자막이 나와. 그 말이 제일 마음에 들더라. 거기에 어머니께 고맙다는 말은 없어."

이불 속에서 고개만 내민 아들이 맞받아쳤다.

"아이 참! 아무 말이나 갖다 붙이지 마세요."

남편이 내게 물었다.

"배운만덕이라고 말하면 안 되나? 근데 그게 무슨 뜻이야?"

"뜻도 모르면서 썼어요? 배은망덕은 은혜를 배신하고 덕을 잊는다는 말이에요."

"아아, 그렇구나!"

"일본에는 그런 말 없어요?"

"없지! 그런 사람이 없으니까!"

남편은 영화 볼 때 코를 골며 잤는데도 자기에게 유리한 말이 나오는 장면은 선명하게 기억하고 있었다.

<워낭소리> 이후, 아들의 호칭이 또 바뀌었다. 늦잠 자는 아들을 향하여 배운만덕한 놈이라고 하던 남편이 아들에게는 '김민우'라는 어엿한 이름이 있건만 '김만덕'이라고 부르기 시작했다.

그러나 아무리 아들이라고 하여도 다 큰 성인의 이름을 마구 불러대는 건 예의가 아니라며 어제부터는 MD라고 부르고 있다. 청와대에는 MB가 있고 우리 집에는 MD가 있다.

# 생일카드

올초에 남편이 초대형 생일카드를 받아왔다.

펼친 신문지 크기의 이 카드에는 선생님들의 사진과 이름이 적혀있으므로 초상권 보호차원에서 이름을 지웠다. 남편이 좋아하는 게 뭔지 회사에서는 이미 다 소문이 나버렸나 보다.

집에 놀러온 초등학생 조카는 질문도 많다.

"고모부는 왜 배꼽이 나와 있어요?"

"이 개는 뭐예요?"

개가 아니고 말인데.

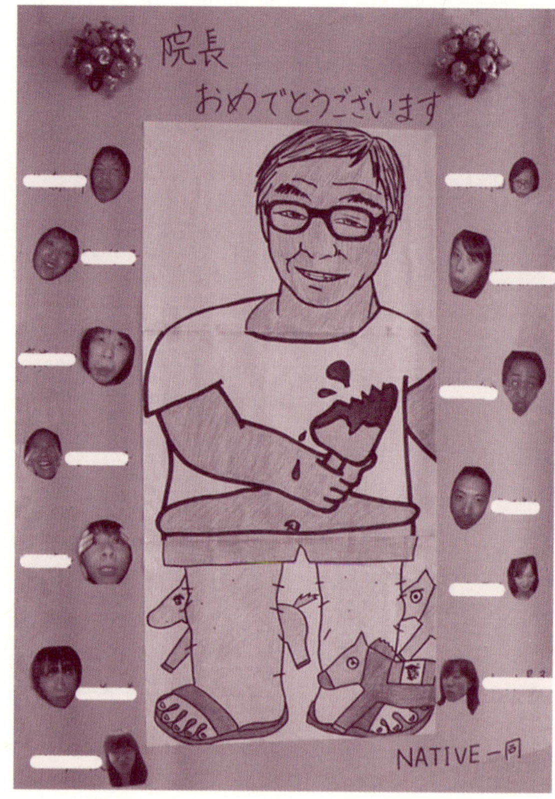


생일 카드

아는 이가 내게 남편과 함께 보라고 적극 추천해 준 영화를 보러 갔다. <함께한 시간만큼 그리운-사랑 후에 남겨진 것들>이라는 제목은 <Cherry Blossom>이라는 원제와는 좀 동떨어지지만 영화의 줄거리를 암시하고 있다.

의사로부터 남편이 앞으로 얼마 살지 못할 것이라는 말을 듣고 아내는 남편과 함께 베를린에 사는 자녀들을 방문했다가 발트해로 떠난다. 아내는 발트해에서 갑작스러운 죽음을 맞게 되고 정신적 공황상태에 빠진 남편은 아내가 생전에 가고 싶어했던 일본으로 가서 집 없는 떠돌이 여성을 만나 부토춤(일본의 현대무용)을 배우고 아내가 보고 싶어하던 후지산 밑에서 죽음을 맞는다.

암과 싸우고 있는 지금, 가족들과 함께할 수 있는 시간이 얼마나 남았는지 알 수 없는 일이기는 하지만 내가 구국의 운명을 지고 태어난 것도 아니고 누가 내게 우리나라 경제를 살려내라고 하는 것도 아니니 특별히 아쉬울 건 없겠다는 생각을 하며 남편에게 누구나 다 오늘을 사는 거니까 내일을 위해서 너무 많은 것을 유보하지 말고 오늘을 충실하게 살아야 한다고, 오늘이 행복해야 한다고 말했다.

그랬더니 그게 바로 니나노 정신이란다. 남편은 그 니나노 정신이 다른 나라에서는 찾아볼 수 없는 우리나라만의 독특한 에너지의 근원이기도 하다고 했다.

그렇지만 현재가 중요하고 확실한 순간이라는 것을 강조하는 카르페 디엠(carpe diem: '현재를 잡아라!'라는 뜻의 라틴어)이라는 말도 있으며 성경에서도 '내일 일을 위하여 염려하지 말라 내일 일은 내일 염려할 것이요 한날의 괴로움은 그날에 족하다'고 말하고 있다.

# 휴일 아침의 허튼짓

휴일 아침이라고 온 식구가 늦잠을 자고 있는 동안 혼자 아침을 먹고 신문을 다 읽었는데도 아무도 일어나지 않는다. 식탁 한쪽에 밀어 놓았던 원고 뭉치를 뒤적거리다가 벌떡 일어나 화장대 서랍에 있던 립스틱 중에서 구석에 박혀있던 짙은 빨간 색을 꺼내 발라보았다.

"여보! 나 좀 봐 봐!"

아직도 자고 있는 남편 코앞에 얼굴을 들이댔다. 눈까풀이 무거운 듯 한쪽 눈만 가늘게 뜨고 내 얼굴을 본 남편이 한숨을 쉬며 졸린 목소리로 말했다.

"에휴! 그게 무슨 짓이야?"

"왜?"

"넌 비정규직이라서 참 행복하겠다."

"어때서? <립스틱 짙게 바르고> 라는 노래도 있잖아. 별이 지고 ♬ 이 밤도 가고 나면 내 정녕 ♪♩ 당신을 잊어 주리라 ♬"

이른 아침, 새빨간 립스틱을 바르고 노래 부르는 나를 바라보며 남편이 말했다.

"부럽다! 비정규직이."

아침에 세수를 하고 나서 거울 앞에 앉았다. 늘 귀 뒤로 머리를 넘겼는데 오늘은 머리카락이 귀를 가리도록 빗으니 얼굴이 작아 보이는 것 같아서 남편을 향해 돌아앉으며 물어보았다.

"여보, 내가 머리를 이렇게 빗으니까 어때?"

힐끗 쳐다본 남편이 대답했다.

"뭐가 달라졌어? 똑같은 얼굴인데."

"얼굴이 작아 보이지 않아요?"

"화장이나 머리 모양을 바꾼다고 달라지지는 않아요. 그게 다 화장품 회사와 미용실의 농간이야."

"그렇지만 화장을 잘 하면 정말로 다른 사람처럼 보이는 걸요."

"바로 그거야. 화장을 하면 달라진다고 하니까 화장이 점점 더 진해지고 그러다가 화장하지 않고는 사람들 앞에 나서지도 못하게 되지. 그게 진화한 게 성형수술이에요. 원래 얼굴이 드러날까 봐 아이도 못 낳게 돼."

"에이~! 그건 너무 과장이 심하다."

"옛날부터 인간이 가지고 있는 한심한 욕망은 오래 살고 싶은 것, 미래를 알고 싶은 것, 노력하지 않고 성공하고 싶은 것, 이 세 가지요. 이걸 둘러싼 돈벌이가 많아요. 나도 그 덕분에 먹고 살기는 하지만."

"당신이 왜?"

"어학원 광고를 봐요. 다 두 달 만에 끝낸다, 한 달 만에 끝낸다고 하지. 심지어는 일주일 만에 끝낸다는 광고도 있어요."

설마 싶어서 인터넷서점에서 검색창에 '한달'과 '영어' 혹은 '일본어'라는 단어를 쳐 넣어 보았더니 실제로 '한 달 만에 손에 잡히는 ~~', '일주일 만에 끝내는 ~~', '한 달 만에 레벨 업' 등 단기간에 어학실력을 높일 수 있을 것으로 착각하게 하는 책 제목이 많았다.

# 날리지엔타

남편이 읽고 있는 <사체입문(死體入門)>이라는 책이 있다. 제목 위에 '날리지엔타독본 7'이라고 쓰여 있기에 그게 무슨 뜻이냐고 물어보았더니 그 책 표지에 나와 있는 날리지엔타독본(讀本)의 편집방침을 읽어주었다.

> 날리지엔타란 날리지(knowledge: 지식)와 엔터테인먼트(entertainment: 오락)를 합성한 말입니다. 우리는 교양과 오락이 합쳐지면 더 매력을 발휘한다고 생각합니다. 일선에서 활약하고 있는 전문가와 지적 호기심이 왕성한 탐험가들이 손을 잡고 어려운 이야기들을 알기 쉽고 재미있게 전하고 있습니다. 날리지엔타독본시리즈는 읽기 쉬운 입문서이지만 지적인 자극이 되면서도 깊이가 있는 책을 지향하고 있습니다.

한국에서는 자녀를 가르쳐 성혼시킨 후에는 소일거리나 하면서 가끔 해외 여행을 가는 것이 '잘 산다'는 전형적인 패턴이고 나이가 들면 힘든 일을 하지 않고 다 아랫사람에게 시키지만 일본에서는 큰돈이 되지 않아도, 나이가 들어도 끊임없이 뭔가를 만들어내는 사람들이 있다고 했다. 물론 한국에도 나이가 들어도 일을 하는 사람이 있기는 하지만 흔하지는 않단다. 아침에 가볍게 던진 질문이 한국과 일본의 문화적 차이라는 주제로까지 발전되었다.

한국에서는 주로 올바로 사는 길에 관한 이야기나 1년에 몇 억 벌었다는 이야기가 주의를 끈다고도 했다. 한국 사람들은 지나치게 정신주의적이거나 물질주의적이거나 둘 중에 하나라는 거다.

또 일을 하는 사람보다는 일을 시키는 사람이 훌륭하다는 생각이 만연되어 있어서 이공계보다는 상경계나 법조계 쪽으로만 가려고 하고 그나마 나이가 들면 일을 놓고 아랫사람에게 시키기만 하는데 이래서는 좋은 물건을 만들기 어렵다는 거다. 그러면서 '내 인생에 은퇴는 없다'고 했다.

듣다 보니 한국을 비난하는 것 같기에 나도 평소에 궁금해 하던 일을 물었다.

"다 좋은데 당신은 한국을 비난하면서도 자기가 흉보던 점을 충분히 이용하며 살더라. 신념이 있다면 자기가 비난했던 일은 하지 말아야 하는 거 아닌가?"

"그거야 여기는 한국이고 나도 살아남아야 하니까 그렇지. 생계형 비난이라고 봐줘."

그래도 한국 사람들은 생각의 통이 크다고 했다. 일본사람들은 남을 돕는다든가 세상을 바꾸려하기 보다는 자기 일에만 열중하는 편이란다. 그러나 각자가 자기 일을 열심히 제대로 하고 있다 보면 그게 바로 다른 사람을 돕는 일이 되고 세상을 바꾸는 일이 된다고 했다. 그 점에 대해서는 나도 공감한다.

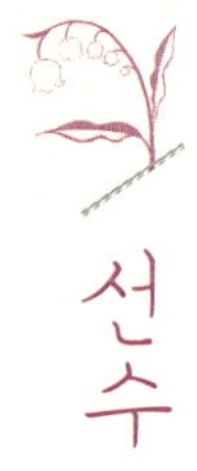

# 선수

목욕을 마친 남편이 아시안컵 축구 중계를 보겠다고 텔레비전 앞에 앉더니 내게 부탁했다.

"오~~~이! 그것 좀 갖다 줘."

"탄산수?"

"응."

"여보! 그게 어디 있는 줄은 당신도 알잖아!"

"응."

"근데 왜 나보고 갖다 달라고 하는 거야?"

남편이 축구 경기 화면을 가리키며 말했다.

"저기 좀 봐라. 감독이 저기 나가서 뛰면 되겠어?"

"왜 나만 선수야?"

"그럼, 감독은 누가 하냐?"

"하나님!"

"하나님은 축구연맹이지."

남편의 대답에 아들을 가리키며 물었다.

"그럼 재는?"

"재도 선수지."

"그럼 나하고 아들하고 똑같아?"

"아니, 당신은 포워드, 재는 디펜스!"

## 마사지

원고 쓰다 새벽에 잠들었던 남편이 오늘부터 외국에서 손님이 오니까 일찍 출근해야 한다고 했다. 내가 아침 식사 준비를 시작하자 남편이 아들을 불렀다.

"1분만 밟아줘."

아들은 두말없이 남편의 발을 밟기 시작했지만 1분이 지나자마자 안방에서 나왔다.

"이놈아!"

"왜요?"

"어디 가냐?"

"1분 넘었어요."

"좀 더 해!"

"아, 왜 맨날 해 달래?"

"야, 이 만덕아!"

배은망덕이라는 뜻에서 아들 하는 짓이 마음에 들지 않으면 망덕이라고 부르는 건데 남편의 구강 구조상 만덕이라고 발음되는 것이다. 부엌에서 아침 식사 준비를 하던 내가 편을 들었다.

"그러지 말고 좀 밟아 드려라. 너도 매일 밥 먹잖아?"

"밥하고 이거 하고 같아요?"

"아빠한테는 같아!"

남편이 반색하고 몸을 일으키며 말했다.

"여보, 잘 했어!"

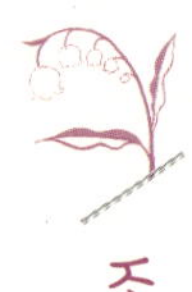

# 좋기도 하겠다

키는 크지 않아도 몸이 단단했던 친정아버지는 평생 유도와 합기도를 하셨는데 항상 초저녁에 주무셨다가 새벽에 일어나셨다. 6시면 식구들을 깨우기 시작해서 7시가 넘도록 이불 속에 있는 사람은 그냥 두지 않았다.

그에 비해 남편은 늦게 자고 늦게 일어나려니와 자기 몸 움직여 운동을 하기 보다는 편안히 누워서 마사지를 받으려고 한다.

눈에 띄는 대로 여러 가지 기구도 사온다. 마사지하는 내가 힘들까 봐 사오는 거라는데 새로운 걸 사올 때마다 신이 나서 내민다.

"이거 봐! 너무 좋지?"

좋기도 하겠다!

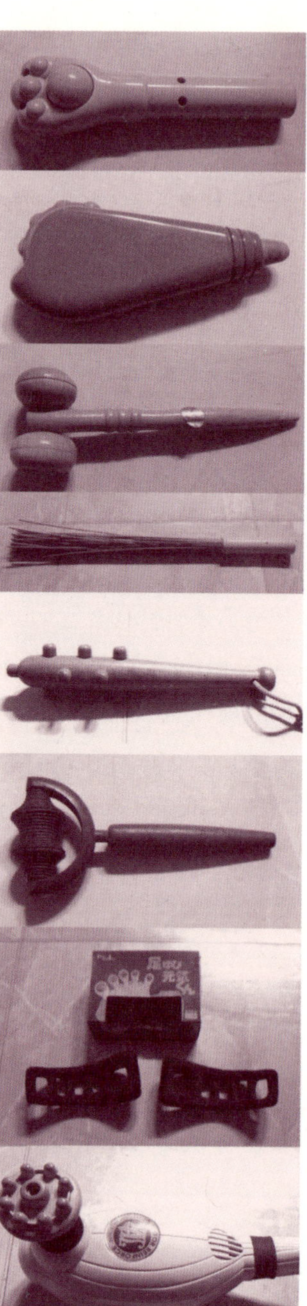

느닷없이 "일출을 보러 가자!"라고 하는 남편을 따라나선 게 일요일 새벽 1시. 새벽 4시 반에 캄캄한 주문진해수욕장에 도착해서 주차비를 받는 청년에게 물었다.

"몇 시쯤에 해가 뜨나요?"

"그거야 햇님 맘이죠."

해 뜨는 거 보겠다고 졸린 눈을 부릅뜨고 기다렸지만 날이 흐려 일출을 보지 못하고 주문진항으로 가서 아침을 먹고 경포대로 갔다.

바닷물에 들어갔다가 낮잠도 자다가 저녁을 먹고 다시 바닷가로 가서 와이셔츠 깔고 모래 위에 누워 별도 보고 불꽃놀이도 구경하다가 서울로 출발했다.

서울로 향하는 고속도로 첫 휴게소에 들어가서 기념품 판매장을 둘러보고 있는데 어딘가에 다녀온 남편이 말했다.

"강원도에서 받은 건 강원도에 다 돌려주고 왔어."

"응? 아하하! 길이 막힐 테니 나도 미리 돌려주고 와야겠다."

밀리는 고속도로를 지나 집에 도착하니 벌써 자정이 넘었다.

'이게 말로만 듣던 도깨비여행이구나.'

다음 날에는 너무 피곤해서 종일 자다 깨기를 반복했다. 잠 안 자고 돌아다닐 나이가 아니란 걸 실감한다.

아침에 출근한 남편에게 직원들이 술 드셨느냐고 묻더란다. 잠을 제대로 자지 못했으니 눈도 충혈되었을 테고 무엇보다 하루 사이에 얼굴이 빨갛게 타버렸으니 술 취한 사람처럼 보이는 것도 무리가 아니다.

# 여름휴가

남편의 휴가는 오늘까지인데 어제 오후에야 해외출장에서 돌아왔다. 그래도 휴가철 지나기 전에 바닷가에 한 번 다녀와야 한다면서 저녁을 먹고 한숨 잔 후에 새벽에 동해안으로 떠나잔다. 자명종은 4시로 맞추어 놓았지만 늗적거리다가 5시가 되어서야 출발할 수 있었다.

강릉시 초당동의 두부마을에 가서 청국장을 먹고 경포대 바닷가로 갔는데 바닷물의 온도도 적당하고 날씨도 좋았다. 튜브에 팔과 다리를 걸치고 파도에 몸을 맡긴 채 이리저리 흔들리고 있을 때, 갑자기 큰 파도가 몰려와서 나를 해안가에 내동댕이쳤다. 튜브가 뒤집히면서 몸이 한 바퀴 돌아 고개가 모래밭에 처박히는 순간, 목에서 우두둑 하는 소리가 났다.

'큰일났다!'

그러나 계속 밀려오는 파도에 몸을 가눌 수가 없었다. 누군가가 붙잡아 주어서 간신히 일어나기는 했는데 머릿속이 멍했다. 고개를 천천히 돌려보니 목뼈에는 이상이 없는 것 같은데 고개를 숙일 수도 없고 젖힐 수도 없었다. 수영복 속은 물론이고 코에서도, 귀에서도 모래가 나왔다.

경포대 해변 보건소에 가서 이야기하니 자기네가 해 줄 수 있는 건 파스를 발라주는 것뿐이라며 내일은 더 아플 거라고 했는데 시간이 지나자 빨리 움직일 수 없을 뿐, 고개를 숙일 수도 젖힐 수도 있게 되었다.

경포대 바닷가를 떠나 주문진 해수욕장에 가서 파라솔을 하나 빌려 자리를 잡자마자 남편이 말했다.

"난 준비됐어!"

"뭐가?"

고개를 돌려보니 남편이 두 다리를 뻗고 누워있다. 모래찜질을 해 달라는 뜻이다.

"맨손으로?"

"당연하지!"

남편이 다리를 움직일 수 없을 정도로 모래를 쌓아주고 나도 그 옆에서 잠들었는데 남편이 내 다리에 모래를 쌓고 있는 게 느껴져 잠에서 깼다. 남편은 모래찜질이 당뇨, 고혈압, 심장병에 좋고 항암효과도 있다고 실없는 소리를 했다.

주문진 어판장 안에 있는 횟집에서 저녁을 먹고 출발했는데 길이 막혀서 6시간이나 걸려 새벽 1시 반에 겨우 집에 도착했다.

여전히 등이 아파서 스포츠 의료를 공부한 아들에게 물어보았다.

"엄마가 다친 건 목인데 왜 등이 아프지?"

"목을 지탱해주는 승모근이라는 근육이 어깨에서부터 등에 걸쳐있기 때문이지요."

"이거 어떻게 해야 되냐?"

"어떻게 하긴! 그냥 시간이 지나야 나아지지요."

"일단 등에 파스 좀 붙여주렴."

"내일 아침에는 벌떡 일어나려고 하지 말고 몸을 돌리면서 고개를 가누세요."

"내일은 더 아플 거라고 하더라."

"그래도 이 정도인 게 천만다행인 줄 아세요. 4, 5번 경추는 횡경막과 연결되어 있어서 잘못하면 죽는 수도 있어요."

지난주엔 물썰매에 나동그라졌는데 오늘은 파도에 내동댕이쳐졌다. 그래도 할 수 있을 때 해 봐야지. 이제는 번지점프도 나이 제한에 걸려 하지 못하게 되었으니까.

# 휴대전화

출장에서 돌아온 남편은 집에 돌아오자 시원한 국물을 먹고 싶다고 했다. 준비했던 된장찌개는 놓아두고 다시 떡국을 끓여주었더니 맛있게 먹고 잘 준비를 하다가 차에다 휴대전화를 두고 왔다고 했다.

"갖다 드릴까요?"

"됐어. 내일 아침에 하지 뭐."

새벽 2시가 넘어 잠들었던 남편은 늦도록 자고 있었다. 내가 꿀물을 머리맡에 놓아주며 깨웠다.

"10시가 넘었어요."

"몇 시야?"

"10시 10분!"

"휴대전화는?"

"차에 있지."

"빨리 가져와요. 당신은 맨날 중요한 일을 빠뜨려!"

"……."

말없이 주차장에 가서 휴대전화를 가져다가 남편에게 주면서 말했다.

"내가 당신 하인이야, 식모야? 당신 휴대전화 가져오는 게 내 일이야?"

"……."

이번에는 남편이 말이 없다.

피곤해서 아직 일어나지 못하고 있는 남편을 놓아두고 먼저 집에서 나와 일을 보다가 잠깐 짬이 났을 때 남편에게 문자를 보냈다.

(자기 휴대전화는 스스로 챙깁시다. 가져다 달라고 말할 때는 공손하고 예의 바르게 부탁합시다!)

한참 있다가 답장이 왔다.

(그래요~~~~~^^)

중국 출장에서 돌아온 다음에도 날마다 늦는 남편에게 <그 남자가 여자에게>라는 영화를 보러 가자고 했다. 주말에 시간이 없을 것 같다더니 마침 시간을 낸 게 어제 오후. 외출했던 남편이 집으로 오는 중이라는 연락을 받고 바로 인터넷으로 예매를 했다.

함께 영화를 본 중에 남편이 졸지 않은 건 이번 영화가 처음이다. 현실과 회상과 상상이 얽힌 그 영화의 여주인공은 내가 오래 전에 본 영화에서는 단발머리 여학생이었는데 이제는 예쁘장한 중년의 아줌마가 되어 있었다.

오늘 아침에도 다른 날처럼 남편의 발을 밟고 나서 장딴지와 발목에 약을 발라주었다. 파스 냄새가 강하게 나는 그 약을 바르면서 남편에게 말을 걸었다.

"나도 마누라가 있으면 좋겠다. 말만 하면 영화표도 예매해주고 아침마다 발도 밟아주고."

"그런 생각이 들지? 그러나 그건 너의 착각이야."

"뭐가?"

"코페르니쿠스 이전에는 사람들이 해가 동쪽에서 떠서 서쪽으로 진다고 생각했어요."

"그래서?"

"현상적으로는 해가 움직이는 것 같지만 사실은 지구가 돌고 있는 거잖아."

"그게 왜?"

"네가 힘든 것 같이 생각될 테지만 그건 현상일 뿐이고 사실은 내가 힘든 거라고."

얼핏 들으면 그럴 듯한 것 같기도 한데 수긍하자니 어쩐지 사기 당하는 기분이다.

# 상차림

휴일인데도 남편은 일본에서 온 손님들에게 서울 시내를 안내한다고 나갔다. 당연히 저녁을 먹고 들어오겠거니 했더니만 남편에게서 전화가 왔다.

"지금 들어가요. 근데 나 저녁 안 먹었다."

식이요법 중인 나의 식사는 간단한데 남편이 집에 와서 저녁을 먹겠다니 뭔가 준비를 해야 한다. 다시마와 멸치를 넣고 국물을 내어 국을 끓이고 오이를 무치고 표고버섯을 조렸다. 다른 몇 가지 밑반찬과 함께 저녁상을 차리자마자 남편이 들어왔다. 시간 맞추어 식사준비를 끝낼 수 있어 다행이었다.

"맛은 둘째 치고 이제 내가 상은 빨리 차리게 된 것 같아."

"명란은 참기름과 깨소금 뿌린 것뿐이고 쇠고기 볶음은 병조림이니까 꺼내기만 하면 되고 햄도 프라이팬에 굽기만 한 거고 김치도 꺼내기만 한 거고 시간 걸릴 게 뭐 있나? 오이는 좀 시간 걸렸겠네. 그리고 조리는 요리는 음식 중에 제일 쉬운 거요. 제일 어려운 건 튀김이고."

"맞아! 상 차리는 거 별거 아니네. 그러니까 이제부터는 직접 차려 드셔!"

"아니, 내가 뭐라고 그랬나요? 논평한 게 아니라 그저 이 상차림을 묘사한 것뿐인데……."

이번에 친구들과 여행 갈 때 들통에다 곰국이나 끓여놓고 가면 되겠다. 별거 아닌 상차림은 알아서 해결할 테지.

겨울은 추워야 하고

작년에 사온 백합의 꽃이 진 후에도 화분에 뿌리를 그대로 둔 채 베란다에서 겨울을 나게 했는데 오늘 아침에 화분을 들여다보니 새순이 나오고 있었다.

"이거 좀 봐요! 백합 싹이 났어요."

남편이 느릿느릿 다가와서 들여다보며 말했다.

"진짜네. 겨울에 그렇게 추웠는데."

"정말 신통하지요?"

"겨울은 추워야 하는 거요. 봄은 따뜻해야 하고 여자는 말을 잘 들어야지."

"남자는?"

"잘 시켜야 하고."

"푸하하하!"

베란다에 쪼그리고 앉아 화분을 들여다보다가 너무 웃겨서 털썩 주저앉을 뻔했다.

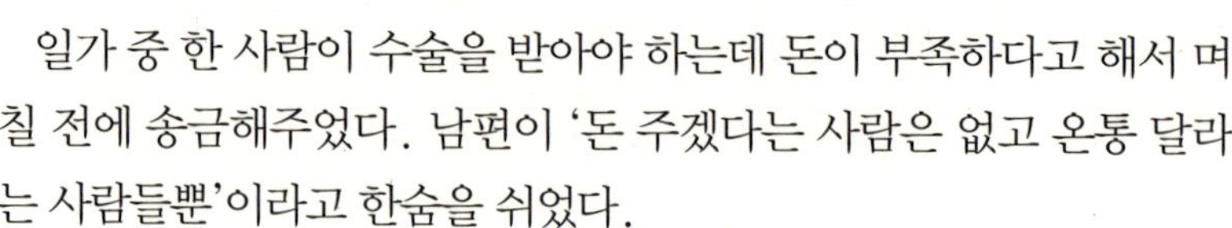

## 아버지 그리고 남자

일가 중 한 사람이 수술을 받아야 하는데 돈이 부족하다고 해서 며칠 전에 송금해주었다. 남편이 '돈 주겠다는 사람은 없고 온통 달라는 사람들뿐'이라고 한숨을 쉬었다.

"아버지란 원래 그런 거예요. 우리 아버지도 그랬어."

다음 날 아침 일어나기 전에 이불 속에서 꾸물거리다가 남편에게 말을 걸었다.

"생각해보니까 주는 사람은 없고 달라는 사람뿐이지만 그래도 우리가 주는 처지인 게 감사하지 않아요?"

"뭐라고?"

"우리가 달라고 하는 처지가 아니라서 감사하다고."

"으이구! 학교에서야 그렇게 가르치지. 산다는 건 사랑하는 것이니까 베풀며 살라고."

"그럼, 아니야?"

"주변에 있는 사람들이 다 나에게 베풀어주면 나도 좋지."

남자가 집 나서면 적이 일곱. 남편은 이 추운 날 일곱 명의 적을 상대하러 나갔고 나는 따뜻한 방에 앉아서 이렇게 며칠 전 일을 끄적거리고 있다.

남편은 출장 전날까지 시험문제를 내다가 떠났다. 시험문제를 내는 동안은 퇴근하자마자 저녁 먹고 잠들었다가 12시쯤 일어나 밤을 꼴딱 새우거나 새벽까지 문제를 내다가 동틀녘에 잠깐 눈 붙이고 느지막이 일어나 출근했었다.

사람도 만나야 하고 편집회의도 있으니까 회사에 가 보아야 한다면서 코트까지 차려입은 채로 원고를 다시 살펴보는 날도 있었다. 간단하게 식사를 준비하겠다고 해도 곧 나갈 테니까 괜찮다고 하더니 오후가 되어서야 출근했다.

그날 저녁에 돌아와 밥을 먹으면서 남편이 말했다.

"오늘은 배가 몹시 고프네."

"당연하죠. 점심을 안 드셨잖아요?"

"그랬나?"

"그것도 몰랐어요?"

"거의 다 끝났는데 딱 한 문제의 예문이 안 풀려서 그랬어. 그럴 때는 일단 멈추어야 하는데 말이야. 마작도 그래. 잘 안될 때는 일단 쉬었다가 해야 하거든. 적당한 시점에서 포기할 줄 알아야 해. 조금만 더 하면 될 것 같아서 붙잡고 있다가 망하는 거야."

"하필이면 그걸 왜 마작에 비유하는 거예요?"

"내가 몇 번 말해야 아나? 옆에서 보면 내가 마작 하는 것처럼 보이지만 그 속에 인생이 있는 거야. 기쁨이 있고 슬픔이 있고 좌절이 있고 역전이 있고."

적절한 시점에 '내려놓음'이 중요한 줄은 알지만 그걸 꼭 마작판에서 배워야 할 건 뭐람?

# 정체성

어제 아침, 눈 뜨자마자 녹차를 찾는 남편의 머리말에 알맞은 온도의 차를 갖다 주었다. 가만히 보니 곧 마실 것 같지는 않은데 잠이 설깬 남편이 자칫하면 쓰러뜨릴 것 같아서 찻잔을 탁자 위로 옮겨놓으려고 했다.

"왜?"

"쓰러뜨리실까 봐 옮겨놓으려고요."

"시키지 않은 짓 하지 마!"

'시키지 않은 짓? 오늘 서비스는 이걸로 끝이다.'

당장 자리에서 일어나 부엌을 정리하고 나서 거실에 앉아 <문화로 보는 세계사>를 펴들고 남편이 출근 준비를 하고 나갈 때까지 책만 읽었다.

남편은 오늘 아침에도 눈을 뜨자마자 나를 불렀다.

"엄마 어디 있냐?"

"왜요?"

"녹차!"

"나는 당신의 딸도 아니고 부하직원도 아니고 식모도 아니니까 나한테 뭐 시키지 마세요. 부탁한다면 몰라도."

"아니지. 너는 그 모든 것을 합친 사람이야. 딸이며 아내이며 여동생이며 친구인 동시에 부하직원이며 식모이며 하인이기도 한."

## 옳은 말

친구들과 통영에 다녀오느라고 하루 동안 집을 떠났다가 돌아왔더니 밥을 해먹은 흔적이라고는 달걀껍데기 한 개뿐. 설거지통에는 내가 떠날 때 씻어둔 그릇과 프라이팬밖에 없다.

'아무 것도 안 해먹었구나.'

밤늦게 집에 들어온 남편은 오자마자 목욕물을 받아달란다. 목욕을 마치고 나오는 남편에게 물었다.

"마실 거 드릴까요?"

"어! 바이라민 워라!"

"아하하하!"

"왜 웃어? 내가 틀린 말 했어? 내 영어가 틀리냐고?"

"발음이 웃기잖아. 귀여워서 그러지."

"넌 반기문 총장이 귀엽냐?"

남편은 반기문 총장의 영어발음도 자기 수준이라며 이 정도 발음이면 유엔 사무총장도 할 수 있다고 했다.

이번 통영여행에서 옆자리에 앉았던 친구가 남편의 재치를 높게 평가해준 게 생각나서 말했다.

"당신 영어발음은 좋지 않아도 내 친구 중에 당신 팬이 여럿이야."

"그야 내가 옳은 말만 하니까 그렇지."

이 잘난 척을 하루 만에 다시 듣게 되니 집에 돌아왔다는 게 실감 난다.

# 모르면 가만히 있으라고

남편이 출근하려는 줄 알았는데 입고 있던 상의에서 휴대전화, 명함지갑, 안약, 라이타 등을 꺼낸다.

"왜요?"

"코디가 잘못 됐어."

"어디가? 자켓? 베스트?"

"두고 보면 알아."

남편은 이렇게 말하면서 바지까지 벗었다.

'또 시작이네!'

디자인, 색상, 촉감, 이런 건 다 무시하고 아침에 제일 먼저 눈에 띈 옷을 입고 나가시던 친정아버지와는 너무도 다르다. 어쩌다 신은 양말이 한쪽은 검정, 다른 쪽은 감색(紺色)이라 벗으시라고 해도 갔다 와서 벗겠다며 그냥 나가셨다.

'갔다 오면 당연히 벗으셔야죠.'

남편은 옷장 문을 열고 걸려있는 옷들을 뒤적거렸다.

"뭐가 마음에 안 드는데?"

"모르면 가만히 있어."

"그 소리 참 오래간만에 듣네."

그건 돌아가신 시어머니의 단골 대사였다.

"당신은 아는 거 많아서 좋겠다."

입고 나갈 옷을 골라낸 남편이 말했다.

"아는 게 많다는 건 좋기도 하고 고통스러운 일이기도 해."

'얼씨구!'

갔다 오겠다며 가방을 집어 드는 남편의 옷차림이 확실히 아까보다 낫기는 하다.

'그래. 고통스러운 보람이라도 있어야지.'

"오~~~이! 목욕물 받아줘!"

아들이 물을 받으러 목욕탕으로 들어가며 투덜거렸다.

"이건 뭐 완전히 스위트 룸이구만. 목욕물 받아줘, 목욕 끝나면 발 마사지 해줘, 야참으로 소면까지 룸 서비스 해주잖아."

"그러고 보니 정말 그렇네."

"그렇지만 스위트 룸에 있는 손님이라도 마사지는 유료란 말이야."

"아들! 여기는 스위트 홈이라서 마사지가 무료란다."

# 저혈압

남편의 지인이 당뇨가 심했는데 이제는 신장 투석을 하게 되었다고 한다. 문병하러 갔다가 여러 가지 의학상식을 들은 모양인데 의사의 진단이 아니라 돌팔이 환자들이 모여서 자기가 아는 대로 증상을 말하고 자기들끼리 진단을 내린 거였다.

"오~이! 난 저혈압이라서 중풍에 걸릴 수 있다고 하네."

지난번에는 당뇨라고 자가진단을 하고 당뇨에 좋은 음식을 찾다가 혈당계로 재어보니 정상이었다. 그 다음 번에는 간이 나쁘다고 자가진단을 하고 간장약을 먹고 있는 중이었는데 이번엔 저혈압이란다.

다음날 아침에 세수하고 화장대 앞에 앉았는데 남편이 잠을 깼다.

"오~이! 녹차!"

"기다리세요. 나, 손에 뭐가 묻었으니까."

"뭐라고? 지금 뭐라고 했어?"

"기다리라고! 지금 화장하는 중이잖아요."

"난 저혈압인데?"

"그래서?"

"내가 최우선순위지."

"알았어요. 갖다 드릴게. 여기는 스위트 홈이니까."

"바로 그거야. 가장은 선거로 뽑는 게 아니거든."

"그럼, 어떻게 뽑아?"

"하늘이 정해주는 거지. 그렇다고 가장이 군주는 아니에요."

"가장은 뭘 하는데?"

"가족들을 돌보고 보살펴주지."

"가족들은?"

"각자의 환경에 따라 은혜에 보답하고."

"군주 맞네!"

"이 사람이! 임금님은 세금을 받잖아!"

# 수건

어제 저녁에 남편이 비에 홈빡 젖어 들어왔다. 세차게 내리는 빗속에서 우산은 무용지물이었던가 보다. 현관으로 나가 남편이 들고 있던 짐을 받아들고 돌아보니 현관에 들어선 채로 마루로 올라오지 않고 있었다. 젖은 발을 닦으라고 수건을 남편 앞에 놓아주었더니 큰소리로 말했다.

"펼쳐서 놔줘야지!"

"…… ."

나는 말없이 수건을 펼쳐주고 나서 작은 방에 들어가 책상 앞에 앉았다. 남편이 나를 부르는 소리가 여러 번 들렸지만 대답하지 않았다.

"오~~~이!"

"…… ."

"뭐하냐?"

"…… ."

"어디 있어?"

"…… ."

"어? 엄마가 고장났나 봐?"

"…… ."

잘 시간이 되어 화장을 지우려고 안방 화장대 앞에 앉았는데 남편이 물었다.

"너, 왜 그러냐?"

"왜 그러긴 뭘 왜 그래? 수건 갖다 주었으면 자기 손으로 닦고 들어와야지, 누구 보고 펼치라고 그러는 거야?"

"아~따, 참! 너, 오늘 어디 갔다 왔냐? 하여튼 여자들은 집에만 있어야지 밖에 나갔다 오면 나쁜 걸 배워온단 말이야."

"밖에 나가는 거 하고는 아무 상관없어요. 당신이 무례한 게 문제지."

나는 방에서 나오며 쿠당탕 소리 나게 문을 닫았고 남편은 스위트 홈 서비스는 말도 꺼내지 않고 조용히 잠들었다.

# 바른생활 상급코스

어젯밤에 차에다 휴대전화를 두고 온 남편이 아들을 불렀다.

"넌 차에 가서 내 휴대전화 좀 가져오고 엄마는 발 좀 밟아줘."

바쁜 출근시간에 심부름 시킨다고 입이 댓발이나 나온 아들이 남편의 휴대전화를 가지러 나갔다.

"휴대전화는 아들이 갖다 주지, 발은 마누라가 밟아주지, 당신은 좋겠다."

"그러엄! 이게 바로 바람직한 생활이야."

"그게 뭔데?"

"슬기로운 생활과 바른 생활이라는 과목이 있지? 그 과목들의 상급코스가 바로 바람직한 생활이야."

"그런 게 어디 있어? 그런데 이번에는 당신이 내 발을 좀 밟아주면 안 될까?"

"그 마음 내가 충분히 이해는 하지만 그런 일은 생각조차 하면 안 돼!"

"어째서?"

"자, 봐라! 하늘이 땅이 되고 땅이 하늘이 되면 질서가 깨지잖아? 그런 일이 일어나면 되겠어? 그러나 맡은 역할이 다를 뿐이지, 내가 더 우월하다고 말하고 있는 건 절대로 아니야."

"그렇지만 좀 이상하다. 어쩐지 사기 당하는 느낌이야."

"그런 의문을 가지면 안 된다니까!"

어제 친구 아들 결혼식에 가기 전부터 속이 불편했는데 하루가 지나도 가라앉지를 않고 기운이 없다. 일도 미루어 두고 쳐져 있다가 오후에 정릉으로 산보하러 가면서 남편에게 문자를 보냈다.

(저녁 먹고 들어오세요. 난 좀 기운이 없네. 산보 갔다 올게요.)

산보를 마치고 집으로 들어오자마자 남편에게서 전화가 왔다.

"오~이! 엄마! 나, 지금 집으로 간다."

"저녁은?"

"설교 듣고 할래, 그냥 할래?"

"설교 듣고 할래."

"기다리고 있어. 15분 후에 도착한다."

남편은 집에 오자마자 식탁에 앉으며 '설교'를 시작했다.

"자, 보세요. 하늘에는 새가 있고 바다에는 물고기가 있습니다. 우선 여기까지! 질문 있어?"

"없어요."

"남편이라는 글자(夫)는 하늘이라는 글자(天)를 뚫고 나갔지요? 일본 속담에 '여자에게는 삼계에 집이 없다'는 말이 있어요. 어려서는 부모님 말을 듣고 커서는 남편 말을 듣고 나이 들면 자식 말을 듣는다는 말도 있지요?"

"삼계가 뭔데?"

"과거, 현재, 미래! 그런데 하늘같은 남편에게 저녁을 먹고 들어오라고 하는 건 마치 고래에게 산에 가서 나물을 먹으라고 하는 거나 마찬가지에요."

"알았어. 그냥 집에 있는 걸로 준비할게."

"그렇지! 엄마가 부엌에서 뚝딱거리며 준비하는 모습이 아름답잖아."

# 오염

사흘 전 아침, 눈 뜨자마자 커피를 찾는 남편에게 컵부터 데운 다음에 뜨거운 커피를 뽑아서 갖다 주었다.

"여기 있어요."

머리맡에 커피를 놓아주었지만 아직 잠이 덜 깬 모양으로 반응이 없다.

"뜨거울 때 마셔요."

재촉하는 소리에 남편이 벌컥 화를 냈다.

"내가 마시고 싶을 때 마실 거야!"

나도 질세라 남편에게 버럭 화를 냈다.

"마시지도 않을 거면서 왜 갖다달라고 해? 성격 참 이상하네."

얼마나 피곤하면 갖다 바치는 커피도 못 마시는가 싶기도 하지만 마시고 싶을 때 마시겠다면 제 손으로 뽑아 마실 일이지 왜 바쁜 아침 시간에 마시지도 않을 커피를 부탁한단 말인가? 인사도 제대로 하지 않고 데면데면하게 집을 나선 남편은 그 길로 출장을 떠나 사흘 후에 돌아왔다.

남편이 돌아온 다음 날 아침에 여느 때처럼 커피를 찾았다.

"진짜로 커피를 마시고 싶어요?"

"응."

"마시고 싶을 때 마시겠다면서요? 직접 뽑아 드세요."

"왜? 너, 무슨 일 있었냐?"

"기껏 갖다준 커피를 마시지 않고 식히니까 이젠 안 갖다 드릴 거예요."

"아하, 참! 넌 하나님이 시키는 일은 뭐든지 다 하면서 왜 그래?"

"엣? 당신이 무슨 하나님이야?"

"말하자면 그렇지."

"당신이 그렇게 믿을 만한 사람이야?"

"뭐라고? 내가 며칠 동안 집을 비웠더니 이 사람이 그동안에 오염돼버렸네."

"무슨 오염?"

"하루도 빠뜨리면 안 되는데 가르침을 며칠 걸렀더니 도로아미타불이 되어버렸어."

"시끄러워요."

남편이 출장간 사이에 친구와 함께 수영장에 갔었는데 친구 왈, 남편에게는 닭을 사다놓았으니 저녁에 구워먹으라고 했다면서 저녁을 밖에서 먹고 들어가잔다. 그댁 남편은 생닭도 잘 다루는 모양이다.

남편에게 거기까지 바라는 건 아니다. 그저 갖다주는 커피를 식기 전에 마시고 몇 번이나 국을 다시 데우지 않도록 식탁을 차렸을 때 바로 앉아주기만 하면 된다. 아니면 커피든 국이든 뜨거운 걸 찾지 말던가.

## 한밤의 고스톱

8시까지는 집으로 돌아와서 저녁을 먹겠다던 남편이 10시가 넘은 다음에 들어왔다. 몹시 피곤해 보이는 표정으로 미루어 그 시간까지 붙들고 있었던 일의 결과가 좋지는 않았던 모양이다. 저녁을 먹던 남편이 갑자기 화투를 사오란다. 오래간만에 10·26 고스톱이나 하자고. 10·26이 일어나던 해에 결혼한 우리는 둘이서 가끔 고스톱을 쳤다. 아이가 생기고 나서부터는 고스톱판을 벌일 기회가 없었는데 30여년 만에 그걸 다시 해보잔다.

"집에 화투가 없는데."

"사오면 되지."

"이 시간에?"

"편의점에 가면 있을 거야."

"누가 가?"

"난 밥 먹고 있을게."

그렇다면 내가 갔다와야 하는 거네.

10·26 고스톱은 사슴, 매화, 목단을 먼저 딴 사람이 휴교령, 세무조사, 정치헌금 등의 긴급조치를 내릴 수 있는 게 특징이다. 휴교령은 순서를 한 번 쉬는 것이고 세무조사는 자기의 패를 다 보여주는 것이고 정치헌금은 이미 따온 화투 중에서 상대가 원하는 걸 내주는 것이다.

그런 규칙에 따라 화투를 해보니까 정상적으로 화투를 하지 않고 사슴, 매화, 목단만 찾게 되었다. 아무리 지고 있어도 긴급조치가 발동되면 판세를 바꿀 수 있기 때문이다. 열심히 점수를 따고 있다가도 긴급조치 발동으로 그동안의 노력이 한방에 날아가는 게 실제상황과 너무 비슷해서 재미있어하던 기억이 난다.

새벽 2시까지 했는데 계산해 보니 내가 7백 원 땄다.

금요일에 하루 종일 사무실에 앉아있는 게 아직도 힘에 부치는데 오늘은 미국에서 온 후배를 만나 저녁을 먹고 집에 왔더니 세수도 하지 못한 채 누워야 할 만큼 피곤했다.

두어 시간쯤 잤을까? 남편이 문을 열고 들어오는 소리가 났다.

"벌써 자고 있어?"

"어. 좀 피곤해서."

남편이 갑자기 손뼉을 치며 수선스럽게 말했다.

"Okay, guys! Do your job! Move, move, move!"

"뭐야, 그게?"

"영화에서 보스들이 그렇게 말하잖아."

"왜 그러는데?"

"나, 유자차 한 잔만."

"피곤하다니깐!"

"You can do! Trust me!"

"믿긴 뭘 믿어!"

케이블 텔레비전 볼 때 겨우 몇 마디 알아듣는 영어를 백분 활용하지만 일본에서 자란 남편의 영어 발음은 어설프기 짝이 없어서 들을 때마다 웃음이 난다.

"What's wrong?"

몰라서 묻나? 발음이 wrong 하지!

# 이상한 쿠폰

아침에 눈을 떴지만 이불 속에서 빈둥거리고 있으니 남편이 말을 걸었다.

"내가 지금 커피 마시고 싶어할 것 같아, 아니면 녹차 마시고 싶어할 것 같아?"

"알아맞추면 어떻게 되는데?"

"쿠폰에 도장을 찍어주지."

"그래서?"

"도장을 열 개 받으면 커피를 한 잔 갖다 주는 거야."

"당신이 나한테?"

"아니, 당신이 나한테."

고등학교 동창회에 갔다가 한 살 연하의 남편과 살고 있는 친구의 이야기를 들었다. 그녀는 남편과 사이가 무척 좋아 아직도 연애하는 사람들처럼 보인다고 한다.

그녀가 어느 날 모임에 갔다가 늦은 시간에 다른 친구의 차를 얻어 타고 들어가면서 '지금 집으로 가고 있는 중'이라고 남편에게 전화를 했단다. 그녀를 집까지 태워다 준 친구의 말로는 그녀의 남편이 아파트 입구에서 기다리고 있더라는데 우리 식구들은 내가 늦게 들어가더라도 다들 먼저 불을 끄고 자기 때문에 나는 캄캄한 집안에 들어가서 조용조용 세수하고 잠자리에 든다.

집에 돌아오자마자 남편에게 그 이야기를 들려주었더니 남편 왈,
"열쇠가 없었나 보지."

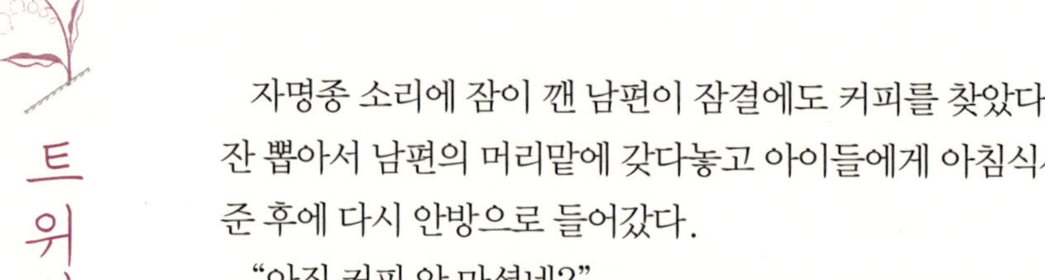

# 트위터

자명종 소리에 잠이 깬 남편이 잠결에도 커피를 찾았다. 커피를 한 잔 뽑아서 남편의 머리맡에 갖다놓고 아이들에게 아침식사를 마련해 준 후에 다시 안방으로 들어갔다.

"아직 커피 안 마셨네?"

"어? 내가 언제 갖다놓았어? 전자레인지에 넣고 데워줘."

"이제부터는 아침에 커피 안 드릴 거예요. 마시지도 않을 거면서 왜 갖다달라고 해요?"

"내가 잠이 깨지도 않았는데 갖다주는 건 엿먹으라는 뜻이지?"

"분명히 당신 입으로 커피 달라고 했잖아? 에구, 나도 모르겠다."

이렇게 말하며 벌렁 눕다가 남편의 팔을 내 어깨로 눌렀다.

"어이쿠! 뼈가 부러진 것 같아."

"당신, 점점 어머니 닮아가네. 상대편이 실수하기를 기다렸다가 부풀려서 말하는 거. 청담동 형님댁에 계실 때도 현관에 드러눕고 기자회견하시겠다고 기자들 부르라고 하셨잖아. 우리집에 와서도 나를 노인학대로 파출소에 신고하겠다고 하셨어요."

"어머니가 트위터를 할 줄 아셨다면 다들 혼났을 거야. 우리나라에는 원래 전통적인 트위터가 있었지만."

"그게 뭔데?"

"집안에서 일이 생기면 일단 밖으로 나가서 떠드는 거지. 동네사람들을 불러 모아야 하니까."

"그다음에는?"

"사람들이 모이고 나면 거기서 시시비비를 가리는 거야. 그렇게 하려면 일단 목소리가 커야 해요. 그리고 말을 잘 해야지."

"맞다! 어머니가 옛날에 아버님과 싸우실 때에 그랬다고 하셨어요. 그렇지만 우리 엄마는 안 그랬는데?"

"장모님은 트위터 기능이 없으니까 그렇지."

# 팔자

텔레비전을 보다가 잠이 들었는데 아들의 말소리가 들렸다.

"어? 엄마는 주무시나?"

남편 왈, "아니, 아직 안 자. 이거 봐봐."

이렇게 말한 남편은 내 귀에다 대고 속삭였다.

"우리 커피 마시자."

"……."

"우리 커피 마시자~~~아!"

"……."

거듭 되는 귓속말에 귀가 간지러워져서 웃음을 참지 못하고 일어나 커피를 내려주었더니 남편은 아들과 함께 과자를 먹다가 이렇게 말했다.

"야, 이거 맛있다. 좀 더 사와."

아들과 내가 동시에 물었다.

"누가?"

"너희들이."

아들과 내가 또 동시에 대답했다.

"난 안 가."

"그럼 누가 가냐?"

"먹고 싶은 사람이 가야지! 지금 시간이 몇 시인데!"

남편이 옷을 주워 입고 밖에 나갔다가 과자를 사들고 들어서며 구시렁거렸다.

"아이고, 내 팔자야!"

"지금 뭐라고 그랬어요?"

"환갑도 넘은 나를 이 추운 밤에 밖에 나가게 하다니!"

"새벽 1시 반에 과자 사오라는 건 괜찮고?"

어쨌거나 만족스러울 만큼 군것질을 한 남편은 텔레비전을 보다가 잠이 들었고 커피 내리느라고 새벽에 깬 나는 3시가 넘도록 다시 잠 들지 못해서 애를 먹었다.

아이고, 내 팔자야!

# 커피에서 삼전도비까지

아침에 일어나자마자 남편이 커피를 찾았다. 잠옷을 갈아입은 다음에 커피를 한 잔 뽑아 가지고 안방으로 들어갔다.

"자! 커피!"

그랬더니 이불 속에서 꼬무락꼬무락 손이 나왔다. 그 손가락에 커피잔을 끼우라는 거다.

세수하고 화장대 앞에 앉았는데 남편이 커피를 데워달라고 했다.

"그런 건 자기가 해야지!"

쏘아붙이는 내 말은 들은 척도 않고 양손을 입에다 대더니 음성을 변조하여 <스타워즈>에 나오는 더스베이다의 목소리로 말한다.

"Do your job! Do your job!"

"그런 말을 하는 에너지로 직접 데우는 게 낫겠다!"

"내 에너지는 그보다 더 창의적인 데다 써야 해."

"그럼, 내가 하는 건 하찮은 일이야?"

"하찮은 게 아니라 다른 거지. 세종대왕이 한글 만들 때도 그랬어요. 그 당시에도 한자 말고도 다른 문자 쓰는 나라가 많았지만 세종대왕이 한글 만드는 걸 반대하는 사람들이 있었다고. 말하자면 한글은 저질문화라고 생각한 거지. 조선에서는 명나라의 연호를 썼어요. 그러니까 스스로 중국의 속국으로 여겨졌던 거지요. 대한제국이 생기고 나서 청나라에 '대가리 박아!'를 당하면서 쓴 삼전도비를 고종이 물속에 던져버렸어요. 일본이 왜 청일전쟁을 일으켰는지 압니까? 조선은 청나라의 속국이 아니라는 게 첫 번째 명분이었어요. 조선총독부가 '역사를 왜곡하면 안된다'고 하면서 그 삼전도비를 다시 땅으로 끌어올렸는데 이승만 대통령이 다시 땅속에 파묻었고 박정희 대통령 때 다시 파내서 잠실 어디 공원에 세워놓았어. 내가 그거 찾아가느라고 얼마나 고생했는지 압니까? 삼전도비도 고생 많이 했어. 물속에 들어갔다 땅속에 들어갔다 하면서 글씨가 거의 지워졌지만 일본에는 탁본이 남아있어요."

커피 심부름에서 비롯된 대화가 어쩌다가 삼전도비까지 갔다.

"그러니까 커피 데우는 건 저질문화라는 말인 거야?"

"아니지. 그냥 다르다는 거지. 나는 문화인이기 때문에 설사 속으로 그렇게 생각하더라도 말로 하지는 않아요."

"그게 바로 저질문화라는 뜻인 거잖아!"

"아니래도!"

그렇다, 아니다 옥신각신하다가 남편은 회의가 있다면서 서둘러 나갔다.

삼전도비의 정식 명칭은 대청황제공덕비이다. 병자호란 때에 남한산성에서 항전하던 인조가 채 오십 일을 버티지 못하고 한강가의 삼전도 나루터에서 삼배구고두례(三拜九敲頭禮: 세 번 절하고 한 번 절할 때마다 세 번 머리를 조아림)로 절하며 항복의식을 치렀다.

명나라에 사대하던 인조는 야만이라 여기던 청나라에 굴욕적인 항복을 하면서 부끄러운 강화협정을 맺게 되었는데 이때 청태종은 자신의 공덕을 새긴 기념비를 세우도록 강요했다. 비석 앞면의 왼쪽에는 몽골글자, 오른쪽에는 만주글자, 뒷면에는 한자로 쓰여 있어 어문학적으로도 귀중한 자료라고 한다.

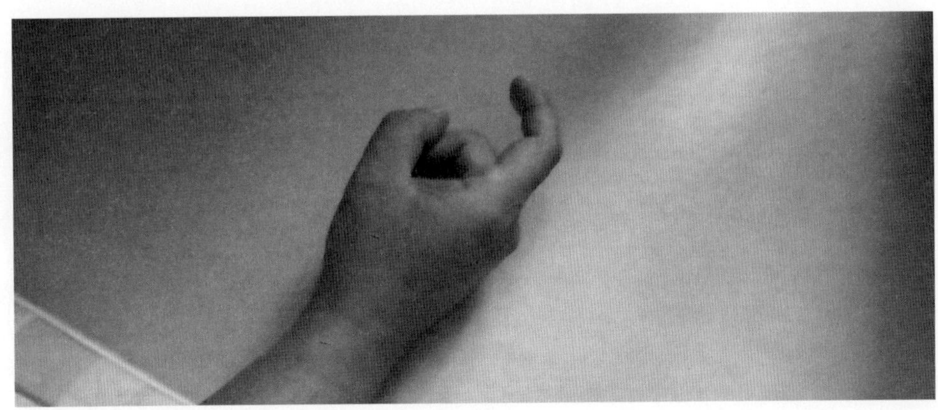

# 서약서

지난 주말에 어느 결혼식에 다녀왔다. 주례 선생님의 성혼선언문 낭독 후에 신랑과 신부가 미리 준비한 서약서를 읽었다. 서약서는 주례를 부탁하러 갔을 때 주례 선생님께서 요구한 사항이었다고 한다.

신랑이 먼저 서약서를 읽었다. 아들 같은 사위가 되겠다는 의례적인 약속 외에도 담배를 끊겠다, 다툼이 생길 때는 자존심을 내세우지 않고 먼저 화해를 청하겠다, 거짓말을 하지 않고 신뢰를 얻을 수 있는 사람이 되겠다는 약속이 있었다.

너무도 구체적이고 실질적인 내용이어서 많은 사람 앞에서 저렇게 엄청난 약속을 해도 되는 것인지 살짝 걱정될 정도였다.

이번에는 신부가 서약서를 읽었다. 딸 같은 며느리가 되겠다, 사회생활과 가정생활을 잘 양립하겠다, 대화를 많이 하겠다는 내용이었는데 신부의 약속은 신랑에 비하여 매우 추상적이고도 애매하다.

남편에게 그 이야기를 전하며 말했다.

"나도 당신에게서 받은 서약서가 있는데……."

남편이 화들짝 놀라며 자기가 언제 그런 걸 썼냐고 한다.

"한 번 보여드릴까요?"

"아니, 아니! 괜찮아. 안 봐도 돼."

"그렇지만 당신은 그렇게 대단한 약속을 한 건 아니었어요."

작성한 지 올해로 35년째 되는 남편의 서약은 다음과 같다.

宣言文

나는 당신을 사랑한다
그런데 나는 날마다 담배를
피우고 있다. 사랑하는 것과
담배 피우는 것과는 아무런
상관성도 없지마는, 뭔가
보여주고 싶어서 나는
앞으로 삼일 동안 담배를 끊음을
여기에 엄숙히 선언한다.

一九八○. 四. 二六

김조웅

담배 피우는 것과 사랑하는 것과는 아무런 상관성도 없는 게 아니라 이제는 매우 상관관계가 깊어졌다. '담배 연기가 내 건강에 얼마나 해로운지 아느냐, 계속 담배를 피운다면 나를 먼저 보내고 싶다는 뜻으로 알겠다, 이런 말 듣고도 피운다면 당신 같은 남자를 만난 내 운명으로 알겠다' 등등 상당히 강도 높은 이야기를 해도 담배를 피우더니 올초에 끊다시피 많이 줄였다.

나 때문이 아니라 남편의 건강검진 결과, 계속 담배를 피운다면 혈관성 치매에 걸릴 가능성이 높다고 나왔기 때문에.

# 지하철

일요일인 오늘 나는 신촌에서 열리는 결혼식에, 남편은 부산에서 열리는 결혼식에 가게 되었다. 아침 9시 50분 발 기차를 타는 남편을 서울역까지 태워다주고 교회에 갔다. 예배가 끝난 후 신촌으로 가는 길에 문자를 받았다.

(저녁 8시 20분에 서울역에 도착함. 8시 반까지 와주기 바람.)

나도 답장을 보냈다.

(그 시간에는 전철이 다녀요. 전철 타고 오세요.)

다시 문자가 왔다.

(나는 전철이 싫어요. 공산당도.)

8시 반에 서울역 앞에서 남편을 픽업하면서 물어보았다.

"왜 그렇게 전철타기를 싫어하세요?"

"일회용 카드 보증금도 내야하고 내려서 보증금 돌려받는 것도 복잡하고 귀찮으니까."

"그래도 나는 전철을 타고 다니는데요."

"그거야 사회적 역할이 다르니까."

"나의 사회적 역할은 뭔데?"

"생물의 분포도라는 게 있지? 깊은 바다에 사는 것, 얕은 바다에 사는 것, 먼 바다에 사는 것, 가까운 바다에 사는 것이 있잖아. 숲에도 낮은 나무에 사는 것, 높은 나무에 사는 것, 땅속에 사는 것이 있고. 모든 생물이 물에서만 살면 어떻게 되겠어요?"

지하철 좀 타고 다니라고 했더니 심해어에 지렁이까지 들먹이면서 사회적 역할 운운 한다. 지하철 타기가 그렇게도 싫은가? 자기가 무슨 이승복 어린이라도 되나?

남편이 입고 있던 가죽 코트와 가죽가방을 옷장 속에 넣기 전에 무언가를 바르고 있었다.

"그게 뭐예요?"

"핸드크림."

"그런 거 말고 가죽 전용 크림을 바르셔야지요."

"있어?"

"어딘가에 있을 건데 나중에 찾아 드릴게요."

남편이 출근한 후 언젠가 사놓은 가죽 전용 크림을 찾기 시작했다. 거실의 장식장 구석에 있던 걸 겨우 찾아내어 남편의 책상 위에 올려놓았다.

퇴근한 남편이 책상 위에 있는 크림을 보고 물었다.

"이게 뭐야?"

"가죽 전용 크림! 오늘 아침에 이거 찾으셨잖아요?"

"내게 필요한 건 가죽 전용 크림이 아니라 내 가죽 코트에 이 크림을 발라줄 사람이야."

# 송년회 후유증

어제로 연속 사흘째 송년모임에 참석 중이다. 대학써클(ISRA)의 송년회가 있던 어제, 남자 동문들의 이야기를 들으니 요즈음에 '쫓겨나지 않으려고' 설거지도 하고 청소기도 돌리고 밖에 나갈 때는 음식물쓰레기도 처리한다고 했다. 엘리베이터 안에서 서로 음식물쓰레기 봉투를 들고 만나게 된 남자끼리 마주 보며 웃기도 한단다.

옆에 앉아있던 여자 후배가 냉큼 말했다.

"언니! 이 이야기를 녹음해서 형부에게 들려주세요."

들려주면 뭐하나? 뭐라고 뭐라고 하면서 빠져나갈 텐데.

9시쯤 회사로 와서 같이 집에 가자고 한 남편을 만나러 가기 위해 후배와 함께 먼저 자리에서 일어났다. 남편 회사 근처에서 만나 차에 오르자마자 뒷좌석에 탄 여자 후배가 방금 만나고 온 남자 동문들의 좋은 습관에 대하여 소개했다.

"ISRA 남자 동문들이 설거지도 하고 청소기도 돌리고 음식물 쓰레기도 버린대요."

"언제요?"

"아침에요."

"아침에 그럴 시간이 어디 있나요?"

후배를 내려주고 집으로 들어왔는데 녹차를 넣어 달라, 감을 깎아 달라는 등 주문이 많다.

"나 움직이기 싫어."

"뭐? 너, 지금 뭐라고 그랬냐?"

"움직이기 싫다고."

"이제부터 그 이스란지 아스란지 거기 가지 마!"

"왜요?"

"거기 갔다 오고 나서부터 완전히 금이 가 버렸어."

"뭐가?"

"이 집의 질서가. 설거지를 한다느니 청소기를 돌린다느니 그런 말을 들어서 그래."
"요리하시는 분도 계시던데요."
"그러니까! 그 사람들은 그 사람들이고 여기는 '대한민국'이야."
"응?"
"노벨평화상만 상이 아니에요. 중국에는 공자평화상이란 게 생겼어요."
내가 이럴 줄 알았다니까.

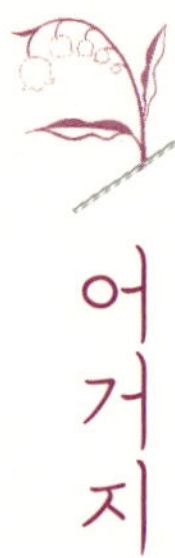

# 어거지

저녁식사는 각자 해결하기로 한 어제, 멀리까지 갔다 오느라고 집에 돌아오는 시간이 많이 늦어졌다. 전철에서 내려 마을버스를 타려고 했지만 눈 때문에 언덕을 오르기 힘들어서 운행을 중지했는지 20분을 기다려도 버스가 오지 않아 미끄러운 길을 겨우 걸어 올라왔다.

집에 들어와 머리의 눈을 털고 나서 컴퓨터 앞에 앉아 메일도 체크하고 고등학교 동창 카페에도 들어가 끄적거리다 보니 새벽 1시가 넘어버렸다.

조용히 안방 문을 열고 들어가 잘 준비를 하는데 잠들었던 남편이 깨어나더니 커피를 찾았다.

"여기 있던 내 커피, 어디 갔어?"

"커피 같은 거 없었는데요."

"아니, 내가 마시던 커피가 어디로 갔냐고?"

"난 못 보았어요."

"빵도 두 조각 있었는데."

"못 보았다니까요."

"그럼 새로 갖다 주던가."

"알았어요."

컵을 데워 새로 뜬은 커피를 뽑아서 갖다 주며 물었다.

"빵은 그냥 굽기만 해도 되지요?"

"아니야. 여기 있던 건 버터도 바른 거였어."

"하하하. 알았어. 당신이 무슨 김정일이야?"

아닌 밤중에 생떼를 만나 새벽 1시에 커피도 뽑고 빵도 구웠다.

# 박력

눈 뜨자마자 녹차를 마신 남편이 신문을 들고 식탁에 앉았다. 아침 식사로 잣죽을 준비했는데 남편은 커피를 찾았다. 우선 커피를 내주고 반찬을 준비하여 식탁을 차렸다. 신문을 보다가 식탁으로 눈을 돌린 남편이 말했다.

"이게 뭐야? 커피 마시는데 왜 죽을 가져와?"

"죽을 만들었는데 당신이 커피를 찾은 거지."

"그럼, 토스터 안의 빵은 뭐야?"

"그건 내가 먹을 거예요."

죽을 먹고 난 남편이 큰 소리로 말했다.

"녹차!"

"왜 소리를 지르고 그래요?"

"네 앞에 있는 녹차 달라고!"

"이건 우유야. 아까 녹차 드렸잖아?"

"어디 있어?"

"방에 있을걸. 다시 넣어 드려요?"

찻물을 식히기 위해 주전자로 물을 옮기면서 말했다.

"좀 상냥하게 부탁할 수 없어?"

"왜? 어때서?"

"마치 야단치는 거 같으니까 그렇지."

"박력 있잖아."

그 말에 대답하는 대신 남편의 뒤로 돌아가서 나도 박력있게 '팔쭉지걸어조르기' 기술에 들어갔다.

## 제목

번역할 책을 찾던 중에 드디어 한 권을 골랐는데 드디어 어제 출간이 결정되었다. 내용도 내용이지만 마음을 끄는 제목을 찾는 게 더 중요해서 함께 원고를 검토했던 남편에게도 부탁했다.

"이 책에 알맞은 제목이 떠오르거든 알려주세요."

"얼마 줄 건데?"

"당신은 돈 밖에 몰라?"

"아니, 그럼 내 아이디어를 그냥 가져가겠다고?"

"나만 좋은 게 아니잖아요? 어디 한 번 불러 봐요. 어떤 제목이 떠올라?"

"이런 게 어디 있어?"

"나도 당신한테 많이 배웠어. 이게 바로 당신 수법이잖아?"

다음날 아침. 눈 뜨자마자 그동안 머릿속에 떠오른 제목들을 메모하고 있는데 남편이 나를 불렀다.

"오~~이! 이리 좀 와봐. 내 몸 속에 제목에 대한 아이디어가 꽉 찼어."

"발만 밟아주면 입으로 나올 것 같아?"

"맞아요! 어떻게 알았지? 발바닥부터 쫙악 밟아 올라가면 입으로 나올 거야."

남편의 발을 밟으며 재촉했다.

"좋아요. 어디 한번 불러보세요."

남편은 천천히 제목을 불러주다가 내가 급소를 제대로 잡지 못하면 이렇게 너스레를 떨었다.

"거기가 아니야. 좀 더 위. 아니, 아니 좀 더 아래. 아이디어가 나오다가 굳어버리려고 한다아~~~!"

시간이 길어지자 나도 싫증이 났다.

"나 이제 그만 할래."

"아니, 그만두면 어떻게 해? 아이디어가 막혀버린다고. 이거 터지면 물거품이야."

"오늘은 이제 그만. 아까는 그래도 괜찮은 제목들을 말하더니 이제는 찌꺼기가 나오는 것 같아."

휴일인데도 근무하러 나간 남편과 밖에서 만나 점심을 먹으며 우리나라 출판시장과 독자들의 성향 등에 대하여 이야기 하던 중에 남편이 <백만 원으로 백억 만들기> 같은 책은 어떻겠느냐고 했다.

"그런 거 만들면 안 되지요."

"왜?"

"일확천금을 기대하라고 부추기는 거니까 건강한 일이 아니잖아."

"로또 당첨 비법 같은 건 진짜 많이 팔릴 텐데……."

"아, 그만해! 그런 거 보다는 누군가에게 선물하고 싶은 책 같은 게 좋아요. 얼마 전에 내가 조카에게 사준 <17세의 교과서> 같은."

"그게 뭔데?"

<17세의 교과서>는 EBS의 이름난 명강사 5인방이 예비 고1이 되는 17세 아이들에게 고등학교 시절을 어떻게 보내야 하는지, 자신의 꿈을 설정하는 게 왜 그토록 중요한지, 공부할 때 어떤 계획을 세워야 하는지, 교과서에서 반드시 짚고 넘어가야 할 점은 무엇인지, 과목별 공부는 어떻게 해야 하는지, 그리고 수능 준비 전략을 세우려면 어디에 주안점을 두어야 하는지 등을 설명했다는 책 소개에 끌려 이번에 고등학교에 입학하는 조카에게 사준 책이다.

"아무리 돈이 되더라도 다른 사람에게 유익이 되지 않는 책을 만들면 안 되지요. 공부는 다들 해야 하지만 로또는 그렇지 않잖아."

"로또도 다들 사야 해."

"아니, 왜?"

"자, 보세요. 로또를 딱 세 사람만 산다고 칩시다. 그러면 1등에 당첨 되더라도 만 원도 못 가져가요. 그러니까 많은 사람이 로또를 사야해."

얼핏 들으면 그럴 듯해서 하마터면 또 속을 뻔 했다.

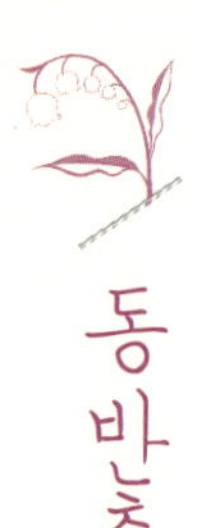

# 동반출장

그동안 쌓인 남편의 마일리지를 이용하여 함께 일본으로 출장을 떠나 동경에서 열리는 국제도서전에도 가고 이번 가을에 나올 책의 저자도 만나기로 했다. 나는 3일째 되는 날에 일을 다 끝내고 나머지 시간은 호텔에서 지낸 반면, 남편은 날마다 볼 일이 있어서 아침에 나가면 저녁에야 돌아왔다.

우리가 가져간 휴대전화는 자동로밍 되는 것이었으므로 남편이 내게 전화를 걸면 한국으로 연결되었다가 다시 내게로 국제전화로 연결되는 식이었는데 어느 날 저녁에 남편에게서 전화가 왔다.

"지금 역에 내렸는데 이제 호텔로 갈 거니까 목욕물 좀 받아줘요."

목욕물 받는데 걸리는 시간이 얼마나 된다고 국제전화까지 하느냐고 말하고 싶었지만 잠자코 목욕탕에 들어가서 수도꼭지를 틀었는데 바로 다시 전화가 왔다.

"국물을 좀 마시고 싶다. 뭐 좀 먹고 올라갈게."

나는 다시 목욕탕에 들어가서 수도꼭지를 잠갔다. 남편은 한참이 지나서야 들어왔다.

"뭘 드셨는데요?"

"라멘!"

"네?"

"국물만 마시고 왔어."

라멘값이 690엔인데 면은 하나도 먹지 않고 국물만 먹고 왔다고 했다. 690엔을 우리 돈으로 환산하면 약 8,970원. 설렁탕도, 갈비탕도 아니고 그깟 라멘 국물 마시는 데에 9천원을 쓰다니 제 정신이냐고 말하고 싶었지만 꾸욱 참았다.

절전한다고 네온도 끄고 자판기의 조명도 끄고 권장냉방 온도는 28도로 정해 놓고 지내는 나라에 출장와서 남편은 옷에서 쉰내가 나도록 땀을 흘리며 일하러 다니는데 나는 호텔 안의 정원에서 산보도 하고 일본식 정원에 딸린 수영장에서 유유자적하게 해주었으니까.

남편은 매일 아침에 발을 밟아주어야 눈이 떠진다고 한다.

"운동을 좀 하시지, 왜 꼭 다른 사람보고 밟아 달라고 하세요?"

"이게 나만 좋은 게 아니야."

"그럼, 나도 좋아?"

"이게 50대 여성에게는 따~악 맞는 운동이에요. 산에 가 봐요. 아무래도 땅은 차갑잖아요. 따뜻한 피부에 접촉을 하니까 밟는 사람에게도 좋은 거지. 그리고 그 효과는 바로 나타나지 않을 수도 있어요. 3년쯤 후에 더 증폭돼서 나타나기도 해요."

이렇게 실없는 소리를 하는 남편의 이야기에 넘어가는 척 하며 재미있는 이야기를 좀 해보라고 했다.

"내가 햄버거 가게에 가서 아이스크림을 샀거든. 오른손으로는 아이스크림, 왼손으로는 잔돈 5백 원을 받고 돌아서면서 나도 모르게 왼손에 있던 돈을 입에 넣었어."

"정말?"

"나도 깜작 놀랐어요. 내가 한 2년 전에 창문 열고 담배연기 내뿜으려다가 나도 모르게 침 뱉은 적이 있거든. 그때만큼 놀랐어."

아마 돌아서는 순간에 신경계통이 엉킨 것이겠지만 요즈음 들어 부쩍 나이 들어가는 티가 이곳저곳에서 나타난다. 무언가 잊고 나가기 일쑤이고 머리는 백발이 되어가는 것은 물론, 숱도 적어졌다. 예전에는 한꺼번에 대여섯 가지 일을 해치우던 사람이 아이스크림 대신 돈을 입에 넣은 것도 나이 탓이다.

오늘 아침, 남편이 또 발을 밟아달라고 했다.

"재미있는 이야기 좀 또 해 줘 봐요."

"내가 햄버거 가게에 가서 아이스크림을 샀거든. 오른손으로는 아이스크림, 왼손으로는~"

"아, 됐어, 이제 그만해!"

누구는 교육감 후보로 나섰다가 사퇴하면서 2억 원을 먹었다는데 겨우 5백 원을 먹다니 스케일은 좀 작지만 덕분에 나는 매일 웃는다.

# 최악의 시나리오

가끔 복권을 사는 남편은 토요일 저녁에 욕조에 들어가 앉은 채로 내게 당첨번호를 불러달라고 한다. 이때는 번호를 한꺼번에 부르지 말고 하나씩 불러야 한다. 번호를 부를 때마다 목욕탕 안에서 들리는 환성과 탄식과 한숨소리가 재미있어서 나도 미스코리아 당선자 번호 부르듯이 적당히 뜸을 들여가며 번호를 불러주고 있다.

일본으로 출장 갔을 때도 복권을 샀던 남편에게 물어보았다.

"당신, 당첨 되면 뭐 할 거야?"

"우선 친구하고 둘이서 캠핑카를 타고 90일 동안 홋카이도에서부터 오키나와까지 파친코를 하며 내려갈 거야."

"나는?"

"같이 가도 좋아! 근데 캠핑카에서 밥만 해야 되니까 재미없을 건데?"

"왜 하필이면 파친코야?"

"파친코는 우리 재일교포들의 기간산업이니까."

"그 다음에는?"

"그 90일간의 여행기를 써서 책을 내려고."

"당신 친구는 무슨 재미로 살아?"

"그 친구는 교통사고 나서 거의 죽다 살아났으니까 지금은 덤으로 사는 거라서 마음 내키는 일만 하면서 살지."

"그 사람은 가족이 없어?"

"누나가 있지. 그의 아버지는 6·25 참전용사야."

"그래?"

"한국전쟁 때 자원해서 입대한 재일교포 중의 하나야."

"대단한 분이셨네."

"근데 나는 왜 이번 로또에 3백 엔만 맞은 거야? 1억 엔 당첨자가 여든여덟 명이나 나왔는데."

"3백 엔이나 1억 엔이나 그게 그거지."

"근데 나이 먹어서 죽기 직전에 당첨되면 어떡하지?"

"죽기 직전에?"

"그래. 최악의 시나리오는 온몸에 주사바늘 꽂고 여기저기 호스를 매달고 걷지도 못하는 상태에서 당첨되는 거야. 당첨금 받으러 가지도 못하고 내가 쓰지도 못하니까 다른 사람 줘야 하잖아."

참 걱정도 팔자다. 어쩌면 이번 토요일에도 목욕물 속에 앉아서 번호를 불러달라고 할지 모른다. 혹시 당첨되면 입은 옷 그대로 집을 나가 특급호텔로 잠적해야 한다면서.

# 우수사원

이번 주에는 야간근무를 하고 있는 아들의 방문을 열어보니 아직 자고 있다.

"너, 오늘은 안 나가냐?"

"나가야죠. 몇 시에요?"

"10시가 넘었다."

"뭐라고요?"

아들이 화들짝 놀라서 일어나더니 회사에 전화를 걸어 '방금 일어났는데 곧 출근하겠다'고 알린 뒤에 허둥지둥 나갈 준비를 했다. 그 모습을 보던 남편이 말했다.

"이런 때야말로 네가 인간관계를 어떻게 해왔는지 알 수 있다."

다음날 아침에 퇴근한 아들이 남편에게 의기양양하게 말했다.

"어제 회사에 가서 별 일 없었어요."

"당연히 그래야지. 그 정도는 준우수사원이야."

"응?"

"이틀 동안 지각해도 별 일 없으면 우수사원이고 사흘 동안 지각해도 아무 일이 없으면 초우수사원!"

아침식사를 마친 남편이 피곤하다고 하면서 다시 안방으로 가서 이불 위에 엎드렸다. 남편 옆에 앉아 있다가 문득 저금통이 눈에 들어왔다. 남편이 집에 돌아오면 주머니 속의 동전을 꺼내 모아두는 저금통이다.

"저기에 얼마쯤 들어 있을까요?"

"10만 원은 넘을 거야."

손으로 들어보니 눈짐작했을 때보다는 묵직하지만 10만 원은 안 될 것 같았다.

"10만 원 넘지는 않겠다."

"무슨 소리! 10만 원 내기 할래?"

"좋아요!"

피곤하다고 엎어져 있던 남편이 내 대답에 벌떡 일어났다.

"내가 이럴 때가 아니야. 얼른 세어봐야지."

조금 전까지 마사지를 받겠다고 엎어져 있던 사람이 생기가 돌았다.

"갑자기 힘이 솟아오른다!"

남편은 이렇게 말하며 저금통을 새하얀 시트 위에 쏟아놓았다. 동전은 백 원짜리가 아니라 거의 5백 원짜리여서 잘 하면 10만 원이 넘을지도 모르겠다는 생각이 들면서 약간 조마조마해졌다. 동전을 열 개씩 세어서 상 위에 세워놓던 남편이 자신만만하게 말했다.

"10만 원 넘었어!"

"어디 봐요."

"이게 5천 원씩이거든. 자, 봐요. 하나, 둘, 셋……, 열아홉. 어라?"

"10만 원이 안 되네. 호호호!"

"아까는 스무 개였는데……."

동전은 정확하게 9만 9천 원과 백 원짜리 세 개.

아슬아슬하게 내가 이겼지만 내기보다 재미있었던 건 축 늘어져 있던 남편이 벌떡 일어나 저금통을 쏟아놓고 열심히 동전을 세던 모습이었다.

내기가 그렇게도 좋은가?

# 시켜야 산다

남편이 어제 저녁에 '일본에서 온 손님이 있어서 내일은 일찍 가야 한다'며 먼저 잠자리에 들었다. 나는 책을 읽다가 새벽녘에 잠들었지만 남편이 세팅해 놓은 자명종 소리에 깼다. 아침마다 정신 드는 데에 시간이 걸리는 남편이 아직 비몽사몽인 걸 보고 안쓰러운 마음이 들어서 말했다.

"날마다 수고가 많으시네요."

"그러엄! 내가 얼마나 일을 많이 하고 있는지 안다면 발 마사지를 해주고 싶은 생각이 저절로 들 거야."

이 사람, 몸은 아직 깨어나지 않았어도 머릿속은 말짱한 것 같다.

"당신 몸 중에서는 입이 제일 먼저 깨어나나 봐."

"시켜야 사니까."

휴일 아침이라 느긋하게 아침을 먹고 남편은 세수하러 욕실에 들어갔고 나는 마루에 앉아 빨래를 개고 있었다. 욕실에 들어갔던 남편이 나오면서 자신의 얼굴을 쓰다듬었다.

"머리에 발라야 하는 기름을 얼굴에 발랐어."

"엣? 그럼 어떻게 해? 키친 타올 드릴까?"

"됐어. 다시 비누칠 하고 세수했으니까."

"아이고, 왜 그랬어?"

"나, 이런 사람이야! 병원에 입원하고 있어야 되는 사람이라고."

"맞아요. 좀 쉬셔야 하는데 날마다 수고가 많으십니다."

나는 그런 남편이 좀 안쓰러운 생각이 드는데 아들놈은 싱글싱글 웃으며 말한다.

"치매 걸린 게 무슨 자랑이에요?"

"이놈아! 그게 무슨 말버릇이야?"

아들을 나무라고 안방으로 들어가니 안경을 닦고 있던 남편이 말한다.

"이제 좀 더 지나면 얼굴에 머리 기름을 발랐다는 것조차 모르게 될 테지."

언젠가 그런 날이 올 지도 모른다. 옷도 누가 입혀주어야 하고 화장실에도 누가 데리고 가주어야 하는 그런 날이.

# 신문기사

아침에 큰아들이 신문을 읽으며 키득거렸다.

"엄마! 이거 읽었어? 아빠 책상 위에 올려놓아야겠다."

이렇게 말하면서 오려낸 신문기사는 다음과 같다.

영국 대법원은 미레 옘쇼(35)라는 여성이 남편의 가정폭력을 이유로 가출한(run away from home) 뒤 자신이 머물 집을 마련해달라며 제기한 소송에 대해 원고 승소 판결을 내렸다(decide in favor of the plaintiff). 원고는 남편이 두 아이 앞에서 고함을 지르고(shout in front of their two children), 자신을 인간 취급도 하지 않으며(fail to treat her like a human), 생활비도 주지 않았고(do not give her housekeeping money) 아이들을 빼앗아갈(would take the children away from her) 것이라고 위협했다며 소송을 제기했다. 신체적 상해를 가하거나(inflict physical injury) 때리겠다고 위협한(threaten to hit her) 적은 없다고 했다.

집을 나서면서 남편에게 문자를 보냈다.

(당신 책상 위에 놓인 신문기사는 내가 오려낸 것이 아니에요. 이따가 보세요. 아이들 눈에는 그렇게 보였나 봐. 우리 둘 다 많이 사람 되었네. 오늘 늦음.)

답장이 왔다.

(네~.)

늦은 시간에 집에 돌아오니 남편이 벼르고 있었다. 아들에게 그 신문기사에 형광펜으로 밑줄까지 쳐서 갖다놓은 저의가 뭐냐고 물었더니 '엄마가 오시면 이야기하겠다'고 했단다.

우리는 둘 다 남편 앞에 가서 섰고 남편이 물었다.

"왜 이 기사를 오려 놓은 거야?"

"나는 아무 말도 안 했어요. 그렇지만 얘가 그걸 오려둔 건 그렇게 보인 부분이 있었기 때문이지요. 당신이 반성해야 돼!"

이번에는 남편이 아들을 향해서 물었다.

"그런 거야? 나보고 반성하라고?"

"반성이라기보다……."

"거 봐! 반성하라는 게 아니라고 하잖아!"

"그렇지만 그런 일이 있었던 건 사실이죠. 부정하기에는 증인이 너무 많아요."

"증인이라고는 너 한 사람 밖에 없잖아."

"민우도 그렇게 생각할 걸. 한번 물어보세요."

아들의 장담에 남편이 찔끔하자 아들이 공세를 늦추었다.

"그러나 아빠로서는 그때 그럴 수밖에 없었을 수도 있어요."

"맞아! 그런 불행한 과거가 있었지. 시대의 아픔이라고도 할 수 있고."

이번에는 내가 다그쳤다.

"그래서? 잘못한 게 없다는 거야, 지금?"

"반성하고는 있지만 그건 어쩔 수 없는 시대의 아픔이라니까. 내가 잘못했어. 그러나 인간이 역사를 만들고 역사가 인간을 만들잖아. 한쪽만 보지 말아줘. 통치자들도 할 말이 있을걸."

무바라크나 카다피까지 들먹이면서 나를 '불온한 세력'으로, 아들을 '시위대'로 비유했다. 그러니까 스스로 '독재자'처럼 지내왔다는 걸 자인한 셈이다.

# 돈암동 마야

설 다음날인 오늘, 어른들까지 초대해서 식사대접을 할 체력은 모자라서 남편이 외출한 사이에 조카들만 우리 집에 모이도록 했다. 오래간만에 만난 조카들이 그동안에 쌓인 이야기도 하고 피자도 나누어 먹고 텔레비전을 보고 있을 때, 직원들과 함께 시간을 보내다 온 남편이 늦은 시간에 세배를 받고 덕담과 함께 꼬맹이들에게는 세뱃돈도 주었다.

제대로 된 상을 차려낸 것도 아닌데 그것도 손님치레라고 만만치 않게 피곤하다. 아들을 시켜 꼬맹이 조카들을 집까지 태워다주라고 내보낸 뒤에 남편이 목욕하는 동안 살풋 잠이 들었었나 보다. 방문을 열고 들어온 남편이 내가 잠들어 있는 모습을 보고 이렇게 소리쳤다.

"아니, 무슨 마야 부인처럼 하고 있어!"

고야라는 화가가 그린 마야 부인이라는 그림은 같은 자세로 그린 <입은 마야>와 <벗은 마야>의 두 가지가 있는데 남편의 비유에 잠결에도 웃음이 터져 버렸다.

오늘의 이야기를 고등학교 동창 카페에 올렸더니 친구들이 아무나 마야부인이 되는 게 아니라면서 너는 어떤 마야였느냐고 물었다.

그야 당연히 <OO 마야>지.

야근을 마치고 아침에 집에 온 아들이 업장에 자주 오는 일본인 손님 이야기를 했다. 그가 통역을 맡은 한국인 여성을 나무라는 일이 자주 눈에 띄었던 모양이다. 무언가 실수를 했으니까 나무랐겠지만 그 일본인의 매너가 좋지 않아서 아들뿐만 아니라 다른 직원들도 그 일본인 손님을 싫어했다고 한다. 아들은 그가 통역을 나무라는 광경을 어디선가 본 듯하다 싶었는데 '생각해 보니 옛날에 아빠가 엄마에게 화낼 때랑 비슷했다'고 했다.

그 일본인이 지나가자 아들 옆에 있던 직원이 이렇게 묻더란다.

"선배님! 저게 그 **미친놈** 맞죠?"

마치 자기가 그 일본인에게 당하기라도 한 듯이 미친놈이라는 말에 힘을 주면서. 그러니까 남편이 내게 화를 낼 때는 미친놈처럼 보였던 거다.

나는 아들의 이야기를 함께 듣고 있던 남편에게 물어보았다.

"여보! 들었어? 미친놈이래."

남편도 웃었다.

"당신, 그때 왜 그랬어?"

"지도자니까. 지도자들은 다 미친놈이잖아."

"지도자는 왜 미친놈인데?"

"시대를 앞서가니까."

"지금은 왜 미친놈처럼 하지 않는 건데?"

"시대가 변했으니까."

"그냥 살던 대로 살아보시지."

"아니, 이제는 그냥 평범한 어르신으로 살아갈래."

이제는 딱 걸렸다 싶어서 물고 늘어져 봤지만 요리조리 잘도 빠져나간다.

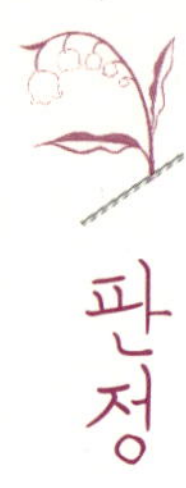

# 판정

'주께서 하시리. 오늘이 아닐지라도.'

어느 신부님이 하신 말씀이라는데 힘들 때에 위로가 되는 글귀라서 화장대에 써붙여두고 있다.

어느 날인가 부부싸움 끝에 남편이 출근하는 것도 내다보지 않고 있다가 느지막하게 방에서 나와 보니 안방 문짝에 이런 종이가 붙어 있었다.

주께서 아시리
오늘이 아닐지라도
누가 누가 더 잘 못했는지
最新約 聖書 25-7의
말씀

1995. 5. 16

아침에 일어나자마자 녹차를 찾는 남편에게 한 잔 갖다 주고 세수한 후, 화장대 앞에 앉았다. 화장대 의자에 궁둥이를 붙이자마자 남편이 말했다.

"윗도리 좀 줘."

돌아다보니 남편은 요 위에 앉은 채로 차를 마시고 있었다.

"자기가 갖다 입든지 내가 화장 끝낼 때까지 기다려요."

"뭐라고?"

나는 남편이 못 알아들은 줄 알고 다시 한 번 말했다.

"갖다 입든지 내가 화장 끝낼 때까지 기다리라고."

"응? 뭐라고?"

"못 들었으면 됐어요."

내가 영 움직일 기미를 보이지 않자 남편이 너스레를 떨었다.

"아이고, 추워라. 사람 얼어 죽겠네."

"얼어 죽기는! 엄살도 심하네."

"노인을 이렇게 학대하다니."

"하하하! 당신도 노인을 학대하고 있는 거야."

피차 늙어가는 처지에 성가시게 시키는 일도 많다.

# 비상사태

구정 설날인 오늘 새벽에 잠결에 들리는 소리.

"야~아! 엄마야!"

신새벽부터 왜 부르는가 하였는데 나를 부르는 소리가 점점 더 가까이 들리더니 방문이 열리며 남편이 약을 찾았다.

"위경련 약 없어?"

세상에! 가끔 일어나던 위경련이 잠잠해진 게 벌써 여러 해전이라 상비하던 약도 다 버렸는데 이를 어쩌나. 플라세보 효과를 기대하며 우선 설사약을 두 알 주었다.

시계를 보니 5시 반. 아주 못견디겠으면 응급실로 갈 참인데 남편은 원적외선이 나온다는 돌멩이를 끌어안고 누웠다. 남편은 몹시 고통스러워 하는데 옆에 있는 나는 아무 것도 해줄 수 없다는 사실에 무력감을 느끼는 동시에 그의 통증이 이렇게도 철저히 남의 것이라는 게 낯설게 느껴졌다.

그리고 피곤함이 몰려오면서 예전에 남동생과 교대로 어머니를 간병하던 아버지가 눈치도 없이 '자다가 일어나려면 뼈가 녹는 것 같다'고 하시던 말씀이 생각났다.

'바로 이런 기분이었을지도 몰라.'

설사약을 먹고 남편은 다시 잠이 들었는데 아침 무렵이 되자 다시 아파했다. 내가 할 수 있는 게 없는 건 여전해서 남편에게 진통제를 한 알 주고 옷을 입었다.

"문 연 약국이 있을지도 몰라요. 나갔다 올게요."

"10시는 넘어야 문을 열지 않을까?"

"여기 있어도 내가 해 드릴 수 있는 게 없으니 나가서 돌아다녀 볼게요."

집 근처 약국에는 셔터가 내려져 있어서 다른 약국을 대여섯 군데 더 찾아갔지만 모두 닫혀 있었으므로 119에 연락하여 위경련 환자가 있는데 이 근처에 문을 여는 약국이 어디 있느냐고 물어보았다.

"오늘은 문을 여는 약국이 없습니다. 병원 응급실로 가시지요."
두 개의 병원 전화번호를 받아 그 중 한 곳에 전화를 걸었다.
"위경련 환자가 있는데 약을 살 수 있을까요?"
"환자를 데리고 오셔야 합니다."
"지금 굉장히 아파하는데요."
"택시 타고 오세요."

맞는 말이다. 어느 병원에서 환자도 보지도 않고 약을 줄 것인가? 쓸데없이 약국을 찾아 돌아다니지 말고 어서 집으로 가서 남편을 태우고 가야겠다고 생각하면서 집으로 되돌아가는 도중에 혹시나 하는 마음으로 두 번째 병원에 전화를 걸어 같은 이야기를 했다.

"그럼, 우리 병원 1층에 있는 약국으로 오세요."
"정말요? 거기가 어딘데요?"

그녀가 불러주는 주소를 네비게이션에 입력했더니 2층은 병원이고 1층에는 일반 약국이 있는 건물 앞으로 안내했다. 눈을 치우고 있던 약사는 내가 약국으로 들어서자 나를 따라 들어왔다.

"위경련 약 좀 주세요."
"이거 하고 이거를 각각 두 알씩 드세요."
"식사 후에요?"
"식사하고 상관없어요. 드시고 몇 시간 지나도 또 아프면 다시 드세요."

참 어수룩한 처방이지만 그래도 약을 살 수 있는 게 어디냐고 생각하면서 서둘러 집으로 갔다. 깜빡 잠이 들었던 남편이 내가 들어서자 재채기를 하며 깨어났고 나는 물과 함께 약을 내밀었다. 약을 먹은 남편이 말했다.

"좀 눕지."
"왜?"
"당신도 잠을 못 잤잖아?"

"교회 가야죠. 일요일인데."

"참, 그렇구나!"

통증이 그만그만한지 일어나 앉는 남편을 보고 집을 나섰다. 우리의 수명이 칠십이요 강건하여도 팔십이라고 하는데 내 손으로 밥을 먹고 내 발로 걸어다닐 수 있는 동안은 이 땅에서의 삶을 마친 후의 일에 대해 생각하기를 뒤로 미루는 것 같다.

마침 어제 남편과 함께 외출했다 돌아오면서 시아버지가 언제까지 운전을 하셨는지 물으니 여든이 넘어서도 운전을 하셨다고 했다. 그래도 누군가 데려다주지 않으면 병원에도 갈 수 없는 날이 왔고 여든아홉에 세상을 뜨셨다.

시아버님을 빗대어 이 땅에 남은 2~30년의 시간이 아니라 영원한 시간에 대비해야 한다는 걸 알려주고 싶었다. 여러 해만에 일어난 위경련이 아니라 수십 년 후 삶을 마감한 후의 일에 대비하지 않는 게 비상사태라는 걸 어떻게 해야 인식하게 할 수 있을까?

저녁 식사 후에 싱크대에 쌓인 그릇을 치우고 있는데 남편이 과일을 찾았다.

"포도를 드실래요? 배를 드실래요?"

"포도 조금 하고 배 조금."

"내가 좀 피곤한데 이리 나와서 설거지 좀 도와줄래요?"

"그냥 포도만 먹을게."

설거지 도와주기는 어지간히 싫은가 보다.

버석버석한 게 발바닥에 먼지의 촉감이 느껴져서 다른 일을 제쳐놓고 마루에 걸레질하고 있는데 남편이 말했다.

"나, 커피 마실래."

"직접 뽑아서 드시든지, 아니면 기다리세요."

"기다릴게."

자기 몸은 어지간히도 아낀다.

"우리 아들들은 이다음에 당신처럼 살 수 있을까?"

"물론이지!"

이때, 제 방에서 자고 있는 줄 알았던 큰아들이 큰 소리로 말했다.

"난 그렇게 무례한 사람이 아니에요."

남편이 맞받아쳤다.

"시끄러워! 넌 빨리 이 집에서 나갈 준비나 해."

"나도 빨리 나가고 싶어요."

"이제 다 키워놓았으니 어서 독립해야지."

"그거 근본적인 문제를 따지자면 내가 낳아달라고 한 것도 아니잖아요?"

"맞아! 바로 내가 하고 싶은 말이 그 말이야. 내가 언제 하나님보고 만들어 달라고 했느냐고!"

내가 언제 낳아달라고 했느냐는 아들은 괘씸하게 여기면서 자신도 하나님 앞에 괘씸하기 짝이 없는 말을 하고 있다.

# 출장

남편이 출장을 가기 위해 아침에 일찍 나가야 한다고 했다. 자명종 시계의 전지가 다 되어 시계가 죽는 바람에 큰 낭패를 본 일이 있어서 정말 중요한 날에는 휴대전화에도 모닝콜을 세트해 놓는다.

그래도 안심이 되지 않아 남편에게도 물어보았다.

"당신 휴대전화에도 모닝콜 세트해 놓으셨어요?"

"응. 네가 끄지만 않으면 돼. 당신은 그 소리가 듣기 싫은가 봐. 두 세 번만 울리면 와서 끄던데."

"그게 아니라 내가 당신에게 '저거 끌까요?'라고 물어보면 끄덕끄덕 하길래 끈 건데요."

"비몽사몽간에 있는 사람에게 유도심문을 하다니! 그런 건 법적으로도 효력이 없어."

6시 반에 세트해 놓은 자명종 소리를 나도 듣지 못했고 오늘 아침에는 남편이 자기도 모르게 자명종을 껐나 보다. 눈을 떠보니 6시 50분. 남편은 허겁지겁 세수를 했고 나는 아침식사를 차렸다. 커피를 무척 좋아하는 남편은 식탁에 앉으면서 커피를 준비해달라고 했다. 국을 차려놓았는데 커피라니!

그러나 남편은 차려놓은 식사를 다 먹지 못하고 여행 가방을 끌고 집을 나섰다.

"갔다 올께."

"다녀오세요."

"그렇게 인사만 할 게 아니라 그 커피 들고 따라와요."

"지금? 나, 머리도 이렇게 뻗쳐있는데?"

"그래도 아름다워."

"아직 빗지도 못했는데?"

"내가 몇 번 말해야 알아 듣나? 치장하는 여성이 아름다운 게 아니라 일하는 여성이 아름다운 거예요."

여행가방과 쇼핑백을 들고 가는 남편을 따라 츄리닝 바람에 커피를 들고 아파트 주차장까지 가서 차에다 넣어주고는 재빨리 집으로 들어왔다. 까치둥지처럼 뻗친 머리를 누가 볼까 무섭다.

그래도 일요일 저녁까지는 식사준비 할 필요가 없으니 여유로운 시간을 보낼 수 있게 되었다. 일도 몰려 있어 요즈음 며칠째 새벽까지 자판을 두드리고 있는데 때맞추어 출장 가준 남편이 고맙다. 게다가 날더러 '아름답다'고 하지 않는가?

# 부녀자의 길

오늘은 대학 동창회 임원들과 만나는 날이다. 공항철도를 타고 무의도에 가기로 했기 때문에 11시에 서울역에 모이기로 했는데 남편이 아침 9시 반 KTX를 타고 부산으로 출장간다고 해서 이른 시간에 남편을 서울역까지 태워다 주고 집으로 돌아와 차를 놓고 다시 서울역으로.

서울역에서 공항철도를 타고 인천공항으로, 인천공항에서 버스를 타고 잠진도 선착장으로, 선착장에서 배를 타고 무의도에 도착하여 꽃게칼국수를 먹고 연육교를 걸어 소무의도로 이동, 1시간 반 동안 둘레길을 걸었다. 산보하는 도중에 드문드문 사진을 찍어 남편에게도 보냈다.

다시 공항철도를 타고 서울로 오는 도중에 남편에게서 문자가 왔다.

공항철도 플랫폼에 서 있다가 휴대전화를 보고 킬킬거리는 내게 선배님들이 왜 그러느냐고 물어서 대답 대신 휴대전화 화면을 보여드렸다.

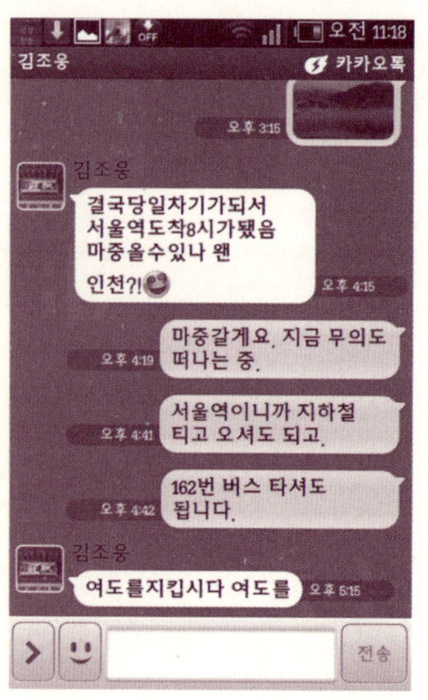


"여도가 뭐야?"

"부녀자의 길이요. 하하하!"

"참 간도 크네."

집에 도착할 무렵, 간 큰 남자로부터 예정보다 일찍 도착했다는 전화를 받았다.

"난 아직 집에 가는 중인데 지하철 타고 오시던가 서울역에서 식사하고 기다리세요."

"그럴게."

"어떻게 한다는 건데?"

"밥 먹고 기다린다고."

집에 가서 차를 끌고 다시 서울역으로 가 남편을 픽업했으니 결국 오늘 하루 동안에 서울역에 네 번이나 다녀온 셈이다.

## 신문

저녁 식사를 마친 남편이 식탁으로 나를 불렀다.

"야, 엄마야! 이리 좀 와 봐."

"왜요?"

"내가 요새 좀 힘들거든."

요 며칠 지친 기색이 있더니 무슨 중대발표를 하려나 싶어 긴장하면서 식탁 의자를 빼고 앉았다.

"이거 좀 큰 소리로 읽어 줘."

이렇게 말하면서 남편이 내민 건 칼럼을 보기 좋게 접어놓은 오늘 아침 신문. 평소 같으면 욕조에 들어앉아 읽을 기사인데 날더러 읽어 달란다. 긴장했던 게 무색할 정도로 시시한 부탁이다.

"이거? 왜?"

"엄마가 읽는 게 여러 모로 좋아. 나는 눈도 아프고 머리가 깨질 것 같아."

"여러 모로 어떻게 좋은데?"

"우선 치매 방지 그리고 시력 강화!"

자기는 눈이 아파서 못 읽겠다면서 내가 읽으면 시력이 강화된단다.

"그 다음엔?"

"폐활량 증대!"

"그리고?"

"혈액순환에도 좋아."

남편에게는 한국어가 모국어가 아니므로 아무래도 한국 신문을 술술 읽지는 못한다. 내가 일본 신문보다는 한국 신문을 더 읽기 쉬운 것이나 마찬가지일 테지.

칼럼을 네 개나 소리 내어 읽어주었더니 목도 아프고 눈도 피곤하다. 그러나 그 작은 글씨를 안경도 쓰지 않고 읽을 수 있는 것도, 읽어달라는 사람이 있는 것도 감사한 일이다.

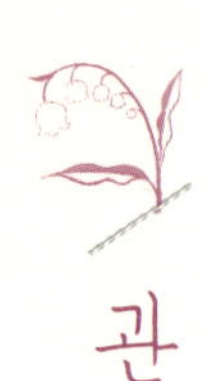



수술을 하고 치료 받느라고 까부라져 있을 때는 남편도, 아들도 집안일을 적극적으로 도와주더니 내 몸이 차차 회복되면서 외출도 하고 식사준비도 할 수 있게 되자 이전으로 돌아가는 기미가 보인다.

한꺼번에 모아서 터뜨리려고 며칠 동안 벼르고 벼르다가 드디어 어제 남편에게 내 심기가 불편하다는 뜻을 내비쳤다.

"나, 요새 불만이 쌓여가고 있어요."

"왜? 김정일 때문에?"

남편의 사과와 반성을 기대하면서 말을 꺼냈다가 천연덕스러운 반응에 웃음이 터지고 말았다.

북한이 미사일인지 인공위성인지 때문에 며칠 동안 여러 나라의 신경을 예민하게 하고 있다. 우리나라를 포함, 미국과 일본도 긴장하여 위성운반로켓을 요격하려고 연합함대를 동해에 전진배치 하기도 하였는데 발사대에 장착한 지 12일만인 어제 쏘아올렸다고 한다.

뉴스를 검색해 보니 북한이 어제 함경북도 화대군 무수단리(동해위성 발사장)에서 쏘아올린 것은 은하 2호 로켓에 탑재되었던 인공위성, 광명성 2호로 시험 통신 위성이라는데 궤도에 오르지 못하고 바다에 떨어졌다고 한다.

친구 어머니께서 돌아가셨다는 연락을 받고 장례식으로 가는 도중에 남편의 전화를 받았다.

"어디야?"

"지금 문상 가는 중이예요."

"나는 몸이 안좋아서 일찍 집에 들어왔어."

"그럼 어떻게 하지?"

"괜찮아요. 저녁 먹을 때까지만 돌아오면 돼."

그러나 생각보다 길이 막혔고 장례식장에서 만난 친구들과 이야기를 하다 보니 여덟 시가 넘어서 집에 도착했다. 남편은 이불을 머리까지 뒤집어쓰고 잠들어 있었기 때문에 살짝 부엌으로 들어가 서둘러 설거지를 하고 있는데 남편이 수돗물 소리에 깨어났다.

"엄마 왔냐?"

"네. 제가 좀 늦었어요. 얼른 저녁 차릴게요."

그때 남편이 뭐라고 구시렁거렸다.

"뭐라고요?"

"아니, 아무 것도 아니야."

"방금 뭐라고 한 것 같은데 다시 한 번 말해 봐요."

"아니야."

"다시 말해보라니까요."

"나 하나만 참으면 되지."

"정말 그렇게 말했어?"

남편이 천천히 고개를 끄덕였다.

"아하하하!"

"뭐가 아하하야?"

"미안한데 당신이 그렇게 말하니까 왜 그렇게 웃기냐?"

"웃긴다니! 그건 실례야, 땅땅땅!"

집에서 참는 건 주로 내 쪽이지만 남편도 밖에서는 참는 일이 많을 텐데 내가 너무 크게 웃었나?

# 리쿠쓰보이와 막가보이

리쿠쓰보이는 시어머니가 큰아들에게 '리쿠쓰뽀이(따지기 좋아한다는 뜻의 일본어)'라고 한 것을 '리쿠쓰(이론)+boy'로 알아들은 데서 생긴 별명이고 막가보이는 어려서부터 아무 데나 가서 다른 아이들과 잘 어울리는 작은아들에게 남편이 붙여준 별명이다. 독특한 교육관을 가진 남편과 보통 엄마인 나 사이에서 가출하기도 하고 싸우기도 하며 자라난 두 아들이 사랑스럽고 괘씸하고 고맙다

# 예술인가 저질인가

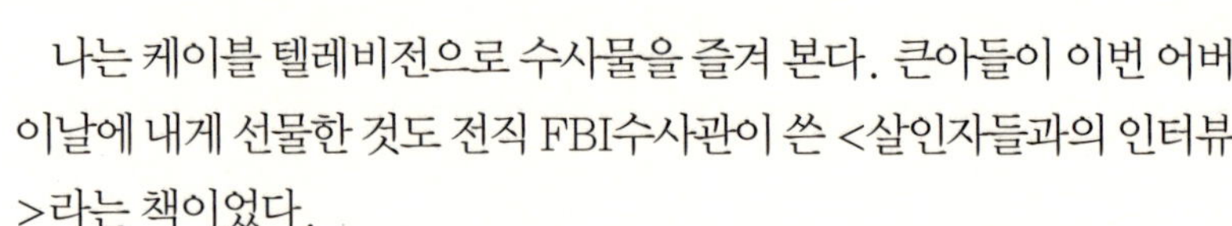

나는 케이블 텔레비전으로 수사물을 즐겨 본다. 큰아들이 이번 어버이날에 내게 선물한 것도 전직 FBI수사관이 쓴 <살인자들과의 인터뷰>라는 책이었다.

오늘 본 드라마 속에서 여자수사관이 용의자의 서랍에서 여자의 누드사진이 실린 잡지를 찾아내는 순간, 수사반장이 데카메론 운운 하는데 그녀가 "그건 예술이고 이건 포르노에요."라고 답했다. 그 장면을 보니 오래 전의 일이 떠올랐다.

남편이 큰아들의 초등학교 졸업선물이라며 가져온 건 당시 화제를 불러일으키던 어느 외국 유명 여배우의 누드화보집이었다. 세 남자가 머리를 맞대고 아직 넘기지 말라느니, 그 손 좀 치우라느니 해가면서 사진집을 들여다보고 있었다.

바로 그때, 초등학교를 갓 졸업한 큰아들이 날카로운 질문을 했다.

"아빠! 근데 예술과 저질은 어떻게 다른 거예요?"

"예술은 아름답고 저질은 그렇지 않단다."

이때를 놓치지 않고 작은아들이 더 날카로운 질문을 했다.

"아빠! 그럼, 엄마는 저질이야, 예술이야?"

설거지를 하고 있던 나도 귀가 쫑긋해져 잠시 손을 멈추었고 집안에는 잠시 정적이 감돌았다.

그 침묵을 깬 건 큰아들이다.

"저질이지, 임마!"

그러자 남편이 소리죽여 말하는 게 들렸다.

"너, 이 집에서 밥 안 먹을 거야?"

# 다리

퇴근 후에 집에 들어와 길게 누워서 초등학교 다니는 큰아들에게 부탁했다.

"엄마 다리 좀 주물러라."

"……."

큰아들은 내 다리를 주무르는 대신 물끄러미 쳐다보고 있었다.

"아, 뭐해?"

"이따가 아빠 오시면 여쭤봐야지. 엄마의 어디가 마음에 들어서 결혼했냐고."

"왜?"

"다리가 너무 굵어."

"넌 이다음에 어떤 여자랑 결혼할건데?"

"성실하고 예쁘고 착한 여자. 그리고 엄마보다 백 배 날씬한 여자."

"엄마가 그렇게 뚱뚱하냐?"

"그래도 그만 하기가 다행이지."

이때 작은아들이 냉큼 끼어들었다.

"엄마! 방금 형이 매 맞을 소리를 했어요."

딸 못지않게 곰살맞은 작은아들은 그 다음 날 에어로빅 교실의 전단지를 내게 가져다주었다.

# 화상

작은아들이 초등학교 3학년 때 다른 아이가 타는 자전거 뒷바퀴 축에 의지하여 올라타고 위태로운 자세로 달리다가 과속방지턱을 지나가며 자전거가 덜컹거리자 뒷바퀴 위에 주저앉은 적이 있다.

달리던 자전거는 관성의 법칙에 의하여 바퀴가 계속 굴렀고 아들이 입고 있던 체육복 바지는 허리의 고무줄이 느슨해서 자전거 바퀴의 타이어에 말려들어가 바지가 벗겨지면서 바퀴 위에 주저앉게 되었다. 말하자면 맨살이 브레이크 역할을 하게 된 거다. 궁둥이로 자전거를 세웠다고나 할까. 아무튼 궁둥이와 타이어의 마찰로 화상을 입으며 피부가 벗겨지고 말았다.

회사에 갔다 오니 작은아들이 이불 위에 바지를 벗고 화상 입은 궁둥이를 내놓은 채 엎드려 있었다. 상처 때문에 며칠 동안은 제대로 앉지도 못했다. 밤마다 약을 발라주어야 했는데 피와 진물 때문에 궁둥이에 말라붙은 팬티를 벗길 때마다 알코올에 적신 거즈를 올려놓고 피딱지를 불린 다음에 팬티를 떼어내는데도 아프다고 비명을 질렀다. 그러기를 일주일쯤 했나 보다.

그러던 녀석이 내일은 예비군 동원훈련 받으러 간다.

작은아들은 셋이서 사는 게 셋방살이냐고 물어보는 기발한 데가 있는 대신 집중력은 부족했다. 초등학교 다닐 때에 학교에 가다 말고 중요한 걸 까먹었다면서 되돌아오더니 도시락 가방을 챙겨서 다시 나갔다.

"다녀오겠습니다아~~~!"

현관문을 열고 내다보았더니 복도를 뛰어가는 작은아들의 등에는 책가방이 없었다. 도시락가방을 챙기는 대신 이번에는 책가방을 놓고 간 것이다.

어느 날인가는 이빨이 흔들린다고 해서 돈과 의료보험카드를 주어 병원에 가라고 했더니 한참 있다가 집에 돌아왔다.

"이빨 뽑았어?"

"어? 치과에 가라고 한 거였어?"

"그럼, 넌 어디 갔다 왔는데?"

"성모병원에."

"거기 가서 뭐했니?"

"왜 왔느냐고 해서 이빨이 흔들린다고 했더니 여기가 아니래. 그래서 생각해보니까 감기 걸린 것 같기도 해서 기침난다고 했더니 주사도 놓고 약도 주더라."

수업 중에도 집중하지 못해서 3학년인데도 곱셈과 나눗셈을 잘 하지 못했다.

"너, 학교에서 선생님께서 설명하시는 거 잘 알아듣지 못하지?"

"응!"

"그런지 오래됐니?"

"아마 그럴 걸."

나는 속이 타들어갈 지경인데 작은아들은 남의 말 하듯 태평스럽게 대답한다.

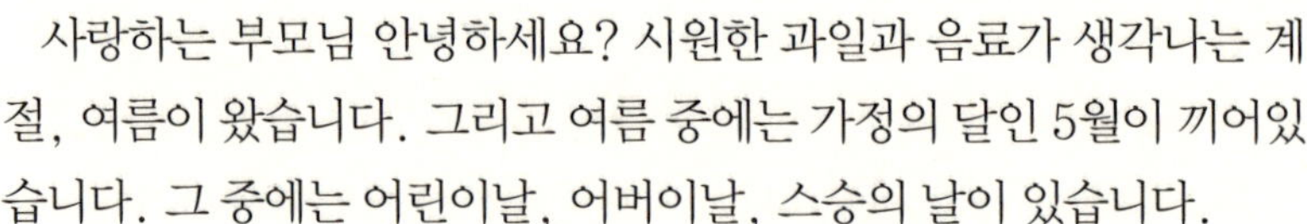

## 어버이날에 받은 편지

사랑하는 부모님 안녕하세요? 시원한 과일과 음료가 생각나는 계절, 여름이 왔습니다. 그리고 여름 중에는 가정의 달인 5월이 끼어있습니다. 그 중에는 어린이날, 어버이날, 스승의 날이 있습니다.

지금 제가 이 편지를 쓰는 이유는 1년에 한 번 있는 '어버이날에 편지쓰기'를 학교에서 시켰기 때문입니다. 제가 편지를 쓰고 있는 이 교실에서는 다른 아이들도 부모님께 편지를 올리고 있습니다.

부모님! 지금 저는 제가 태어나서 어버이날에 쓴 편지 중 가장 긴 편지를 쓰고 있습니다. 옛날에 쓴 편지를 보면 두세 줄만 쓴 편지가 수두룩합니다. 그리고 그 중에는 부모님께 손자 손녀를 안겨드리고 공부를 잘 하겠다는 내용도 있습니다. 그러나 손자는 '구씨(우리 집 고양이)'로 만족하시고 공부는 이왕이면 내버려둬 주시기 바랍니다. 공부는 제가 알아서 하겠습니다.

그리고 어머님! 지금까지 우리 가족을 위해 힘쓰시고 저의 아르바이트를 마련해 주시느라 힘쓰셨던 일, 감사드립니다.

그리고 아버지! 정말 세상 그렇게 사시면 안 됩니다. 어머니만 허구헌 날 부려먹고 피우지 말라는 담배는 피우고 억지 쓰고 혼자만 놀고먹고. 아버지 때문에 온 가족이 힘듭니다.

하지만 아버지! 아버지는 우리 가족을 위해 언제나 힘쓰고 계시다는 것을 잘 압니다. 물론 어머니도 잘 알고 계시고요. 그리고 우리 이사 가지 말아요. 이사 가면 온 가족이 피곤할 뿐입니다.

그리고 갑자기 들어와서 온 가족에게 일을 시키지 말아주시면 좋겠습니다.

그럼 줄이겠습니다.

1997. 5. 1
아들 민우 올림

얼마 전에 제대한 작은아들이 초등학교 6학년 때 보낸 편지다. 알아서 하겠다던 공부는 지금까지도 알아서 하지 않고 있다.

작은아들은 동물을 좋아해서 얼어 죽어가던 도둑고양이를 집으로 데려온 적도 있다. 그 마음씨가 기특해서 함께 가축병원에 데리고 가서 큰돈 들여가며 치료해주었지만 결국 살리지는 못했다. 작은아들이 공부하는 일에는 뜻이 없어도 마음이 따뜻하고 사람 사귀는 재능이 있어서 별로 걱정되지는 않는다.

부모님께

사랑하는 부모님! 안녕하세요? 시원한 과일과 음료가 생각나게나는 계절 여름이 왔습니다.
그리고 여름 중에는 가정의 달인 5월이 껴 있습니다. 그리고 그 중에는 어린이날, 어버이날,
스승의 날이 있습니다. 지금 이 편지를 제가 쓰는 이유는 1년에 한 번 있는 '어버이 날
에 편지 쓰기'를 학교에서 쓰게 했기 때문입니다. 지금 제가 편지를 쓰고 있는 이 교실에
서 말고 다른 아이들이 부모님께 편지를 올리고 있습니다. 부모님! 지금 저는 제가 태어나서
어버이날 쓴 편지 중 가장 긴 편지를 쓰고 있습니다. 옛날 편지를 보면 2~3줄을
쓰고 마는 편지가 수두룩 합니다. 그리고 그 내용 중에는 부모님께 손자 손녀를 안겨
드리고, 공부를 잘 하겠다고 쓰여 있습니다. 손자는 구씨로 만족 하시고 공부는
이왕이면 안 바래주시지 말고 내버려둬 주시기 바랍니다. 공부는 제가 알아서(?)
하겠습니다. 그리고 어머님! 지금까지 우리 가족을 위해 힘쓰시고 저와 형의 아르바이트도
마련해 주시느라 힘쓰셨던 일 감사드립니다. 그리고 아버지! 정말 세상 그렇게
사시면 안됩니다. 어머니는 허구헌 날 부려먹고, 피지 말라는 담배는 피우고, 억지
쓰고, 혼자만 놀고 먹고 아버지 때문에 온 가족이 힘듭니다. 하지만
아버지 아버지는 우리 가족을 위해 언제나 힘 쓰고 계시다는 것을 잘
압니다. 물론 어머니도 잘 알고 계시고요. 그리고 우리 이사가지 말아요. 이사
가면 온 가족이 피곤 할 뿐입니다. 그리고 마지막으로 갑자기 들어와서 온
가족을 갑자기 일을 시키지 말아주시면 좋겠습니다. 그럼 줄이겠습니다.

아들 김민수 올림

1997.5.1

가만히 있어도 덥다. 이렇게 더운 여름날에 초등학교 다니던 작은아들 때문에 신문을 배달하던 일이 생각난다.

밥을 잘 먹지 않는 작은아들의 버릇을 고쳐주려고 군것질을 하지 못하도록 용돈을 주지 않았다. 그랬더니 이 녀석이 신문 배달을 해서 용돈을 벌겠다면서 신문보급소를 찾아간 것이다.

아직 한 달도 채 되지 않았을 무렵, 작은아들이 과자를 사 먹고 있었다.

"돈이 어디서 났어? 월급 타려면 아직 멀었잖아?"

알고 보니 보급소에서는 신문 배달하는 이들에게 구독자 수보다 많은 신문을 주고 있었다. 말하자면 구독자를 확보하기 위하여 공짜 신문을 주는 것인데 이 녀석이 배달을 끝내고 나서 집으로 오는 길에 그 공짜 신문들을 버스정류장에서 3백 원씩에 팔았던 것이다.

그러던 어느 날, 작은아들이 병이 나서 신문을 돌릴 수 없을 만큼 열이 났다. 그런데 신문보급소에서는 배달 일을 하루 하지 못하면 월급날을 제 날짜에서 사흘 뒤로 미룬다고 했다. 그래서 내가 작은아들 대신에 구독자들의 아파트 동호수가 적힌 메모를 들고 다니며 아들 대신 며칠 동안 신문을 돌린 일이 있다.

내가 회사에 다닐 때에는 귀가시간이 늦는 데다 광고회사의 특성상 야근이나 밤샘작업도 가끔 있었다. 그런 날에는 파출부 아주머니에게 초과근무수당을 드리면서 아이들의 저녁 식사까지 부탁했다. 아주머니가 계셨지만 엄마가 없는 집에 들어가기 싫었던 아이들은 늦게까지 밖에서 놀았다.

어느 날 남편이 나보다 먼저 집에 돌아왔는데 집에 아무도 없더란다. 날이 완전히 어두워질 때까지 밖에서 놀던 작은아들이 집에 들어오자 남편은 저녁도 먹지 않고 놀다 들어왔다는 이유로 작은아들을 내쫓았다고 한다. 내가 집에 들어가자 남편이 작은아들을 좀 찾아오라고 했다. 나간 지 한참 되었는데도 아직 들어오지 않고 있다는 거였다.

옷도 갈아입지 못하고 놀이터로, 오락실로 찾아다니다가 아파트 입구의 상가 앞에 서 있는데 작은아들이 두 손에 빈 병이 가득 들어있는 비닐봉지를 들고 나타났다.

"지금 뭐하는 거야?"

"배가 고파서 빈 병 주워 슈퍼에 갖다 주고 아까는 빵으로 바꿔 먹었는데 이번에는 아이스크림으로 바꾸어 먹으려고요."

그렇게 잔머리를 굴리는 녀석도 가끔은 맹한 구석이 있다. 어느 날 학교에 갔다 오더니 내게 이렇게 물었다.

"엄마, 우리나라에는 왜 이렇게 돼지띠가 많아요?"

아들아! 너희 반 애들은 거의 다 돼지띠란다.

# 무자식 상팔자

큰아들이 고등학생일 때에 어느 날 성적표를 내밀며 '부모님 의견' 이라고 쓰인 칸을 채워달라고 했다. 남편은 큰아들의 성적표를 들여다본 후에 뭐라고 적어 주었는데 다음날 성적표를 가지러 안방에 들어온 큰아들이 성적표를 보고는 이걸 어떻게 학교에 내느냐며 볼멘소리를 했다.

왜 그러는지 궁금해서 들여다 본 부모님 의견란에는 이렇게 쓰여 있었다.

'무자식 상팔자'

1997년 대망의 교내 편지쓰기 대회가 열렸습니다. 항상 하는 것이지만 올해는 분량제한이 있습니다. 게다가 검사도 하는 것 같습니다.

학교에서는 왜 이런 정력 낭비, 시간 낭비, 에너지 낭비에 시간을 보내게 하는지 모르겠습니다. 단지 학교의 압력에 못 이겨 해마다 가식적인 편지를 쓰는 대다수의 학우가 불쌍할 뿐입니다.

사실 작년에 뭐라고 썼는지 기억조차 나지 않습니다. 어쩌면 매년 똑같은 말을 썼는지도 모르겠습니다. 다만 확실한 건 그중에서 단 하나라도 진심에서 우러나온 글은 없었다는 것입니다. 항상 어쩔 수 없는 학교의 강압으로 쓰게 되는 것입니다. 어버이날, 스승의 날에는 항상 편지를 써왔지만 왜 꼭 편지를 써야 하는지 모르겠습니다. 편지를 쓰라고 만든 날도 아닌데 말입니다.

하지만 올해는 이왕 쓰는 김에 평소에 하고 싶었던 말들을 적어보겠습니다. 다시 말해서 최초로 진심이 우러나오는 편지라는 뜻이지요.

아버지는 평소에 가장의 권위가 떨어졌다느니, 집안의 질서가 무너졌다느니 하시지만 사실 아버지의 책임이 큽니다. 우선 평소에 너무 게으른 모습만 보여주시는 것은 크나큰 문제입니다.

둘째, 언행일치가 이루어지지 않고 있습니다.

가족회의를 통해 흡연은 흡연구역에서만 하기로 정해졌지만 아버지께서는 계속 흡연금지구역에서 흡연하고 계십니다. 가장이 가정의 질서를 파괴하면서 가족들에게 질서와 권위에 대하여 운운할 권리는 없다고 봅니다.

그러나 유머와 위트가 넘친다는 것은 부정할 수 없는 사실입니다. 사실 그것마저 없었다면 우리 가정은 붕괴되었을지도 모릅니다.

올해는 이만 쓰겠습니다.

1997. 4. 25

김 민 수 올림

추신: 당뇨에 좋지 않은 단 음식(초콜릿, 도넛 등)은 자제하셔야 합니다.

# 고얀 놈

저녁에 검도장에 다녀온 큰아들이 지 아무개라는 여학생이 소문난 말괄량이라 사범님이 그 애를 '지총각'이라고 부르는데 엄마를 보면 지총각 생각이 난다고 한다.

"엄마가 어때서?"

"여자답지 못하잖아요."

"어디가 여자답지 못한데?"

"단적으로 아버지 같은 남자랑 결혼한 걸로 그게 증명되지요."

"여자다운 여자는 어떤 남자를 좋아하는데?"

"요즈음 여자애들에게 인기 있는 남자죠. 누가 아버지 같은 남자를 좋아하겠어요?"

"그래, 나, 남자 잘못 골랐다, 어쩔래? 그렇지만 너는 아버지처럼 살고 싶다니까 엄마 같은 여자랑 결혼하겠네?"

"그건 아니죠. 나를 아버지랑 같은 수준으로 보지 마세요."

"그래, 엄마가 여자답지 못해서 뭐가 문제냐?"

"그건 좋은 점도 있고 나쁜 점도 있어요."

"좋은 점은 뭔데?"

"엄만 자기 일보다 회사 일을 중시하는 타입이니까 능력을 인정받을 수는 있지요."

"나쁜 점은?"

"그래도 여자라는 거죠."

"그게 무슨 소린데?"

"한계가 있다는 거예요."

"그 한계는 꼭 있어야 하냐?"

"그렇죠. 반드시!"

"어째서?"

"아, 관습법 몰라요? 관습법!"

이 녀석을 이대로 두었다가는 나중에 큰며느리에게 원망을 듣게 생겼으니 수시로 재교육을 시켜야 하겠다.

큰아들이 초등학생일 적의 일이다. 텔레비전에서 어느 코미디언이 손으로 풍만한 가슴과 잘록한 허리, 그리고 히프를 나타내는 손동작을 보고 내게 물었다.

"엄마! 저게 무슨 뜻이에요?"

"그건 여자를 말하는 거란다. 여자들 몸이 그렇게 생겼잖니?"

"엄만 아니잖아요?"

이런, 이런!

몸매로 보나 성향으로 보나 나를 여성스럽다고 생각하지 않는 아들이 대학에 들어간 지 몇 달 지났을 때 이렇게 물었다.

"엄마, 여자들은 왜 그래요?"

"뭐가?"

"별 것도 아닌 일로 화내고 삐지더라고요."

"넌 엄마가 여자도 아니라면서 왜 나한테 물어 봐?"

"그래도 생물학적으로는 여자잖아요."

"뭣이라? 생물학적으로?"

"난 요새 아버지가 존경스러워지려고 해요."

"어째서?"

"'여자'랑 이렇게 오래 살고 계시잖아요."

"너희 아버지 같은 남자랑 이렇게 오래 살고 있는 엄마는 존경스럽지 않고?"

아들은 내 말을 들은 척도 하지 않았다. 어느 목사님도 설교 중에 '내가 남자라서 하는 이야기가 아니라 여자와 산다는 것은 참 힘든 일'이라고 하셨지만 그거야 피차일반 아닌가?

아직 시어머니가 살아계실 때의 일이다.

남편이 송이버섯밥을 먹고 싶다고 하므로 경동시장에 가서 국내산과 북한산을 반반씩 샀다. 시어머니가 시키는 대로 다시마를 끓여 밥물을 만들고 송이버섯밥을 짓고 있는데 내 옆에 지켜 서서 '그렇게 하면 재가 싫어한다, 좋아한다'며 일일이 지적하시는 시어머니가 못마땅해서 노골적으로 싫은 내색을 했다. 거실에서 이 모양을 보고 있던 남편이 벌떡 일어나서 나가버렸다.

"나, 이제부터 이 집에서 밥 안 먹어!"

남편은 본시 마지못해 해주는 건 절대 사절이다. 남편이 결혼하기 전에는 큰형님댁에 가서 지냈는데 큰형수가 '삼촌은 목욕할 때 수건을 여러 장 쓴다'고 시어머니에게 이야기했고 시어머니는 또 그 말을 남편에게 전했다. 그 이후로 남편은 모든 빨래를 형수님에게 맡기지 않고 세탁소로 보냈다고 한다.

다음 날, 남편이 퇴근해서 들어오자 시어머니가 서둘렀다.

"애, 빨리 저녁 차려라."

"왜요?"

"재가 밥 먹어야 하잖니?"

"애비가 이제부터 이 집에서 밥 안 먹는다고 그랬는데요."

어이없어하는 시어머니가 방으로 들어가신 뒤, 나는 남편에게 가서 조용히 말했다.

"나도 이제 조금 있으면 나이 오십인데 당신이 어제 같은 행동을 하는 거, 이제는 못 보겠어요."

그랬더니 남편이 곧바로 사과했다.

"미안하다. 나도 반성하고 있어."

나는 어제 저녁에 화내고 나가던 남편의 모습을 본 두 아들을 불러 말했다.

"아빠가 어제 화낸 거 미안하다고 하셨단다."

그랬더니 큰아들의 반응이 뜻밖에 차가왔다.

"그래서요? 그래서 엄마는 뭐라고 하셨는데요?"

"뭐라고 하긴. 반성한다고 하시는데 거기다 대고 뭐라고 하겠냐?"

"엄마가 그러시니까 매일 아빠한테 당하고 사시는 거예요."

"그럼, 뭐라고 해야 해?"

"반성한다는 게 그따위냐고 거기서 한 번 더 밀어붙이셨어야죠."

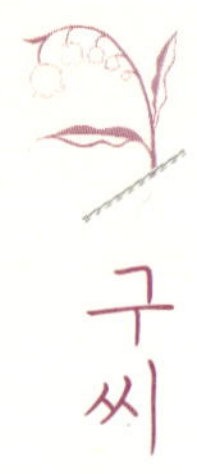

구씨

작은아들이 유독 동물을 좋아해서 학교 앞에서 파는 병아리, 메추리, 오리새끼에다 남이 내다 버린 고양이까지 주워다 길렀다. 학교 앞에서 파는 메추리도 사오고 병아리도 사왔지만 대부분 얼마 기르지 못하고 말았다.

그러던 중에 병든 고양이를 주워 '구슬이'라는 이름을 붙여 키우다가 고양이가 죽자 아파트 앞뜰에 구덩이를 파고 신문지에 싸서 묻었는데 며칠 있다 큰아들이 말했다.

"구슬이는 지금쯤 어떻게 되었을까?"

작은아들이 대답했다.

"납작해졌어."

나와 큰아들은 깜짝 놀라서 물었다.

"네가 그걸 어떻게 알아?"

작은아들은 구슬이가 죽은 지 며칠 후에 구슬이가 보고 싶어서 무덤을 파보았더니 납작해져 있더란다.

이렇듯 동물을 좋아하는 작은아들에 대한 소문을 듣고 남편의 친구가 고양이를 한 마리 주었다. 우리나라 옛날 민화에서 보는 것 같은 검은색과 흰색 털이 난 아주 잘 생긴 고양이였다. 공짜로 받았다고 '그냥줘'라는 이름을 붙였는데 아이들이 당시 인기 있던 만화영화의 로봇 이름을 따서 '그랑죠'라고 불렀고 우리말 발음이 나쁜 남편은 '구란조'라고 부르다가 '구씨'라고 부르게 되었다.

그러다가 시어머니를 우리 집에서 모시게 되었는데 시어머니는 고양이 털이 날리는 게 싫고 고양이가 기생충을 옮긴다고 고양이를 치워버리라고 하셨다. 아이들이 구씨를 계속 키우겠다고 했으므로 남편은 아이들에게 구씨가 할머니 방에 들어가지 않도록 잘 돌보겠다는 약속을 받고 허락했다.

시어머니는 시어머니대로 더운 날에도 구씨가 들어올까 봐 방문을 닫고 주무셔야 했기 때문에 고역스러우셨을 것이다. 시어머니는 이 집에서는 나보다도 고양이를 더 중하게 여긴다고 불평하셨고 어쩌다 구씨가 시어머니 방에 들어가면 냅다 소리를 지르며 쫓아내셨다.

"언젠가는 내가 널 꼭 죽여 버리고야 말 테다!"

때때로 경비아저씨를 불러 구씨를 죽이라고까지 말씀하셨으므로 아이들은 구씨가 시어머니 방 근처에 가지 못하도록 더욱 신경을 썼다.

그러던 어느 날 아침에 일어나 보니 현관문이 조금 열려 있었다. 나는 이상하다고 생각하며 문을 닫고 아침 식사 준비를 했다. 그런데 나중에 아이들이 구씨가 없어졌다고 하면서 구씨를 찾느라고 난리가 났는데 시어머니는 '나는 모르는 일'이라고 하셨다.

그게 벌써 여러 해 전 일인데 어젯밤에 갑자기 큰아들이 구씨를 보고 싶다고 했다.

"결국은 할머니가 그 비밀을 무덤까지 가지고 가버리셨네. 심증은 있지만 물증이 없으니 뭐라고 할 수도 없고."

나도 모두가 잠든 밤에 시어머니가 구씨를 집 밖으로 몰아낸 것이 아닌가 하는 생각은 하면서도 입에 올린 적은 없었지만 어젯밤에는 큰아들이랑 맞장구를 쳤다.

"너도 할머니가 범인이라고 생각하니?"

# 복권

남편과 말다툼을 한 날, 개 꼬리 묻어두었다 3년 만에 파보아도 황모가 되지 않는다는 옛말 그른 데 없다고 씩씩거리며 고등학교 동창 카페에 남편에 대하여 글을 올리고 있는데 작은아들이 등 뒤에 와서 물었다.

"엄마, 뭐 해?"

"인터넷에다 네 아버지 흉보고 있다."

"으흐흐흐."

"근데 엄마 생일 선물은 어디 있냐?"

"여기!"

작은아들이 이렇게 말하며 내민 건 로또 복권이었다.

"이게 뭐야? 내가 영양크림 사달라고 했지, 로또 사달라고 했어?"

"엄마, 잘하면 이걸로 영양크림 공장도 살 수 있어요."

누가 애비 닮지 않았다고 할까 봐!

아이들이 어렸을 때의 일인데 어느 날, 복권을 사온 남편이 태극기 상자를 벽에 걸어놓고 두 아들을 불러서 나란히 서서 묵념하더니 복권을 몇 장씩 나누어주었다. 세 남자가 식탁에 고개를 박고 동전으로 긁어대더니만 5백 원짜리만 몇 장 당첨되었던 기억이 난다.

그리고 며칠이 지난 후에 꿈을 꾸었다. 내용은 거의 다 잊었는데 작은 아들이 죽었던 것만 기억나서 이제 곧 어떤 자격증 시험을 치를 아들에게 말했다.

"네게 좋은 일이 생기려나 봐. 엄마가 어젯밤에 네가 죽는 꿈을 꾸었거든."

"어떻게 죽었는데?"

"잘 생각 안 나. 그냥 네가 파마한 머리를 떠올리면서 이제 그 헤어스타일을 볼 수 없겠구나 생각하던 기억만 나."

아침을 먹고 나가던 아들은 내게 만 원을 주었다.

"이게 뭐야?"

"이따가 외출하시면 복권 좀 사다 주세요."

아들이 집을 나설 땐 복권가게가 아직 문을 열지 않기 때문에 내게 부탁하는 것이다. 자기가 죽는 꿈을 꾸었다고 했더니 복권을 사다달라는 게 어이가 없다.

나는 평소에 로또를 사는 일이 없어서 복권가게 앞을 지나면서도 아들의 부탁을 잊고 그냥 집으로 들어온 게 며칠 째인데 오늘은 작심하고 시장에 가는 길에 로또를 사다 주었다.

아들이 저녁을 먹으며 번호를 맞추어보고 있을 때 남편이 들어왔다.

"쟤가 복권을 맞추어 보고 있어요."

"그래? 그거 맞으면 70%는 우리 꺼지?"

"왜요?"

"인간의 도리로 따지자면 부모 몫이 90%지만 민법상으로는 70% 아닌가?"

"그런 게 어디 있어요?"

"왜 없어? 얘는 지금 나이도 많아서 연말정산 할 때 부양가족으로 쳐주지도 않는데."

"그러고 보니 그런 나이가 되었네."

"근데 얘가 왜 이렇게 조용해? 부모 몫이 70%라고 하니까 가만히 있는 거 아니야? 당신이 가서 조사 좀 해 봐."

조사할 것도 없었다. 하도 흉악한 꿈을 꾸어서 나도 은근히 기대되는 바가 있기는 했는데 모조리 찢어서 쓰레기통에 넣는 걸 보니 5천원짜리 한 장도 맞지 않은 모양이다.

# 아들을 찾아

작은아들이 고등학교 2학년 때 제 형과 싸우고 편지를 써놓은 채 집을 나간 일이 있다. 아이들이 학교에 간 후, 청소하러 작은아들 방에 들어가자 책상 위에는 성공해서 돌아오겠다는 편지와 함께 학교 사물함의 열쇠가 놓여있었다.

학교에 가서 선생님께 사정을 말씀드리고 일단은 병이 나서 등교하지 못하고 있는 것으로 처리해달라고 부탁하였다. 그리고는 아들의 친구들에게 연락하여 아들에게서 소식을 듣는 대로 알려달라고 하였다.

며칠 후 아들의 친구에게서 들은 정보를 가지고 아들을 찾아 나섰다. 아들이 친구에게 연락하기를 자기는 지금 역 근처의 식당에서 일하고 있으며 식당 앞 공중전화에서 전화를 걸고 있는데 손님이 식당으로 들어가고 있으니 빨리 끊어야겠다고 하더란다. 그래서 밤마다 남편과 함께 서울역, 용산역, 영등포역, 청량리역 등을 돌면서 공중전화 근처에 있는 식당을 찾아다녔다.

그러던 어느 날 밤에 서울역에서 가까운 남대문시장을 돌아다니던 중에 쟁반을 머리에 이고 음식을 나르고 있는 아주머니에게 아들의 사진을 보여주었다. 이런 아이를 본 일이 있느냐고 물었더니 가출한 아이들을 고용하는 식당이 몇 곳 있다면서 위치를 가르쳐 주었다.

아주머니가 가르쳐준 식당을 찾아 옷가게가 많은 어느 건물의 계단을 올라갔다. 나보다 앞장서서 식당으로 들어간 남편이 뒤따라 계단을 오르고 있는 나에게 말했다.

"여기 있네."

아들은 배달 나갔다가 막 들어와 한숨 돌리고 있는 참이었던 모양인데 우리를 보고 깜짝 놀란 얼굴이었다.

식당주인은 다음 날 아침에야 나온다고 하므로 우리는 식당에 계시는 분에게 사정을 말씀드리고 아들을 데리고 나와 대학로에 있는 카페에 들어갔다. 하고 싶은 일이 있다면 얼마든지 지원을 하겠지만 우선은 공부하여 대학에 가야 할 것이 아니냐고 아들을 타일렀다.

남편이 찬찬히 알아듣게 설명하자 아들은 그러겠다고 했는데 마지막에 어떻게 자기를 찾아냈느냐고 물었다. 그때 남편은 이렇게 대답했다.

"우리는 둘 다 대학 나왔어. 엄마는 대학원도 나왔어."

다음날 나는 케이크를 사 들고 그 식당에 다시 찾아갔다. 식당주인은 자신의 동생도 가출한 적이 있다면서 보아하니 집을 나온 아이 같았지만 집에 들어가라고 해도 말을 들을 것 같지 않아서 자신이 아는 가게에서 잠을 잘 수 있도록 알선해주었다고 한다. 그동안의 임금을 계산해 줄 테니 아들을 보내라는 말도 하였다.

여러 번 느끼는 일이지만 아이를 키우는 일은 정말 힘들다. 돈을 버는 것보다 논문을 쓰는 것보다 더 어려운 게 자식을 키우는 일인 것 같다.

작은아들의 여자 친구가 지난번 발렌타인 데이에 초콜릿을 예쁘게 포장해서 가져왔다. 나에게도 먹어보라고 주었는데 별 맛은 없었다. 그러나 아들이 제 여자 친구에게 전화로 하는 말이 나를 당황하게 하였다.

"우리 엄마도 그거 맛없다고 했어."

다음 날 아침에 집 나서는 작은아들보고 여자 친구에게 맛있는 걸 사주라고 했다.

"야, 엄마가 그렇게 말했다고 전하면 어떻게 해?"

"왜? 그렇게 말한 게 사실이잖아?"

"그래도 걔가 얼마나 속상하겠냐?"

"말해주지 않으면 내년에는 더 많이 만들어 올까 봐 그러지."

"뭐어? 사온 게 아니고 만들어 왔다고?"

"사온 거라면 내가 말도 안 해요."

큰아들이 그 말을 듣고 제 동생에게 핀잔을 주었다.

"그 아버지에 그 아들이네. 주면 그냥 고맙게 받아먹어라, 응? 그리고 내년에 줄지 안 줄지 어떻게 아냐?"

이때 남편이 옆에서 끼어들었다.

"어디 내가 맛을 좀 볼까? 진짜 맛있는 건 맛을 여러 번 느낄 수 있는 거란다."

남편이 출근한 후에 큰아들과 함께 남편 흉을 보기 시작했다.

"아버지가 할머니랑 좀 비슷한 데가 있지 않냐?"

돌아가신 시어머니도 남편처럼 미각이 평균 이상으로 예민했다.

"비슷한 게 아니라 똑같지요."

"그래도 똑같다고 하는 건 너무하다, 야."

"아무튼 누군지 몰라도 이 집에 들어오는 며느리는 시아버지 때문에 고생할 거야."

"그래도 아버지가 며느리에게는 잘 하지 않을까?"

"잘하긴 뭘 잘해요?"

그러더니 제 동생을 향하여 이렇게 소리친다.

"야! 네 여자 친구에게 우리 집에 와서 한번 보라고 해라. 이런 생활을 견디어 낼 수 있겠는지."

이런 생활이라니? 그럼 그 속에서 살고 있는 나는?

# 아들의 여자 친구

어제 아침, 일어나라고 소리치면 짜증낼까 봐 작은아들의 귀를 파주며 속삭였다.

"야, 빨리 일어나."

"아파! 좀 살살해."

"귓속이 잘 안 보인다야. 근데 시험은 다 끝났냐?"

"응."

"과제물도 다 냈어?"

"응."

"네 여자 친구도 시험 잘 봤대냐?"

"몰라. 귀찮게 왜 자꾸 물어봐. 엄마도 걔랑 똑같아."

"뭐가?"

"교회 다니지, 답답하지, 귀찮게 물어보지, 단순하지."

"엄마 닮았으면 착하겠네?"

"응. 바보야."

"죽을래?"

그래도 군대 가기 전에는 공부가 재미없다고, 학교가 멀어서 다니기 힘들다고 온갖 투정을 늘어놓으며 결석을 밥 먹듯 하더니 복학한 후에 만난 같은 과 여자 친구가 작은아들이 수업시간에 늦을 때는 빨리 오라고 휴대전화로 재촉도 하고 과제물 작성도 도와주고 있는 덕분에 군대 가기 전보다는 성실하게 학교 생활을 하고 있는 것 같다.

일본에는 '서 있는 사람은 부모라도 시켜라'는 속담이 있다. 앉아있거나 누워있는 사람보다는 서 있는 사람이 움직이는 게 낫다는 뜻인가 보다. 아무튼 남편은 예전부터 집에 돌아오면 길게 누워 아이, 어른을 가리지 않고 심부름을 시켰다.

당시 유치원생이었던 작은 아들의 눈에 내가 남편의 별의별 요구와 심부름을 다 들어주는 게 이상해 보였는가 보다.

"엄마는 언제부터 이렇게 살았어요?"

내가 대답을 하기도 전에 남편이 가로채듯 말했다.

"너, 노예라는 말 알아?"

"응."

"사랑이라는 말도?"

"응."

"그 두 가지 말을 합해 봐."

"노예의 사랑?"

남편이 기대하던 대답은 '사랑의 노예'였는데 …….

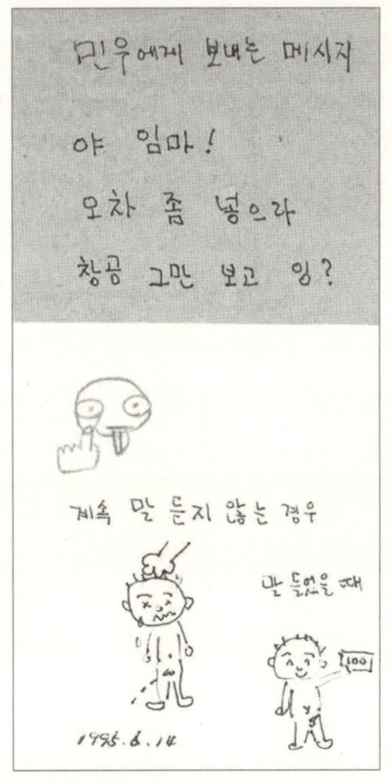

남편이 그린 만화

하지만 남편의 온갖 요구를 들어주는 것은 내가 사랑의 노예여서라기 보다는 자랄 때 부모님의 잦은 부부싸움을 보면서 '생사가 걸린 일이 아니라면' 남편의 뜻을 따르기로 일찌감치 마음을 정한 때문이다.

고기와 생선이 가득한 집에서 다투며 사는 것보다 마른 떡 한 조각만 있어도 화목하게 지내는 것이 낫다는 성경말씀도 있다.

# 도둑을 잡다

운동을 했던 친정아버지는 70대에도 겨울에 얼음물 속에 들어갈 만큼 건강했고 매일 새벽에 일어나 버스를 타고 남산 자락에서 내려 팔각정까지 올라갔다가 내려오셨다. 버스에서 내려 팔각정 기둥에 손을 짚을 때까지 23분 걸린다고 자랑하시던 기억이 난다. 그리고 카이로프락틱을 배워 식구들에게 지압을 해주셨기 때문에 아버지의 지압을 받기는 했어도 아버지를 주물러드린 기억이 별로 없다.

그래서 내가 결혼한 후에 정말 이해할 수 없었던 건 남편이 아침마다 깨워야 일어나는 것이었다. 요즈음 들어 두 아들이 자신을 공경하지 않는다고 불평하는 남편에게 물었다.

"당신은 어머니가 노인으로 보인 게 언제예요?"

"우리 집으로 모셨을 때지."

"그때 어머니 연세가 여든 둘이었어요. 그러니 이제 60대 초반인 당신이 걔네들 눈에 노인으로 보이겠어요?"

나도 친정아버지가 노인이라는 걸 깨달은 건 아버지가 여든을 훨씬 넘긴 다음이었다. 어느 날 아버지 댁에 가서 청소를 하는데 의자에 백발의 할아버지가 앉아계신 게 너무 낯설었다. 늘 '나는 무서운 거, 힘든 거 모른다'고 하셔서 평소에는 아버지가 이미 노인이 되었다는 걸 전혀 의식하지 못하고 지냈던 것이다.

"생각해 보세요. 당신 어머니나 우리 아버지가 당신 나이 때에 얼마나 팔팔했는지. 우리 아버지는 집에 들어온 도둑을 잡아서 파출소에 넘긴 적도 있어요. 그때 아버지는 이미 70대 중반이었어요."

그랬더니 남편이 미꾸라지처럼 얄미운 말을 했다.

"도둑이 80대였나 보지."

아버지가 잡아서 파출소에 넘긴 그 사람은 전문적인 도둑이 아니라 갓 제대한 군인이었다. 직업은 없고 돈은 필요한데 나이는 먹었으니 부모에게 손 벌리지는 못하고 우리 집 담을 넘어 들어왔던 것이다. 유도와 합기도 유단자가 있는 집인 줄 모르고 들어온 것이겠지만.

그 사람의 아버지가 파출소에 찾아와서 용서를 빌었다고 한다. 이제 생각하니 그 도둑은 지금의 내 아이들 또래인 셈이다. 파출소로 찾아온 그 아버지 되는 사람은 얼마나 속이 상했을까?

그 일화를 전해 들은 큰 아들이 말했다.

"아니, 아무리 외할아버지가 운동을 했어도 그렇지, 예비역 병장이 70대 할아버지에게 붙잡혔단 말이야? 이거 대한민국 육군 병력에 문제 많구만!"

지팡이를 짚고 비틀거리던 외할아버지만 기억하고 있는 아들에게는 이해할 수 없는 일이겠지. 그렇게 펄펄 날던 사람도 세월 앞에는 어쩔 수 없다는 걸 아들 녀석 나이에 짐작이나 할 수 있겠나. 아들은 그저 외할아버지 취향이 독특했다고 기억하고 있을 뿐이다.

아버지는 가끔 아들에게 이렇게 복창을 시키셨다고 한다.

"나는 대한의 남아다! 웅비하는 기상으로 천하를 호령한다!"

큰아들은 할아버지 연세에 그만큼 열심히 레슬링경기를 보는 사람도 없을 거라고 했었다. 갑자기 할아버지 방에서 "던져!", "꺾어, 임마!", "옳지, 잘한다!" 하는 소리가 나서 가보면 아들을 붙잡아 앉혀놓고 화면을 가리키며 저렇게 떨어져야 충격이 적은 거라느니 저렇게 잡혔을 땐 이렇게 빠져나오면 된다고 직접 시범을 보여주며 설명해주셨다고 한다.

# 너희가 보비트를 아느냐

오늘은 남편이 일본 출장에서 돌아오는 날이다. 남편이 없으면 집 안 일이 반 이상 줄어드는 것 같다. 남편이 없는 동안은 세탁물도 눈에 띄게 줄어든다. 청소도 대충 하고 냉장고에 있는 반찬만으로 버티다가 남편이 돌아올 때가 되면 그 동안에 밀린 빨래, 청소, 요리까지 해야 한다. 언제나 뒤죽박죽인 나의 화장대 서랍 속과는 달리 남편의 책상 서랍 속은 언제나 정리정돈이 잘 되어 있다. 그 기준에 맞추자니 나까지 덩달아 바쁘다.

이번에는 남편 없는 동안에 큰 짐도 정리하고 CD와 카세트테이프도 많이 버렸다. 마루에 널려있던 너저분한 짐을 정리하면서 아들에게 말했다.

"아버지가 오시는 날에는 엄마가 너무 바빠져."

"엄마만이 아니라 우리도 그래요."

"너희들은 왜?"

"피해 다녀야 하니까."

아버지가 출장에서 돌아오는 날에는 현관에 들어서면서 트렁크의 바퀴를 걸레로 닦으라고 시키지, 짐 속에서 꺼낸 빨래 가져가라고 그러지, 출장길에 사온 물건을 꺼내면서 포장지 치우라고 하지, 목욕물 받아놓으라고 그러지, 목욕 끝나면 다리를 밟아달라고 내밀지 시키는 일이 많기 때문에 아버지를 피해 다녀야 한다는 거다.

남편이 돌아온 날 저녁, 목욕 후 내게 발을 맡기고 누워있는 남편을 바라보던 큰아들이 조용히 협박을 했다.

"아빠, 그러다가 보비트처럼 되면 어쩌려고 그러세요? 엄마가 그 다리를 잘라버릴지도 몰라요."

(그는 1990년대 초, 미국에서 일어났던 유명한 보비트 사건의 주인공이다.)

스스로 해도 될 만한 일까지 남에게 시키기 때문에 언젠가 남편에게 당신은 손이 없냐, 발이 없냐고 했더니 남편이 씨익 웃으면서 대답했다.

"난 머리가 있잖아."

두 아들을 고등학교 졸업할 때까지는 반강제로가 아니라 순전히 강제로 교회에 다니게 하다가 대학에 들어간 이후로는 자율적으로 다니게 했더니 단 한 번도 가지 않았다.

큰아들은 우리나라는 민주주의국가니까 종교의 자유가 있는 것 아니냐고 하면서 엄마의 강요 때문에 교회에서 보낸 시간을 생각하면 너무 억울해서 아직도 화가 난다고 하고 나는 네가 행복하려면 하나님이 어떤 분이신지 잘 알아야 한다고 대답한다.

아들이 고등학교를 졸업한 지 10년도 훨씬 넘는데 우리 모자는 이 대화를 벌써 몇 번째 반복하고 있는지 모른다. 큰아들이 휴전선 부근의 수색대에서 군 복무를 하다가 휴가 왔을 때 아들이 싫어하는 줄 알기 때문에 함께 교회에 가자는 말은 못하고 아침 일찍부터 컴퓨터를 켜고 온라인찬송을 틀어놓았다.

♪ 마귀들과 싸울지라♬ 죄악 범한 동포여♪

컴퓨터 옆에서 자던 아들이 잠이 덜 깬 목소리로, 그러나 짜증스러운 듯이 말했다.

"이게 뭔 소리여? 어디서 대북방송 같은 소리가 나지?"

4분의 4박자로 행진곡 스타일인 그 찬송가를 듣고 대남방송 같은 소리라고 하지 않은 게 그나마 다행이다.

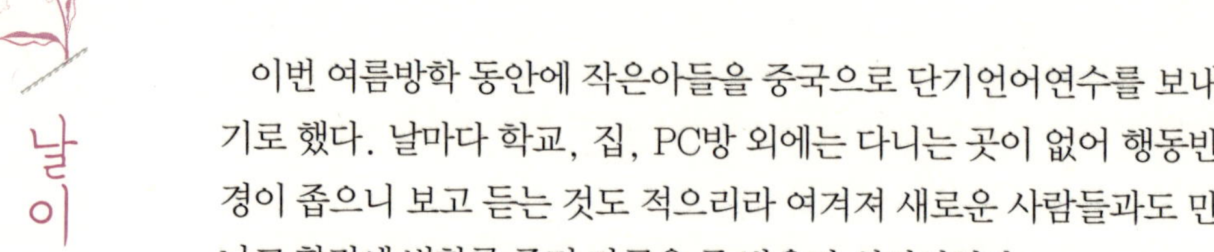

# 날이 갈수록

이번 여름방학 동안에 작은아들을 중국으로 단기언어연수를 보내기로 했다. 날마다 학교, 집, PC방 외에는 다니는 곳이 없어 행동반경이 좁으니 보고 듣는 것도 적으리라 여겨져 새로운 사람들과도 만나고 환경에 변화를 주면 자극을 좀 받을까 싶어서였다.

그런데 떠나기 전날, 밤 11시까지 남편도, 아들도 집에 들어오지를 않았다.

'아들이랑 둘이서 저녁 먹으며 중국에 가기 전에 이야기 하는 중이구나.'

이렇게 생각하고 있는데 남편에게서 전화가 왔다.

"민우, 집에 있지?"

"네? 당신이랑 같이 있는 거 아니에요?"

"빨리 연락해서 들어오라고 해요. 나도 곧 갈 테니까."

부랴부랴 아들에게 문자를 보냈다.

(어디 있냐? 빨리 와라. 아버지도 곧 들어오신단다.)

휴대전화가 울려 화면을 들여다보니 아들이 아니라 아들 여자 친구의 휴대전화번호가 뜬다.

"어디냐?"

"아, 왜?"

"너, 내일 떠날 준비 다 했어?"

"내일 가는 거였어?"

"그럼, 언제인 줄 알았냐?"

"모레 아니야?"

"내일이야, 이놈아! 빨리 들어와서 짐 싸!"

"나, 지금 영화표를 샀으니까 이거 보고 2시쯤 들어갈게."

"그때 와서 언제 짐 싸냐?"

"에이, 쌀 수 있어."

여행을 위한 준비물도 사 놓았으니 영화를 보고 들어와서 짐을 싸겠다고 한다.

전화를 끊자마자 남편이 들어왔다가 아들이 영화 보고 들어온다는 말을 듣고 한심하다고 혀를 차면서 여행용 가방을 꺼내주고는 다시 나갔다. 남편은 일 마치고 새벽에 들어와서 공항까지 태워다 주겠다고 했다.

나는 아들이 들어오기를 기다리다가 먼저 잠이 들었는데 반복적으로 들리는 소음에 잠이 깨어 시계를 보니 새벽 4시 반.

짜르륵 짜르륵 딸깍.

짜르륵 짜르륵 딸깍.

아들 방을 들여다보니 아들은 남편이 꺼내놓은 여행용 가방을 안고 씨름 중이다.

"뭐하냐?"

"가방의 비밀번호를 모르겠어."

"아버지께 전화 드려 봐."

"가방도 안 싸놓았다고 또 뭐라고 할 테니까 그냥 내가 열어볼래."

"어떻게?"

"000부터 맞추어 보고 있는 중이야."

"너, 그러다가 잘못하면 거의 천 번이나 돌려야 하잖아? 이제 조금 있으면 공항으로 가야 하는데 그때까지 열지 못하면 어떻게 해?"

"됐어. 내가 찾아볼 거야."

아버지 생일, 엄마 생일, 형 생일, 자기 생일로 해보아도 안 되니까 000, 001, 002, 003…… 이렇게 순서대로 돌려보고 있는 중이란다. 시간은 바득바득 다가오고 가방은 열리지 않고 내가 더 속이 타는데 새벽 5시경이 되어 아들의 환호성이 들렸다.

"됐다아~!"

"몇 번이던?"

"424번."

짐을 대충 꾸리고 나자 공항까지 태워다 주겠다며 남편이 들어왔다.

남편은 작은아들이 싸놓은 짐을 점검하면서 이 가방은 가져가지 마라, 이것은 여기에 넣어라, 저것은 벨트 쌕에 넣어라, 세심하고 꼼꼼하게 챙겨주더니 아들이 메고 나오는 가방을 보고 말한다.

"그 가방은 좋구나. 그런 걸 가지고 가야지."

사실은 아까 가져가지 말라고 했던 가방을 그냥 어깨에 메기만 했을 뿐이었다. 아들이 내 등 뒤로 와서 속삭인다.

"엄마, 아버지가 점점 할머니를 닮아가요. 드디어 할머니의 저주가 시작되려나 봐요."

그러지 않아도 날이 갈수록 시어머니와 비슷한 면이 자주 보여서 은근히 걱정이 되던 참인데 아들의 눈에도 그런 모습이 비쳤나 보다.

"나 왔어요."

방문을 열고 인사를 했는데 남편이 쳐다보지도 않고 건성으로 인사를 받는다. 대충 옷을 갈아입고 싱크대에 쌓인 설거지를 하는데 큰아들이 다가와서 살그머니 귓속말을 한다.

"엄마, 엄마! 아까 아버지가요, 벽장 속을 열어보더니 엄마가 아버지 옷을 잘못 걸어놓았다고 뭐라고 하시던데요."

"왜?"

"아버지가 아끼는 양복을 겹쳐서 걸어놓았다고요."

"그래서 삐진 거구나."

"아버지가 삐지셨어요?"

"그래. 날 쳐다보지도 않더라."

"후후후. 그러게 왜 그런 사람이랑 결혼을 하냐고. 생각이 있는 거야, 없는 거야?"

"아, 이런 사람인 줄 몰랐지."

"데이트 할 동안 알아챘어야지. 관찰력이 그렇게도 없나?"

"이눔시키가!"

## 번뇌의 원인

남편이 며칠 전에는 바지 때문에 소동을 일으키더니 오늘은 폴로셔츠다. 폴로셔츠를 벗어놓은 지 나흘 만에 다시 입겠다며 찾다가 아직 세탁소에서 찾아오지 않았다고 하자 세탁을 맡긴 지가 언젠데 아직도 안 되었느냐고 짜증을 냈다.

밤에 벗어놓은 옷을 다음 날 세탁소에 맡기면 이틀 후에 찾지만 내가 집에 오는 시간이 늦는 날에는 세탁소가 문을 닫으니 벗어놓은 지 대엿새 만에 찾는 게 보통이다. 도대체 폴로셔츠를 드라이클리닝 보내는 것부터가 유별스럽다.

아버지의 장례식 치르고 나서 이것저것 자잘한 일도 정리가 끝나가는 중이라 그동안 아버지 때문에 가족들에게 소홀했던 것을 미안하게 여기던 마음이 천리만리 달아날 정도로 착잡한 기분으로 남편을 배웅했다.

밖에 나가 일을 보는 동안 하루 종일 기분 나쁠 정도로 두통이 왔지만 약을 먹지 않고 버티다 집에 돌아와서 큰아들에게 하소연을 했다.

"이제 봤더니 나의 모든 번뇌의 원인은 엄마였구만."

"어째서?"

"왜 그렇게 이해심이 없는 남자랑 결혼을 한 거야?"

"……."

"시어머니도 별난데 왜 결혼을 하냐고. 엄마 성격, 참 이상하네."

"……."

"아빠가 자취를 해 본 적이 있나?"

"아니."

"그게 문제야. 군대를 가보기를 했나, 맨날 해주는 것만 받아먹었으니 집안일을 모르지. 아빠보고 나가서 혼자 살아보시라고 그래."

큰아들에게 하소연을 해봤지만 위로받기는커녕 오히려 번뇌의 원인제공자요 성격 이상한 사람이라는 말만 듣고 말았다.

아이들이 아버지만 없으면 집안이 조용하다고 할 때 마다 '밖에 나가서 일하느라고 애쓰시는데 그런 말 하면 못쓴다'고 남편의 편을 들어주곤 했는데 오늘은 아들 말대로 나가서 혼자 살아보라고 할까보다.

이제까지 별 말이 없다가 어제 저녁부터 남편이 식탁의 배치가 잘못 되었다, 화장실의 슬리퍼가 문에 걸린다며 한심하다느니, 믿을 수가 없다느니 작은 눈을 더 째지게 뜨고 불같이 화를 내면서 신발장 문을 쿠당탕쾅쾅 요란하게 여닫으며 신발을 골라 신고 출근했다.

말 좀 곱게 하면 누가 잡아가나? 까다로운 데다가 변덕스럽기까지 한 게 누군가를 꼭 닮았다. 잠결에 제 아버지의 화난 목소리를 들은 큰아들이 물었다.

"뭐가 문제야?"

"화장실 슬리퍼가 마음에 안 드신단다."

"그런대로 신을 만하던데."

"누가 아니래냐?"

"내 생각에는 말이야, 결혼하기 전에 일단 살아보는 것도 괜찮겠어요."

"살아본다고 알겠니? 몇 년이 지나야 드러나는 결점도 있잖니?"

"그래도 리스크를 줄일 수는 있잖아요. 엄마는 결혼을 너무 쉽게 하셨어요. 도대체 어디가 마음에 들어서 아버지랑 결혼하신 거예요?"

"네 외할아버지랑 너무 달라서 결혼했다, 왜?"

"다르기는 뭐가 달라요? 옆에 있는 사람 못살게 구는 건 똑같구만."

큰아들이 제 친구네 집에 가서 우리 집 분위기를 이야기했더니 친구 엄마가 그러더란다.

"그래도 네 어머니가 아버지를 좋아할 만한 데가 있으니까 사는 거다."라고.

그래서 내가 아들 친구 엄마 말에 맞장구를 쳤다.

"그래. 일단은 재미있잖아?"

그랬더니 아들 왈,

"이런! 옵션에 정신 팔려서 본체를 제대로 살피지 못했구만."

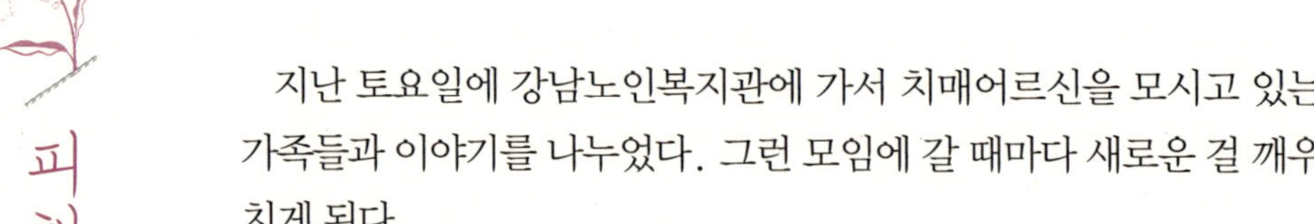



지난 토요일에 강남노인복지관에 가서 치매어르신을 모시고 있는 가족들과 이야기를 나누었다. 그런 모임에 갈 때마다 새로운 걸 깨우치게 된다.

친정아버지를 모시고 살 때에 집에만 계시면 심심하실까 봐 뒷좌석에 모시고 일을 보러 다니기도 했다. 인쇄소나 도서총판이 있는 교외로 나갈 때면 뒤에 앉아계신 친정아버지가 자꾸 집에 가자고 하셨다.

"야, 너무 멀리 왔다. 이제 돌아가자."

"아무리 멀리 왔어도 저하고 같이 있는데 무슨 걱정이세요?"

"이렇게 먼 데서 차가 고장 나면 어떻게 해?"

"그런 일이 생겨도 다 방법이 있으니까 걱정하지 마세요."

일하고 있는 도중에 자꾸 집으로 가자고 하셔서 이러시려면 다음부터는 그냥 집에만 계시라고 했었는데 친정아버지 마음은 그게 아니었나 보다.

지난 토요일에 강남노인복지관에서 만난 아주머니는 기분전환 겸 외식을 시켜드리려고 시어머니를 모시고 교외로 멀리 나갔는데 시어머니께서 나를 버릴 데를 찾는 거냐고 물으셔서 몹시 기분이 상했다고 한다. 친정아버지도 버려질까 봐 걱정하셨던 건지도 모르겠다.

그댁의 시어머니도, 나의 친정아버지도 버려지는 노인들에 대한 뉴스를 자주 듣다보니 '이렇게 산길을 다니다가 혹시 나를 어딘가에 내려놓고 가는 게 아닐까?' 하는 생각을 하셨나 보다. 친정아버지는 차마 나를 버릴 데를 찾느냐는 말씀은 못하시고 그저 '너무 멀리 왔으니 어서 집으로 가자'고만 하셨던 것 같다.

겉모습은 이전 그대로의 아버지인데 속마음은 그렇게 약해져 계셨던 것을 오랫동안 모시고 있던 나조차도 헤아려 드리지 못한 게 너무 죄송했다.

오늘 큰아들에게 그 이야기를 해주었다.

"외할아버지가 그런 생각을 하셨단 말이야?"

"그냥 그랬던 거 아닌가 짐작이 돼. 치매에 걸리면 피해망상증세가 나타나거든. 할머니도 그러셨잖아."

"아니야, 할머니는 원래 피해망상증세가 있었어. 늘 자기가 비극의 주인공이라고 생각하셨잖아. 그런 할머니 밑에서 자란 아버지도 좀 영향을 받았을 거야."

"그러고 보니 아버지도 모든 사람이 자기에게만 기댄다고 생각하는 데가 좀 있는 것 같다."

"엄마, 그건 피해망상이 아니라 과대망상이에요."

고얀 놈이다. 밖에 나가 일하다 보면 하고 싶지 않은 일을 해야 할 때도 있고 만나고 싶지 않은 사람을 만나야 할 때도 있고 자기가 하지 않은 실수를 수습해야 할 때도 있는데 이 녀석도 부양해야 할 식구가 생겨야 그런 가장의 고충을 이해하려는가 보다.

# 알아서 하랄 땐 언제고

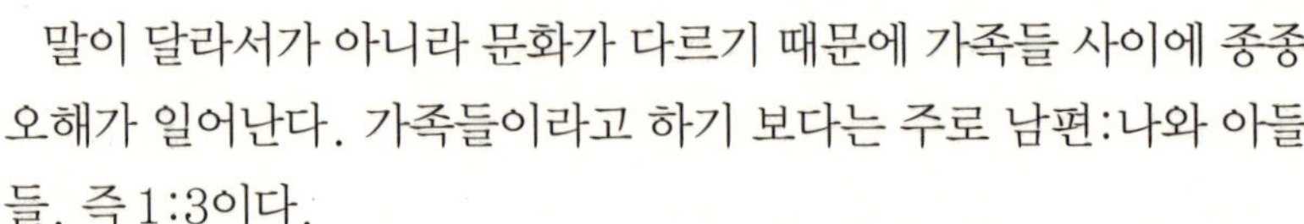

말이 달라서가 아니라 문화가 다르기 때문에 가족들 사이에 종종 오해가 일어난다. 가족들이라고 하기 보다는 주로 남편:나와 아들들, 즉 1:3이다.

나는 '시작이 반'이라고 배워온 한반도 원주민이고 남편은 '마지막 한 걸음이 반'이라고 생각하는 일본 문화 속에서 자란 재일교포라서 국제결혼을 한 사람들만큼이나 심각한 문화적 갈등을 겪으며 지내왔다.

예전에는 나 혼자만 당했다. 우기는 데 장사 없다고 남편이 내가 언제 그랬냐고 박박 우기면 나만 멍청하고 생각 없는 사람 취급을 받았는데 요즈음에는 아이들과도 종종 문제가 발생한다. 그럴 때마다 나는 신이 나서 아들 편에 붙는다.

"그렇지? 아버지가 분명히 그런 뜻으로 이야기하지 않았지? 맞지?"

제일 문제가 되는 건 남편이 알아서 하라고 했을 때다. 남편의 상식과 우리의 상식이 틀리기 때문이다. '알아서' 했다가 생각이 있는 사람이냐는 말을 들은 게 몇 번인지 모른다. 아들도 몇 번 당하고 나더니 '아버지가 말씀하실 때는 녹음을 해놓아야 된다'고 할 정도다. 꿀꿀이 죽을 '쭐쭐이 국'이라고 하거나 "나는 기저기니까(=귀족이니까)" 라고 하는 정도는 애교로 봐줄 수 있지만 문화의 차이는 좀처럼 극복되지 않는다.

오늘 아침에도 남편이 아들에게 오늘부터 알아서 일본 갈 짐을 싸라고 했다. 남편이 출근한 뒤 아들이 투덜거렸다.

"그래 놓고 또 짐 싸놓은 거 보면 이런 건 왜 가지고 가냐, 저건 왜 안 넣었느냐고 그러시겠지?"

"그럴지도 모르지."

시어머니가 돌아가시기 전에는 무조건 당신 아들 말이 옳다고 감싸고 나서는 바람에 내가 남편에게 "좋겠다! 당신은. 엄마가 살아있어서."라고 놀리기도 했다.

그렇지만 말 안 통해서 답답한 게 어찌 내 쪽 뿐이랴.

큰아들이 며칠간 여행을 떠나게 되었다. 남편이 아들을 부르더니 여행용 가방을 내주며 가방의 열쇠와 여벌의 열쇠를 챙겨준다. 그리고 여행지에서 신세지게 될 집에 건넬 선물로 이중섭 화백의 화첩과 공예품을 건네주면서 여행 중에 주의해야 할 점을 세세히 일러준다.

남편의 말을 끝까지 다 듣고 마루로 나온 큰아들이 피식 웃는다.

"엄마도 고생길이 훤하다."

"왜?"

"엄마 친구도 엄마보고 '아직도 그 괴상한 남자랑 살고 있냐?'고 물어봤다면서? 아버지는 신중한 건 좋은데 너무 시끄러워."

"그래도 네가 잠자코 그 말을 다 들어주니 나는 고맙기만 하다."

"으응, 군대에서 별별 사람 다 보았거든."

그러니까 아들 녀석 머릿속에는 남편이 '별별 사람'으로 분류되어 있는 모양이다.

큰아들은 '아버지가 점점 할머니랑 비슷해져 간다'고 한다. 시어머니 시집살이는 갈수록 쉬워지고 남편 시집살이는 갈수록 힘들어진다지만 남편이 시어머니 닮아가는 일만은 없었으면 좋겠다.

# 소원수리함

며칠 전 중국출장에서 돌아오자마자 유학서류 때문에 큰아들에게 면박을 주며 나무라던 남편이 오늘 또 화가 나서 아들과 내게 따로따로 전화했다.

큰아들은 비자 신청에 필요할까 해서 지난번에 일본에서 돌아올 때 대학원 합격통지서를 가지고 왔는데 일본에서 재류자격인정증명서를 받으려면 그게 필요한 모양이다. 부랴부랴 국제특급우편으로 합격통지서를 다시 일본으로 보냈다.

남편은 내게 '아들이 서류수속이라는 게 어떻게 진행되어야 하는지 도대체 모르는데 그냥 그렇게 방치했다'고 야단치고 아들에게는 '군대까지 다녀와서도 사회를 전혀 모른다'고 나무랐다. 남편은 아들의 유학 준비를 위하여 일본에서 수고해주는 지인과 보증인에게 무슨 실례를 한 건지 아느냐고 나에게 불같이 화를 냈다.

남편은 시어머니와 마찬가지로 남에게 폐를 끼치지도 않지만 남이 자신에게 폐를 끼치는 것도 신경질적으로 싫어하는 사람이다. 그런데 아들 때문에 남에게 두 번 일을 시키게 되었으니 한편으로는 미안하고 다른 한편으로는 자존심이 상했을 것이다.

나는 주눅들어있던 아들에게 동지의식을 느끼면서 다독거렸다.

"얘, 너희 아버지 밑에서 일하는 직원들도 스트레스 많이 받을 거야."

"아버지 회사에는 소원수리함 같은 거 없나?"

"그게 뭔데?"

"군대에서는 '나는 누구 때문에 이렇게 이렇게 힘들다'라고 써서 넣는 상자가 있거든."

"써서 내면 어떻게 되는데?"

"그런 거 여러 장 나오면 그 사람은 다른 부대로 전출되지."

글쎄, 그 소원수리함을 열어보는 사람이 누구인가에 달렸겠지.

날이 추워 세탁기의 배수호스에 들어있던 물이 얼었다. 하필이면 어제부터 고깃집에서 아르바이트를 시작한 큰아들이 업소에서 입던 유니폼과 에이프런을 빨아달라고 내밀었다. 얼어붙은 세탁기를 사용할 수가 없어서 손세탁을 하고 나서 아들보고 꼭 짜달라고 했더니 구시렁거린다.

"아니, 제대하면 끝인 줄 알았더니 아직도 이런 일을 해야 되나? 근데 내일 가져갈 수는 있는 거야?"

"네가 짜는 거 도와주면 엄마가 내일 가져갈 수 있도록 해줄게."

"어떻게?"

"글쎄, 엄마한테 맡겨봐."

물을 대강 짜낸 빨래를 마른 수건 위에 펼쳐놓고 그 위에 다시 마른 수건을 댄 다음에 둘둘 말아서 아들보고 같이 짜자고 했다.

그때 마침, 케이블 텔레비전에서 권투중계가 끝나가고 있었는데 미구엘인지 고메즈인지 아무튼 멕시코 선수가 이겼다. 이긴 선수가 인터뷰 하는 도중에 이게 다 예수님 덕분이라고 하니까 비기독교인인 아들이 대뜸 한마디 한다.

"아니, 예수가 사람 치라고 했나?"

나는 그 말을 듣자 웃음이 터져 나와 아들과 함께 빨래 짜던 손에 힘을 줄 수가 없는데 아들은 아무렇지도 않은 듯이 타박을 한다.

"아이구, 제대로 좀 잡아 봐요. 외할아버지 핏줄을 타고 났으면 힘 좀 써야할 거 아냐?"

# 좋거나 혹은 서글프거나

어제 어떤 송년모임 끝나고 집에 왔더니 일본에서 큰아들이 전화를 걸어왔다. 큰아들은 대학원에서 스포츠의료를 공부하고 있는데 학교와 협약을 맺어 대학원생들의 기숙사로 사용하고 있는 아파트에서 살고 있다.

요즈음은 겨울방학이라 이삿짐센터에서 아르바이트를 하고 있는데 함께 일하는 사람들이 거칠어서 이번 주까지만 일하고 그만 두겠다고 했다.

"엄마, 뭐 해?"

"송년회에 갔다 왔어."

"옆방에 있는 사람에게 여자 친구가 오나봐. 며칠째 이상한 소리가 들려."

"이상한 소리?"

"응. 어린이들이 들으면 안 되는 소리. 근데 사실은 잘 모르겠어."

"왜?"

"그 이상한 소리랑 침대가 삐걱거리는 소리를 들으면 여자가 온 것 같기는 한데 전단계가 없거든. 그리고 결정적으로 샤워하는 소리가 안 들려."

"그게 어때서?"

"진짜 사람이라면 좋은 일이고 그렇지 않다면 서글픈 일이지. 연말에 며칠 째 성인비디오만 보고 있다는 뜻이니까."

이런 대화를 하게 되다니 이제 어른이 다 되었네.

아침 식사를 마치고 식탁에서 신문을 보던 남편이 벌떡 일어나며 말했다.

"큰일났다!"

그러면서 갑자기 수선스럽게 앞뒤 베란다 문과 창문을 열더니 자고 있던 작은아들의 이불을 제치며 빨리 일어나라고 깨웠다.

작은아들은 얼마 전에 기흉으로 입원했을 정도로 키가 크고 마른 체형이다. 가뜩이나 몸에 살이 없어 추위를 타는데 열린 창문으로 바람은 들어오지 이불은 저만치 내동댕이쳐졌지 짜증이 날만도 하다.

잠이 덜 깬 아들이 부스스 일어나며 볼멘소리를 했다.

"아, 왜 그래요?"

"이놈아! 부모가 회초리를 들지 않으면 자식이 부모에게 회초리를 들게 된다고 한다."

"누가 그래요?"

"원숭이띠 오늘의 운세에 그렇게 나왔다."

"아, 나는 돼지띠란 말이에요."

"그런가? 아무튼 빨리 일어나, 임마! 지금이 몇 신줄 알아?"

원숭이띠는 일본에 가 있는 큰아들이다.

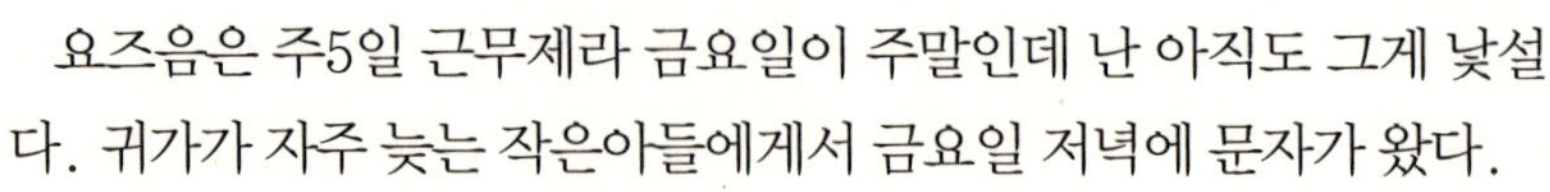

# 아들의 승진

요즈음은 주5일 근무제라 금요일이 주말인데 난 아직도 그게 낯설다. 귀가가 자주 늦는 작은아들에게서 금요일 저녁에 문자가 왔다.

(주말이니까 좀 놀다 갈게요.)

금요일에 밖에서 밤을 지내고 토요일 오후에 들어온 아들을 붙잡고 나무랐다.

"넌 평일에도 놀면서 주말이라고 또 노냐?"

"외박할 때는 집에 연락하라고 해서 한 거잖아요. 히힛."

작은아들은 원래 지난 여름에 일본으로 유학가기로 되어있었는데 자기 실력이 얼마나 되는지 사회생활을 해보고 싶다며 취직을 했다. 막상 제 손으로 돈을 벌어보니 일하기가 쉽지 않아 친구네 집에 가서 함께 밤을 새우며 서로 고민하고 있는 문제를 털어놓았다고 했다.

토요일 밤에는 여자 친구 만난다고 나가 늦게 들어오더니 결국 오늘 아침에 늦잠을 자고 출근시간에 늦어 밥도 제대로 먹지 못하고 허겁지겁 뛰어나갔다. 아들이 출근하고 나자 남편이 말했다.

"쟤가 임원이 됐나봐."

"왜요?"

"저렇게 늦게 나가잖아."

연이어 이틀을 늦게 들어오더니 제 녀석도 피곤한 지 오늘은 일찍 들어왔다. 오랫동안 준비해오던 회사의 행사를 마친 남편도 일찍 들어왔다. 저녁을 차려 놓으니 남편이 아들 녀석 방을 향하여 소리쳤다.

"김이사! 나와서 밥 먹어라!"

## GDP

밤늦게 들어온 작은아들에게 남편이 물었다.

"너, GDP가 뭔지 알아?"

"왜요?"

"GDP는 1년 동안 국내에서 생산된 재화와 용역인데 너는 우리나라의 GDP를 얼마나 높여주고 있냐?"

"……."

"GDP향상에 기여하지 못하고 있는 사람을 파라사이트(parasite)라고 한다, 이놈아! 이제부터 너를 파라 킴이라고 불러주마!"

요즈음에 일본에서 만들어진 파라사이트 싱글(parasite single)이란 말이 있는데 학교 졸업 후에도 여전히 부모와 동거하고 있으면서 기초적 생활 조건을 부모에게 의존하고 있는 미혼자를 이르는 말이다. 참고로 파라사이트는 영어로 기생충 혹은 기생충 같은 인간이라는 뜻이다.

작은아들은 얼마 전까지만 해도 '김이사'였는데 하루아침에 '파라 킴'이 되어버렸다.

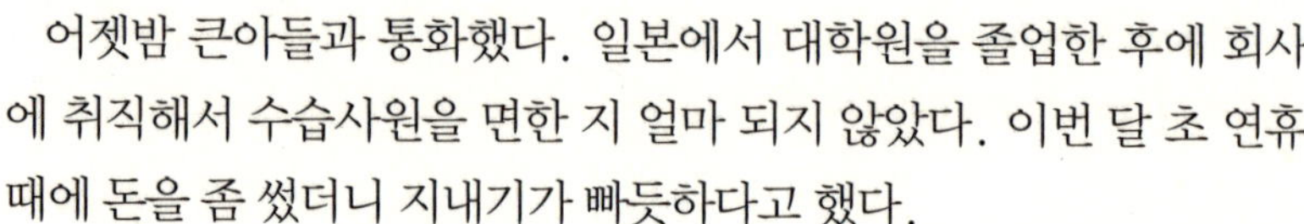

# 사채보다 무서운 돈

어젯밤 큰아들과 통화했다. 일본에서 대학원을 졸업한 후에 회사에 취직해서 수습사원을 면한 지 얼마 되지 않았다. 이번 달 초 연휴 때에 돈을 좀 썼더니 지내기가 빠듯하다고 했다.

"그럼, 돈을 좀 보낼까?"

"됐어요. 보내지 마세요. 사채보다 더 무서운 게 제4금융권의 아버지 돈이지만 정 급하면 카드를 쓸게요."

전에도 카드를 주었는데 부모 신세 지지 않겠다고 카드를 잘라버렸었다. 그렇지만 국내에 있는 것도 아닌데다가 송금해 주어도 돈을 찾을 때까지 며칠이 걸리니 비상용으로 가지고만 있으라고 다시 만들어 주었지만 큰아들은 여간해서는 그 카드를 쓰지 않는다.

"이놈아! 무섭긴 뭐가 무서워?"

"사채업자도 밤 9시 이후에 빚 독촉을 하면 법에 걸리는데 아버지에게서는 시도 때도 없이 뭐 샀냐고 전화가 오거든요."

아들이 카드를 긁으면 남편의 휴대전화로 문자가 오게 되어있는데 남편은 수신된 문자메시지들을 확인하다가 밤늦은 시간에도 아들에게 전화를 거는 모양이다.

남편도 생각났을 때 물어보지 않으면 잊어버리니까 전화를 거는 것일 게다. 꼼꼼하기 이를 데 없는 남편은 모든 영수증을 모아두고 있을 뿐만 아니라 심지어 기름 넣을 때 받은 영수증에는 자동차 주행거리까지 메모해둔다.

아무리 그래도 사채보다 더 무섭다니 그 녀석 말버릇 한 번 고약하다.

# 쉬운 남자

작은아들은 180cm의 키에 몸무게가 60kg이 안 된다. 온 식구가 같은 솥의 밥을 먹는데도 왜 이 녀석은 살이 찌지 않는지 모르겠다. 군살이라고는 찾아볼 수 없는 아주 효율적인 몸매를 가지고 있어서 아들의 배를 볼 때마다 부럽다.

본인도 살찌려고 무진 애를 쓰지만 연소효율이 높아서 영양분이 축적되지 않고 다 소모되는 모양이다. 오늘은 일부러 먼 데까지 가서 여러 가지 식재료를 사다놓고 아들에게 문자를 보냈다.

(저녁은?)

(먹고 갈게요.)

(집에 와서 또 먹어. 너를 살찌우고야 말테다!)

그랬더니 다시 답신이 왔다.

(난 그런 쉬운 남자가 아니랍니다.)

맞아! 이 집 남자들은 쉬운 사람이 한 명도 없어.

# 컴퓨터

나는 2003년도에 산 컴퓨터를 사용하고 있다. 살 당시에는 꽤 쓸 만했는데 요즈음에는 인터넷이 좀 느리다. 좀 갑갑하게 여겨질 때도 있지만 문서 정리하는 데는 불편함이 없어서 아쉬운 대로 사용하고 있다.

어젯밤 작은아들이 내가 들어있는 보험의 내용을 보고 싶다고 하면서 내 컴퓨터에서 인터넷으로 들어갔다. 바탕화면에서 익스플로러의 아이콘을 누르고 한참 있어도 인터넷 화면이 뜨지 않자 곁에서 기다리던 아들이 말했다.

"뭐가 이렇게 느려?"

"좀 기다려 봐."

"아이구, 답답해. 이런 거 어떻게 써?"

게임을 할 수 있는 아들의 컴퓨터는 클릭하자마자 화면이 바뀌지만 내 것은 커피 한 모금 마실 만큼의 시간이 필요하다.

"오래된 거라서 그래. 지난번에 인터넷전화 설치하러 온 아저씨가 사양이 낮은 데도 관리를 잘하셨다고 하시더라."

그러자 아들이 실실 웃으며 말했다.

"그건 관리를 잘 했다기보다 엄마가 독한 거예요."

춥다. 그동안 세탁기에 던져 넣기만 했던 빨래를 세탁하기 시작했다. 아들에게 아침을 차려주고 나서 탈수된 빨래를 널고 있는데 아들의 목소리가 들렸다.

"우워어! 춥다!"

"이놈아! 늙은 엄마는 베란다에서 빨래 널고 있는데 집안에 있는 젊은 놈이 춥기는 뭐가 추워?"

"세포가 젊으니까 추위에 민감해서 그렇죠."

"그럼 엄마 세포는?"

"맛이 갔으니까 어리버리해서 추운 건지 더운 건지 모르는 거구요. 히힛!"

# 갖다 먹어요

천안에서 일하던 작은아들이 추석을 맞아 다니러 왔다. 아들은 회사에서 마련해준 기숙사에서 지내는데 식사는 좀 부실한 모양이다. 집으로 가는 중이라는 전화를 받고 아들에게 물었다.

"뭐 먹고 싶어?"

"스테이크!"

전화를 끊자마자 장보러 나가서 스테이크용으로 안심을 사가지고 집에 도착할 무렵, 남편에게서 전화가 왔다.

"천안에서 연락 왔어?"

"집으로 오는 중이래요. 스테이크를 먹고 싶다네요."

"좋아! 근데 어디서?"

"어디는 어디야? 고기 사왔으니까 집에서 먹어야지."

"그럼, 나도 바로 갈게."

남편은 집에 들어서자마자 배가 고프다고 했다.

"얘는 어디쯤 왔대?"

"조금 전에 종로라고 했으니까 한 20분 있어야 도착할 거예요."

"그럼, 나 먼저 먹어야겠다."

"그러세요."

안심스테이크와 글레이즈드 캐롯, 된장찌개 등 양식과 한식이 섞인 메뉴로 저녁을 먹은 남편이 식탁에서 일어나자마자 아들이 들어왔다. 다시 고기를 굽고 식탁을 차리는 중인데 남편이 불렀다.

"오~~이! 쿠키 먹자~~~아!"

그러자 아들이 식탁에 앉으면서 냅다 소리를 질렀다.

"아, 갖다 먹어요!"

"뭐뭐뭐? 너, 우리 집 서열 4위가 어디서 큰소리야?"

"이 집 서열 4위, 집 나갔어요."

"어허! 이놈 봐라!"

"집에서 쫓겨나고 싶어요? 도대체 몇 살까지 그럴 거예요?"

나는 낄낄 웃으며 아들과 함께 저녁을 먹었다.

"내가 먼저 죽으면 느이 아부지가 고생하게 생겼다만 이제 와서 고치기는 틀렸고 너나 이다음에 느이 아부지처럼 하지 마라."

저녁을 먹고 설거지를 마치자마자 남편이 외치는 소리가 들렸다.

"오~~이! 커피 마시자~~~아!"

# 이해불가

발렌타인 데이와 구정이 겹쳤던 올해, 선물로 들어왔던 초콜릿과 생과자를 오늘 낮에 조카들에게 갖다 주었더니 저녁에 퇴근한 올케가 잘 받았다고, 맛있게 먹겠다고 인사 전화를 했다.

나는 식이요법을 해야 하니까 그런 거 먹으면 안 되지만 아이들은 좋아할 것 같아서 갖다 준 거라고 했더니 옆에서 통화 내용을 듣고 있던 큰아들이 말했다.

"난 그것도 이해가 안 돼요."

"뭐가?"

"그 여직원들은 배 나온 아저씨가 어디가 좋다고 초콜릿을 주는 거야?"

"재미있으니까 그렇지."

"이 집에 들어와서 살아보라고 해요. 그래도 재미있나."

학교를 졸업하고 몇 군데서 일을 하다가 멀리 있는 직장을 찾아 집을 떠난 작은아들에게서 전화가 왔다.

"아버지가 출장 가신다면서요?"

"어떻게 알았냐?"

"문자를 보내셨더라고요."

"네 일이 궁금하신가 보더라. 일은 어때? 지내기는 괜찮아?"

"너무 좋아! 귀찮게 하는 사람이 없어서."

"예끼, 이놈아! 귀찮게 하다니!"

만나기만 하면 발을 밟으라고 한다며 짜증을 내던 녀석이다. 그야 제 녀석이 밤늦게야 들어오기 때문에 '만나기만 하면' 밟으라고 할밖에.

"아버지 말씀이 맞기는 맞아요. 집은 쉬는 곳이어야 해요."

"그렇지."

"근데 자기만 쉬려고 하니까 짜증나는 거지."

남편과 소통이 잘 안 되는 건 큰아들도 마찬가지이다.

"아버지는 우리보고 독립하라고 하면서 자기는 고립되려고 하나 봐."

이 일을 어쩐담!

# 왕자의 난

새벽에 저절로 눈이 떠져서 마루에 나가 보니 큰아들은 제 방에서 컴퓨터를 하고 있고 작은아들은 보이지 않는다. 사과를 깎아 큰아들에게 갖다 주며 물었다.

"사과 먹을래?"

"네."

대답하는 목소리가 어째 심상치 않다.

"제가 재 좀 때렸어요."

'재'라는 건 제 동생을 말하는 게 분명하다.

"왜?"

"어제 택배 온 거 받았느냐고 문자 보내도 대답이 없고 전화도 받지 않아서 민우가 아까 새벽에 들어왔을 때 왜 답장도 보내지 않고 전화도 받지 않느냐고 했더니 택배 받아주었으면 됐지 왜 자꾸 귀찮게 하느냐고 해서요."

"그래서 화가 났니?"

"자기는 잘못한 게 없다고 하잖아요."

"알았다."

할머니께

민우랑 제가 오늘 새벽에 사소한 일로 싸우던 중 할머니께서 쓰시는 찻잔과 차 주전자를 깨트렸습니다.

탁자 안에 있던 그릇은 깨지지 않았습니다.

민우와 제가 상의해서 2月초순 까지 같은 제품은 아니더라도 찻잔 2개와 차 주전자 1개를 마련해 올리겠습니다.

-민수, 민우-
올림

두 녀석은 중고등학교 시절에도 한밤중에 싸운 일이 있다. 둘이서 얼마나 치고받고 싸웠는지는 모르겠으나 아침에 일어나 보니 식탁 위에 큰아들이 쓴 편지가 있었다. 얼마나 짧고 굵게 싸웠는지 테이블에 있던 다기(茶器)가 모조리 깨질 정도였는데도 나머지 식구들은 전혀 모르고 잠만 잤다.

그런데 오늘 새벽에 또 그런 일

이 있었던 모양이다. 안방으로 들어가서 남편에게 여차여차한 일이 있었다더라고 했다. 남편이 그때는 아무 말이 없더니 저녁 먹는 식탁에서 큰아들에게 물었다.

"야! 어젯밤에 우리 집에서 '왕자의 난'이 있었다며?"

"……."

"어떻게 했는데?"

"목을 졸랐어요."

"너, 미쳤냐? 왜 그랬어?"

"태도가 나빠서요."

큰아들은 더 이야기하고 싶지 않은 듯, 짧게 대답하고 밖으로 나갔다. 남편이 이번에는 작은아들에게 물었다.

"형이 네 목을 졸랐다며?"

"……."

"트라이앵글 초크?"

"네."

"억울하지 않냐?"

"……."

"이따가 형 잘 때 목 졸라 볼래?"

듣자듣자 하니까 못하는 소리가 없다.

"걔는 격투기 시합도 나가는 앤데 그러다 들키면 어떻게 하라고 그런 말을 해요?"

"맞아! 그런데 목 졸릴 때 기분이 아주 좋아진다더라."

내가 깜짝 놀라서 물었다.

"뭐라고요?"

"운동하는 사람들은 알아요. 순간적으로 그때 정말 기분이 좋아진대."

"이 사람이 정말! 자다가 나한테 한번 당해 보실라우?"

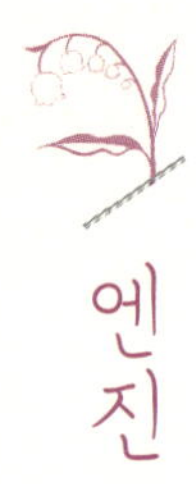

# 엔진

어젯밤 남편, 아들과 가봉과의 축구 경기를 보았다. 아프리카 축구는 개인기가 뛰어난 걸로 유명한데 가봉 선수들은 골 키퍼 말고는 눈에 띄는 선수가 없는데도 골이 영 터지지 않았다.

대학원에서 스포츠 의료를 전공했던 아들이 담당 교수의 말을 인용하며 흑인들은 해부학적으로 허벅지에 있는 근육의 두께가 동양인의 세 배라고 했다. 그래서 상반신에서 하반신으로, 하반신에서 상반신으로 전달되는 힘이 강하다는 거다. 고무줄로 말하자면 세 배가 두꺼워서 한 번 늘어났다가 되돌아오는 힘이 세다고 한다. 그 근육은 피트니스 센타에서 운동하여 키울 수 있는 것도 아니라고 했다.

그러나 교수님이 "사람이 많다 보면 아시아인 중에도 그 근육이 발달된 사람이 가끔 보이는데 중국의 허들 선수인 리우시앙이 그 케이스인 것 같다."라고 했단다.

화면을 보던 아들이 가봉 선수를 가리키며 말했다.

"어우! 저 엉덩이 좀 봐!"

"엉덩이가 왜?"

"엉덩이는 말하자면 자동차의 엔진이에요. 클수록 좋은 거죠."

"크기만 하면 좋은 거냐?"

"근육이 있어야지. 우와아~! 저 정도면 5천cc 아우디쯤 되겠다."

아들이 화면을 보며 감탄하는 동안 나의 엔진을 생각해 보니 크기는 3천cc급인데 출력은 천5백cc 정도밖에 안되는 거 같다.

오늘은 재활용쓰레기 버리는 날. 일주일 동안 모아둔 종이, 플라스틱, 비닐, 철물 등을 분류하여 버리고 아들이 야근을 하고 아침에 돌아오는 대로 갖다 버려달라고 할 작정으로 몇 주일 동안 모아둔 신문은 현관 앞에 놓아두었다.

드디어 아들이 현관문을 여는 소리가 났다.

"나 왔어!"

"마침 잘 왔다. 신발 벗지 말고 그 신문 좀 갖다 버리고 오너라."

아들이 신문뭉치를 들고 나가기 전에 싱글싱글 웃으며 물었다.

"아니, 사지 멀쩡한 아빠는 놓아두고 왜 밤새 일하고 온 나에게 부탁하는 거야?"

"아빠는 아직 잠이 덜 깨셨잖니? 화요일마다 네가 없어서 신문이 좀 많이 쌓였다."

"내가 언제까지나 이 집에서 살 것도 아니구만. 아빠에게도 좀 시켜요."

아들이 신문을 버리고 들어왔을 때 그제야 일어난 남편이 방에서 나오며 말했다.

"나, 그냥 빵이나 한 조각 먹고 갈래."

나와 아들이 동시에 반사적으로 말했다.

"빵이 어디 있다고!"

남편에게 "밥 다 차려 놓았는데 왜 빵을 찾느냐?"고 하면서 일단 된장국을 퍼주고 나서 아들을 나무랐다.

"너, 마치 빵 달라는 아들에게 말하듯 한다."

"엄마도 그렇게 말했잖아요!"

# 카카오톡

일본어 공부에 맛들린 작은 아들에게 가끔 카톡으로 문자를 보냈다.

"나니오 시테 이루노? 하야쿠 코이!"

(뭐 해? 빨리 와!)

아이폰을 쓰고 있는 아들은 내게 일본어로 답장을 보낸다. 며칠 그렇게 주거니 받거니 해왔는데 아들이 나에게 한글로 쓰지 말고 일본어로 보내라고 했다.

"내 스마트 폰에는 일본어 자판이 없어."

"다운 받으면 되잖아요."

아하! 그런 방법이 있었네. 어젯밤에 일본어 자판을 다운 받았더니 '입력방법'에 한 가지가 더 뜬다. ArtIME를 선택하면 일본어로 입력할 수 있을 뿐만 아니라 한자도 입력할 수 있었다. 일본어로 입력을 할 수 있게는 되었지만 작은 'つ'나 작은 'や,よ,ゆ' 외에도 탁음표시나 기호쓰기를 익혀야 했다.

오늘 아침에 정기검진을 위해 병원으로 가는 버스 안에서 이것저것 눌러가며 한 문장 쓸 때 마다 '전송'을 눌렀다.

(됐다!)

(일본어로 쓸 수 있게 되었다!)

(신난다!)

(진짜 신난다!)

(네 엄마는 굉장한 사람이야.)

(일어나!)

(빨리 일어나!)

(이거 진짜 재미있다.)

(재미있다는 단어 아냐?)

(난 병원에 가는 중이야.)

(12시쯤에 집에 돌아갈 거야.)

(캬캬캬캬! 냐하하하!)

일본어로 문자 보내는 재미에 빠져 열 번도 넘게 문자를 전송했는데 그제서야 아들에게서 답장이 왔다.

(一回だけ送っていい。ピンポンピンポンうるさいんだから。)

(한 번만 보내. 삥뽕삥뽕 시끄러워.)

'캬캬캬캬! 냐하하하!'라고 오도방정을 떨며 문자를 전송했는데 정신을 차리고 보니 병원을 이미 두 정거장이나 지나쳐버린 뒤였다.

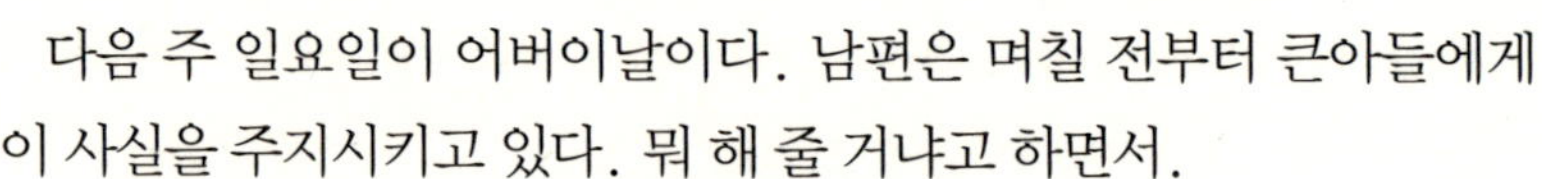

## 불공정거래

다음 주 일요일이 어버이날이다. 남편은 며칠 전부터 큰아들에게 이 사실을 주지시키고 있다. 뭐 해 줄 거냐고 하면서.

"지난번에 뷔페 식사권 드렸잖아요?"

"그건 기본이고 다른 거 뭐 더 없어?"

"아, 이것 참!"

"너희들도 어린이날에 기본보다 더 받았잖아."

"이건 너무 불공평해요."

"뭐가?"

"어린이날은 기껏해야 초등학생 때까지인데 어버이날은 평생 있잖아요?"

아들아! 너도 빨리 어버이가 되려므나.

외출하기 전에 아들에게 밥상을 차려주고 옷을 갈아입기 위하여 안방으로 들어갔다. 입고 있던 옷을 벗고 속옷만 걸치고 있는데 아들이 불쑥 들어왔다.

"이놈아! 엄마가 이렇게 적나라한 모습으로 있는데 왜 노크도 안 하고 들어와?"

나를 힐끗 쳐다본 아들은 텔레비전을 켜면서 심드렁하게 대꾸했다.

"적나라하기 보다는 적대적이네요."

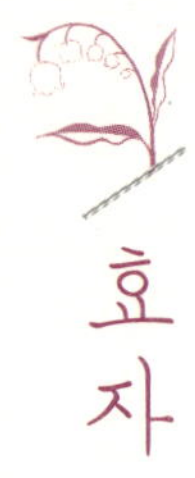

# 효자

옥성호씨가 <아버지, 옥한흠>이라는 책을 냈다는 기사가 났다. 아침신문을 보던 남편이 아들을 불러서 그 기사를 보여주었다.

'평생 사랑을 말했지만 자식에겐 사랑을 감췄던 그 사람… 아버지'라는 헤드라인까지 읽어주면서 그 목사님은 밖에서는 '큰사람'이었지만 집에서는 '없는 존재'였던 점이 자신과 똑같다고 하자 아들이 이의를 달았다.

"아버지는 밖에서도 큰사람, 집에서도 큰사람이잖아요."

"큰사람이 집에서 마음 놓고 발 마사지도 못 받냐?"

"그게 무슨 소리야?"

"다들 꾀만 부리고 잘 안 해주잖아."

"진짜 점점 할머니 닮아가시네."

나도 한 마디 거들었다.

"맞아! 아버지가 할머니의 클론(clone: 복제인간)이 되어가고 있어."

아들이 다시 말을 이었다.

"할머니는 늘 자기가 권리를 침해당하고 있다는 피해망상에 걸려 있었어요. 대한민국에서 우리집만큼 가장이 대접받는 데가 어디 있어요? 아주 그냥 욕심이 끝이 없어!"

아들은 남편이 내민 옥한흠 목사님에 대한 기사를 읽고 나서 옥 목사님은 밖에서 돌아오면 너무나 지친 나머지 옷도 벗지 않은 채 이불 위에 힘없이 누워있기도 했다는데 그분에 비해서 아버지는 가족들에게 온갖 서비스를 요구하면서 자신을 옥한흠 목사님에게 비교하는 건 말이 안 된다고 했다.

"엄마는 아버지가 효자였다고 생각해?"

"그럼!"

"왜?"

"엄마가 할머니 돌보는 일에 참견하지 않았잖아. 어떤 남편들은 집에 와서 어머니가 저녁을 드셨는지, 무엇을 드셨는지, 낮에는 어떻게 시간을 보내셨는지 물어보기도 한대."

"뭐야, 그런 남자들은?"

"그러게나 말이다."

"그렇지만 그건 아버지가 '좋은 남편'이었다는 뜻이지 할머니 입장에서 '효자'였다고 볼 수는 없네."

"그런가?"

"아버지가 옛날이야기에 나오는 것처럼 눈밭에 가서 산딸기를 따온 것도 아니고 말이야."

# 새해 덕담

여동생의 아들이 세배를 하러 왔다. 두 아들과 함께 건장한 세 청년이 우리 부부 앞에 서니 집안이 그득한 것 같고 든든하다. 남자 아이들만 보면 '도둑놈 들어와도 걱정 없다'고 기분 좋아 하시던 친정아버지 생각이 난다.

다들 장성해서 올해부터는 우리가 세뱃돈을 받는 입장이 되었다. 세배를 마친 세 아이를 앉혀놓고 남편이 덕담을 했다.

"우리 부모님들은 전쟁을 여러 번 겪은 세대인데 우리가 살아있는 동안에 전쟁이 일어날 것 같지는 않다. 그런 의미에서는 우리 세대는 아주 운이 좋은 편이다. 그러나 너희들 세대는 전쟁을 겪을 가능성이 많아지고 있다. 절대적인 강자가 사라지면 크고 작은 분쟁이 일어나게 되는데 미국도 예전 같지 않고 또 미국의 바다는 태평양이 아니라 대서양이다. 아마도 태평양 서쪽은 미국이, 태평양 동쪽은 중국이 관할하게 될지도 모른다. 이제 평균 수명도 길어지는데 앞으로 살아가기 위해서는 서른 되기 전에 제대로 된 일을 찾아야 한다. 지금 너희들이 일을 해서 돈을 벌면 얼마나 벌겠냐? 돈을 버는 것보다 우선 바깥 세계를 경험하며 안목을 높여라."

2011년 1월 27일 목요일 10판 7

## 부모님께 건강 크루즈 선물하세요

### 최고 명의와 함께 떠나는 한·중·일 여행

헬스조선과 롯데관광 크루즈사업본부는 '최고 명의들과 함께 떠나는 한·중·일 건강 크루즈 여행' 프로그램 참가단을 모집한다.

지난 해 9월, 국내 최초로 5만5000톤급 초호화 크루즈를 전세 내어 '명의와 함께 떠나는 건강 크루즈 여행'을 성공리에 개최한 바 있는 헬스조선과 롯데관광은 지난 21일 '헬스조선-롯데관광 건강여행 프로그램 공동개발 조인식'을 갖고, 우선 5월 가정의 달에 '한·중·일 크루즈 건강여행'을 공동 실시하기로 했다.

이 프로그램은 중국 상해-소주-무석과 일본 후쿠오카 지역을 관광하는 1차 프로그램, 중국 상해-소주-무석을 관광하는 2차 프로그램이 있다. 1차 프로그램은 다시 15일 출발하는 5박6일 일정과 16일 출발하는 4박5일 일정의 두 가지 일정 선택이 가능하다. 1차 프로그램은 항공편으로 상해에 도착, 중국을 관광한 뒤 크루즈에 탑승해 일본 후쿠오카를 돌았다 5월20일, 부산에 도착한다.

2차 프로그램은 27일 부산에서 크루즈에 탑승한 뒤 중국 상해-소주-무석 지역을 관광하고 항공편으로 31일 귀국한다. 여행 기간 중 크루즈에서 유태우(전 서울대병원), 허갑범(전 세브란스병원), 김종성(서울아산병원), 하종원(세브란스병원) 교수 등 국내 최고 명의의 강의와 건강상담을 받게 된다.

탑승 선박은 이탈리아 선적 5만3000톤급, 전장 220m의 '코스타 클라시카'호다. 크루즈내에 휘트니스센터, 수영장, 스파, 대극장, 카지노 등 각종 편의-위락 시설이 갖추어져 있으며, 대극장에선 매일 밤 뮤지컬, 매직쇼, 서커스 등을 무료로 관람할 수 있다. 참가비는 2차 프로그램은 99만원(내측 객실 기준)이며, 1차 프로그램은 4박5일 일정 119만원(내측 객실 기준), 5박6일 일정 129만원이다. 비자발급비용-가이드팁-입장료 등이 모두 포함된 금액이며, 쇼핑센터를 방문하지 않는다.

문의 및 접수 (02)2075-3400.

남편의 덕담이 끝난 다음에 내가 내놓은 것은 남편의 지시에 따라 지난 주 목요일 신문에서 스크랩 해놓은 이 신문기사이다. 기사를 읽어본 녀석들이 낄낄 웃으며 한 녀석은 세뱃돈을, 다른 한 녀석은 신용카드를 내게 주고 밖으로 몰려 나갔다.

결혼적령기에 들어선 큰아들에게 잘 알고 지내는 대학후배가 여자 친구를 소개해 주었다. 고르고 골라서 소개를 했을 터인데 몇 번 만나더니 더 이상 만나고 있지 않는 것 같아서 어느 날 아들에게 물어보았다.

"요새 여자 친구 안 만나?"

"응."

"왜?"

"음~! 예쁘고 착하기는 한데 아직 잘 모르겠어."

"예쁘고 착하다면서 뭘 더 바래?"

"어디 가야할 지, 뭘 먹어야 할 지, 뭘 해야 할 지, 다 내가 주도해야 하거든."

"그게 싫어?"

"나도 바쁘고 피곤한데 데이트가 아니라 손님 만나러 가는 것처럼 신경 쓰여."

"그럼 넌 어떤 여자가 좋아?"

"공중제비 정도는 할 수 있는 사람! 자기 문제를 나한테 가져와서 해결해 주기를 바라는 사람은 곤란해."

"그렇지만 드라마나 영화에는 그런 여자들이 많이 나오잖아?"

"그렇지. 게다가 그런 여자들이 '귀엽다'고 포장되어 있거든."

"너, 결혼하기 쉽지 않겠다."

"그런 여자랑 결혼하느니 차라리 혼자가 나아."

정말 그럴까? 나는 공중제비를 하지 못해도 결혼을 했고 남편도 크게 불만은 없는 것 같던데…….

아, 참! 요리에는 불만 많지.

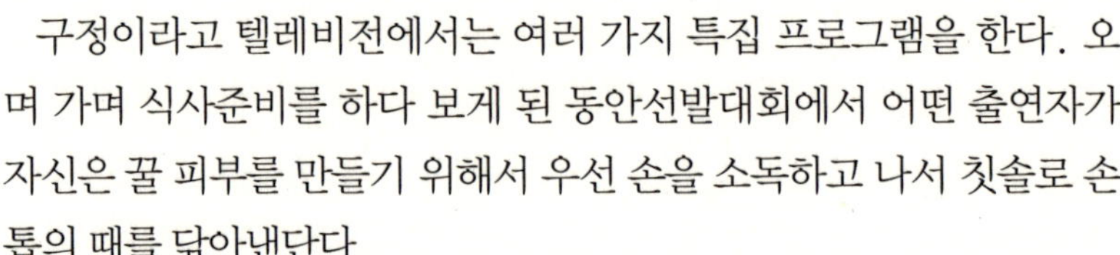

구정이라고 텔레비전에서는 여러 가지 특집 프로그램을 한다. 오며 가며 식사준비를 하다 보게 된 동안선발대회에서 어떤 출연자가 자신은 꿀 피부를 만들기 위해서 우선 손을 소독하고 나서 칫솔로 손톱의 때를 닦아낸단다.

손에다 크린싱 폼을 덜어내어 붓으로 거품을 낸 후, 얼굴 안쪽에서 바깥쪽으로, 특히 콧방울 주변, 머리카락과의 경계부분에 비누거품을 꼼꼼하게 바른다고 했다. 거품을 닦아낼 때에도 역시 붓을 이용하는데 이런 식으로 세안을 하는 데에 1시간에서 1시간 반 정도 걸린다고 했다. 그렇게 관리를 한 덕분인지 그녀의 피부는 그야말로 도자기처럼 매끈했다.

그런데 그게 뭐?

매스컴까지 도자기 피부, 꿀벅지, 숨막히는 뒷태, 아찔한 가슴골 등 참 자극적인 표현으로 외모를 가꾸는 것이 무엇보다도 가치 있는 일인 것처럼 부추긴다.

얼마 전에 만난 선배는 혼기가 찬 아들이 예쁜 여자만 찾는다며 예쁜 여자들은 예쁜 값을 하는데 그런 아이를 엇다 써먹겠냐고 했더니 아들이 '엄마는 엇다 써먹으려고 결혼하느냐?'고 반발하더란다.

써먹으려고 하는 건 아니지만 나도 외모 가꾸기에 평균 이상으로 정성을 들이는 사람은 반갑지 않다. 며느리감으로도, 내 친구로도.

한 사람이 쓸 수 있는 에너지의 총량은 다 비슷비슷하기 때문에 자기를 위해서 쓰는 게 너무 많으면 남을 위해 쓸 게 남아있지 않은 법이다. 겉을 치장하는 데에 치중하다 보면 속이 부실해지는 법이고.

남편이 현관에 들어서면서 낭패스러운 듯이 탄식을 했다.

"아차! 담배 안 사왔다."

나도, 아들도 못 들은 척.

"담배 안 사왔다고."

그래도 모른 척.

"담배 좀 사 와. 나는 이미 옷을 벗었으니까 안 되고 너희 둘 중에 한 사람이 갔다 와라."

아들은 안 가겠다고 했고 나는 오늘 저녁만 참으라고 했지만 역시 담배가 필요한 모양.

"야, 아들! 2천원 줄게 가서 담배 사 와."

그 말 들은 아들 왈,

"내가 2천원 줄 테니까 아빠가 사오세요."

그러게 담배를 끊으라니까!

# 메모들

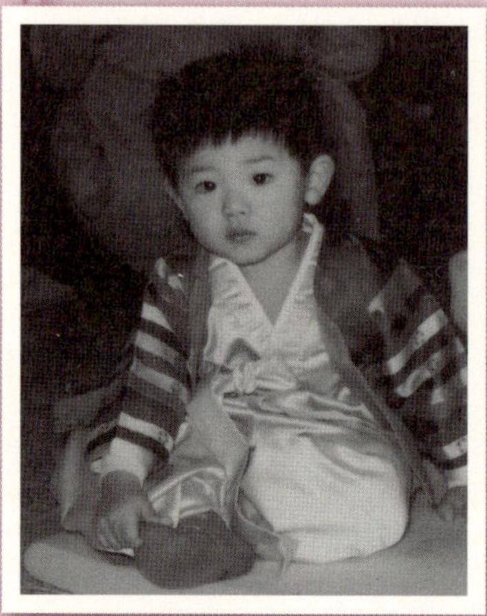

민수

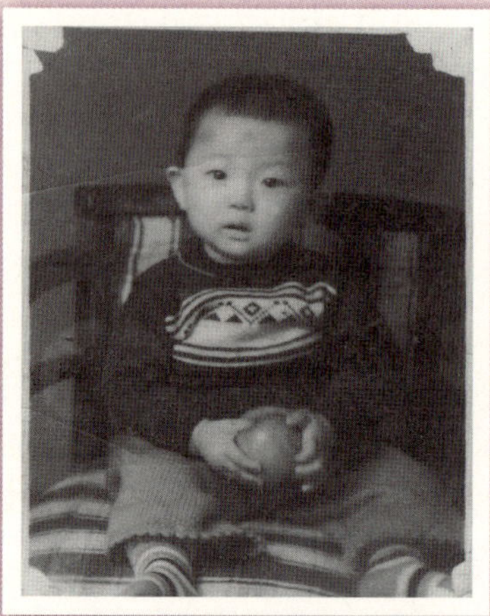

민수 엄마

나 의 맹 세

첫 째 - 나는 앞으로 한달에 9000₩ 씩을 저축할을 맹세하고 매달 부모님께 통장을 보여 드려서 검사를 받겠습니다.
<국민은행>
016-21-0965-914
둘 째 - 앞으로 남한테 돈을 빌려쓰는 일을 하지 않겠다고 맹세합니다.
셋 째 - 호출기의 요금지불 및 자신의 일은 자신이 책임 질 것을 맹세합니다.

1998년 7월 10일
김 민 우

| 결재 | 母 | 父 | 할머니 |
|---|---|---|---|

민우의 맹세

(추리금지)

출입금지

엄마만 들어와.
지금부터 출입금지.
급한 일 없는 사람은
들어오지 말 것.
별 일 없는 사람도
들어오지 마세요.
매일요. 알겠죠?

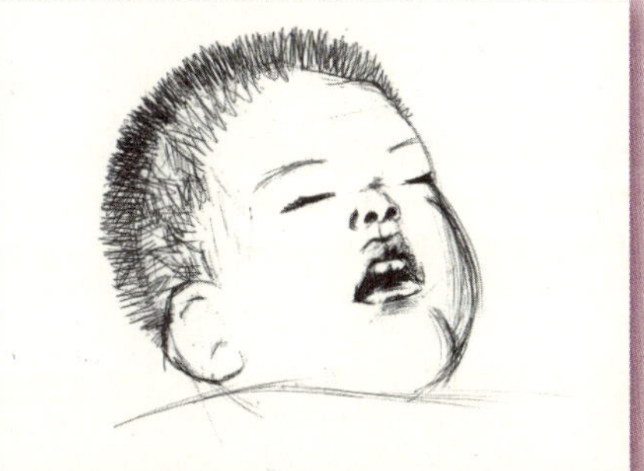

민수 스케치

민수

신문으로
장군멍군

남기고 싶은 이야기들 <4708>

제91話

## 아니면 '아니오' 해야지

김민우 읽어봐라 강영훈

⑩ 日유학 감행

평양사범 입시에서 낙방한 나는 하는 수 없이 그냥 영변 농업학교에 다녀야만 했다. 결론적인 얘기지만 나는 이 학교에 다니는 동안 별다른 취미를 붙이지 못했던 것 같다. 시쳇말로 별 비전을 발견하지 못했다고나 할까. 그도 그럴 것이 당시 나를 포함한 우리 조선학생들 대부분은 학교 당국의 학사운영에 대해 적잖은 불만을 갖고 있었다.

농업학교라고는 하지만 무엇보다도 실습시간이 너무 과중하게 짜여져 있었다. 실습이 갈데 없이 고된 노동으로 이어지기 때문에 학생들의 불만이 여간 높은 게 아니었다.

나는 학생들의 불만이 터질 때마다 일본인 교장에게 이의 시정을 요구했지만 달라진 건 아무것도 없고 결국 '총대'를 멘 나만 불평분자로 낙인찍히고 말았다. 이때부터 나는 본의 아니게 '문제학생'으로 지목돼 버린 것이었다.

바로 그 무렵 내 마음 한 구석에서는 비록 늦었지만 대학에 진학해야겠다는 생각이 불길처럼 일어나고 있었다. 물론 가정형편이 좋아진 것도 아니고 무슨 뾰족한 수가 생긴 것도 아니었다. 부모님께는 아무런 내색도 하지 않고 그저 혼자서만 백방으로 별의별 궁리를 다 해 보았다.

그러던 중 마침내 기회가 왔다. 농업학교 동기생으로 일본에 건너가 히로시마(廣島)의 다카다(高田)중 학교에 편입해 있던 이왈룡이란 친구에게 '일본에 공부하러 가고 싶은데 방법이 없겠느냐'고 편지를 띄웠더니 곧바로 '네가 온다면 기꺼이 도와주겠다'는 답장이 온 것이었다. 나는 정말 뛸듯이 기뻤다.

1938년 봄, 나는 관부(關釜)연락선을 타고 히로시마로 향했다. 집에는 알리지도 않은 채 '무단가출'을 감행한 것이었다. 도항증(渡航證)은 경찰서에서 얻었다. 수중에는 아버지가 소를 팔아 농업학교 학비로 마련해 준 50원이 전부였다. 시모노세키(下關)에 도착한 다음에야 나는 비로소 집으로 편지를 부쳤다.

당시 일본의 경제사정은 조선과는 엄청난 격차가 있었다. 시모노세키에서 히로시마까지 기차를 타고 갔는데 차창(車窓)에 비친 일본은 그야말로 별천지였다. 무엇보다 농지가 바둑판 모양으로 반듯반듯하게 구획이 돼 있는데다 산에는 울창한 나무들로 가득 차 있었다. 여자들은 흔히 자전거를 타고 다녔는데 조선에서는 상상조차 할 수 없는 일이었다.

기차를 타고 가는데 옆에 있던 어떤 부인이 내게 사이다를 권했다. 병에는 빨대(스트로)가 꽂혀 있었다. 이를 처음 본 나는 어떻게 할 줄 몰라 생각 끝에 '푸우—' 하고 빨대를 불어 보았다. 그러자 사이다 병에서 거품이 흘러 넘쳤다. 당황한 나머지 얼굴이 빨개지고 말았다.

가정의 모습도 조선과는 달랐다. 어머니가 아이들에게 깍듯이 존대어를 사용했다. 아이들도 집 밖에 나갈 때와 돌아올 때 반드시 부모님께 인사를 드렸다. 옛 중국의 학습서인 소학(小學)에 '출필곡반필면(出必告反必面 : 나갈 때 반드시 알리고 돌아올 때 반드시 얼굴을 뵈어라)'이라는 구절이 있는데 일본은 이를 실천하는 나라였다.

### 38년 무단가출 관부연락선 타
### '일본애들엔 이긴다' 신념뿐
### 편입 첫해 보란듯이 班 1등

일본 히로시마 소재 다카다(高田)중학 재학시절 일본식 씨름인 스모반 학생들과 함께 찍은 사진. 왼쪽에서 두번째가 나.

내가 편입한 학교는 히로시마 인근 다카다(高田)중학으로 사립학교였다. 나는 학교 근처에 하숙을 정하고 공부를 시작했다. 조선의 농업학교와는 크게 달랐는데 가장 애를 먹은 것은 바로 영어였다.

영변농업학교에서도 영어를 배우긴 했지만 수준이 아주 낮았다. 첫 페이지에 'GO'라는 단어가 나오고 다음 페이지에는 'STOP'이 나오는 식이었다. 그런데 일본 중학 영어 교과서에는 첫 페이지부터 긴 문장이 등장했다. 바짝 긴장하지 않을 수 없었다.

나는 하숙방 벽에 '남아입지출향관 학약불성사불환(男兒立志出鄕關 學若不成死不還 : 남아가 한번 뜻을 세워 고향을 떠났으니 학업을 못 이루면 죽어도 돌아가지 않으리)'이라는 글귀를 써 붙여 놓았다. 어떻게 해서든 일본애들을 따라 잡아야겠다는 생각뿐이었다.

노력한 보람이 있었다. 편입하던 첫해 기말시험에서 나는 영예의 수석을 차지하게 됐다. 그동안 반에서 1등을 하던 학생은 87점이었는데 나는 93점을 맞았다. 조선학생이라고 별다른 차별은 없었지만 급장은 시켜주지 않았다.

12판 아버지용 읽어보십시요.

## 古稀 앞둔 나이에도 20대 체력 유지

**…·미 태권도인 우호교류 준비 위해 방한한 이준구씨**

…미국 태권도계의 아버지'로 통하는 …준구(67·미국명 준 리)씨.
…고희를 앞둔 나이에도 불구하고 그 … 하루도 빠짐없이 팔굽혀펴기 1천… …를 한다. 그의 얼굴은 흐르는 세월 … 속일 수 없었지만, 몸은 아직도 용… …철 같이 탄탄한 근육질로 20대를 …볼케 했다. 그가 3박4일 일정으… 지난 6일 한국에 왔다.
…7일 만난 그는 체조선수같이 유연… …몸으로 한쪽 다리를 머리 위로 끌… …올리고, 앉아서 두 다리를 양옆으… …쫙 펴는 스트레칭 두 가지를 시범… …로 펼쳐 보였다.
…그의 이번 방문은 다음달 3. 4일 …산·오산에서 열리는 '제1회 한·… 태권도인 우호교류연수대회'를 준… …하기 위한 것.
…그는 이 대회에 그의 제자인 미국 …계와 마이크 에스피 전 미 농림장… …, 토비 로스 전 하원 무역소위원장 … 70여명과 함께 참석한다.

미국으로 건너가 태권도를 미국에 처음 보급한 미국 태권도계의 대부로 현재 '준 리 태권도 클럽' 회장이다.
미국(60개)과 러시아(65개)에 모두 1백25개의 태권도장을 운영하고 있다.
76년 미국독립 2백주년을 맞아 '세기의 무술인상'을 받았고, 올 3월엔 재미사업가 김종훈씨와 함께 미 정부의 '올해의 이민상'을 받기도 했다. 권투선수 무하마드 알리·칼럼니스트 잭 앤더슨·영화배우 브루스 리 등이 그의 개인지도를 받았고, 제자중엔 전·현직 미 의원만도 2백50여명이나 된다.

민수군 보시다 04/9/9 중앙일보

투데이

요제프 요페
독일 디 차이트 발행인

## 부시와 케리, 누가 이기든지

만일 유럽이 이번 미국 대선에서 투표할 수 있다면 케리 민주당 후보가 압승을 거둘 것이다. 유럽인들은 부시 대통령과 체니 부통령, 럼즈펠드 국방장관에 대해 깊은 미움과 경멸을 품고 있다. 그렇다 보니 유럽인들은 백악관 권력이 교체된다고 해도 바뀌지 않는 몇 가지 사실을 보지 못하고 지나친다.

프랑스제 에르메스 넥타이를 매고 완벽한 프랑스어를 구사하는 케리가 대통령이라면 확실히 미국의 대외정책은 더 공손해지고 덜 가혹해질 것이다. 외교상의 에티켓을 좀더 존중할 뿐 아니라 다자주의를 위해 예의 차으로 젊쳐진다. 그러나 옛 우방이었던 유럽을 언짢게 해온 미국의 기본적 태도는 바뀌지 않을 것이다.

유럽이 부시 행정부를 함께 비난해온 사항은 이렇다. 온실효과 배출을 규제하자는 교토 의정서를 비준하지 않은 것, 국제형사재판소(ICC) 가입 거부, 탄도탄요격미사일(ABM) 개발제한 협정 탈퇴, 대인지뢰 금지 협약 거부 등이다.

부시를 싫어하는 유럽은 클린턴에게는 대단히 좋은 기억을 갖고 있다. 이 때문에 유럽은 자신들이 비난하는 일들을 사실은 클린턴이 저질렀다는 사실을 놓치곤 한다. 민주당 정부라 할지라도 탄도탄요격미사일로부터 위협이 가중되는 상황이었다면 개발제한협정 탈퇴를 무릅쓰고라도 자체 방어 시스템을 구축하려 했을 것이다. 대인지뢰 금지 협약도 마찬가지다. 민주당 출신 대통령이라도 주한미군이 북한의 남침을 우려하는 한 한반도에 묻힌 지뢰는 그대로 놔둘 것이다.

그렇다면 케리는 어떨까. 그는 각종 연설에서 자신을 가급적 드러내지 않는 신중한 태도를 취하고 있다. 그가 이라크전에 과연 반대했는지 찬성했는지 우리는 알지 못한다. 그는 베트남전을 맹렬히 비난하지만 동시에 자신을 미국의 위대한 전쟁영웅이라는 식으로 선전한다. 케리가 대통령이 된다면 부시가 벌여온 '테러와의 전쟁'이 주춤할까. 미국이 알카에다의 주요 표적인 한 그럴 리 없다. 케리가 미국의 안보정책을 유엔에서 다수결로 결정하도록 할까. 그럴 가능성은 희박하다.

이유는 이렇다. 미국은 세계에서 가장 강한 나라다. 동시에 미국의 이익은 전 세계에 걸쳐 있으며 세계 곳곳에서 위협받고 있다.

유럽은 지난 50년간 평화를 누려왔고 유럽연합(EU)을 좀더 완벽하게 가꾸기 위해 기꺼이 조금씩 주권을 양보해왔다. 반면 미국은 그렇게 축복받은 땅에서 살고 있지 않다. 집권하는 사람이 부시든 케리든 패권과 국익·취약성이라는 관점에서 벗어날 수 없다. 따라서 유럽이라면 할 수도 없고 하지도 않겠지만, 미국의 이익을 지키거나 추구하기 위해서라면 언제라도 무력을 사용할 준비가 돼 있는 것이다.

케리의 승리도 확실치 않다. 7월 민주당 전당대회 이후 여론조사에서 아슬아슬하게 우위를 점했지만 이제는 아니다. 부시가 전당대회 효과에 힘입어 앞서 나가기 시작했다. 왜 그럴까. 2002년 12월 클린턴은 민주당원들에게 힘든 시절에 여론은 '옳고 약한' 정부보다는 '잘못됐더라도 강한' 정부를 선호할 것이라고 경고한 바 있다. 바꿔 말하면 케리는 지금 '애국주의의 덫'에 걸려 있다. 그는 이라크전 반대라는 회심의 카드를 뽑을 수가 없다. 전시에 국익에 반하는 행동을 하는 배신자라거나 겁쟁이라는 비난을 받을 게 두렵기 때문이다. 그러니 이라크에서 저지른 실수가 끔찍했다고 해서 부시를 끌어내릴 일은 아니다. 미국 선거인단은 달러 가치 하락을 불러온 무역적자 등 부시 행정부의 경제 실패에 대해 특별히 분노하는 것 같지도 않다. 만약 한 후보자는 확신을 줄 수 없는데 다른 후보자는 전쟁 중인 그 나라의 [illegible] 유권자들은 후자를 선택할 것이다. 정리=기선민 기자

# 시험문제

4. 왼쪽에 일단 멈추어 서서 좌우를 살펴 안전을 살핀 후 걸어야 할 곳은 다음 중 어디입니까? ……………………………… ( 3 )

① 좁은 길에서 큰 길로 나가는 모퉁이
② 지하도 입구
③ 육교가 설치된 곳
④ 인도와 차도가 구분된 도로

92. 9

도움말 가장 먼저 있었던 일에 '1', 가장 나중에 생긴 일에 '3'이라고 쓰세요.

1989. 12. 김 민우

중급3단계 3

6·25는, 한 겨레끼리 싸우다가 수많은 사람들이 그들의 사랑하는 가족과 헤어져야 하는 쓰라린 고통을 겪게 하고, 통일의 길을 더욱 멀게 한 가슴 아픈 전쟁이었다. 그러나 우리는 그 동안 이룩한 발전을 바탕으로 용서와 대화를 통하여 서로를 이해하고, 지난날의 미움을 사랑으로 바꾸어야겠다. 그래서 온 민족이 마음을 터놓고 슬기를 모아, 평화로운 통일의 길을 열어야겠다. ㉠민족은 하나요, 겨레는 영원한 것이기 때문이다.

20. ㉠ 앞에 어떤 잇는 말을 넣으면 자연스럽게 연결이 되겠는가? ( 된다. )
왜냐하면 1994.5.

8. 다음 소리는 어느 곳에서 들을 수 있는 소리입니까?

| · 파도치는 소리<br>· 갈매기 우는 소리 귀 |
|---|

① 도시　② 농촌
③ 바닷가　④ 공장

90. 9. 1 김 민우

11. 이 글에 나타난 놀부의 성격을 5자로 써라.
1994. 1. 26 ( 엉큼드럽다 )

5. 오른쪽은 수묵화입니다. 그림을 그리기에 좋은 종이는 무엇입니까? ( 4절지 )
화선지

93. 2

**2.** 좋은 성적을 얻기 위한 방법에 대해서 자신의 의견을 말하여 보자.

① 공부를 한다,

② 너무 말고 조금은 쉬면서 한다.

1994. 1. 26

**10.** 다음 덧셈 문제에서 ㄱ, ㄴ, ㄷ는 서로 다른 숫자이다. ㄱㄴ은 두 자리의 수, ㄴㄷㄷ은 세 자리의 수라면 ㄴㄷㄷ은 어떤 수인가?

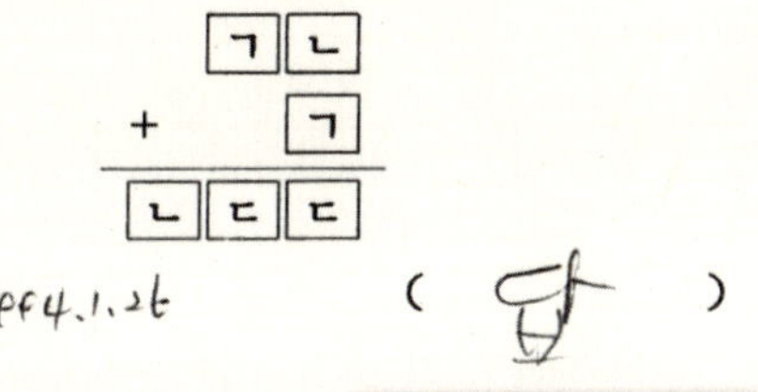


1994.1.26 ( 답 )

**3.** 집안일에 대하여 가장 올바른 태도는 어느 것인가? 1994. 4

① 아버지는 집안일을 할 수가 없다. ← 아빠는

② 일은 어머니가 맡아서 하셔야 한다.

③ 집안일은 가족 모두를 위한 것이므로 가족 모두가 할 일이다.

**9.** (  ) 안에 알맞은 말을 쓰시오. 93.2

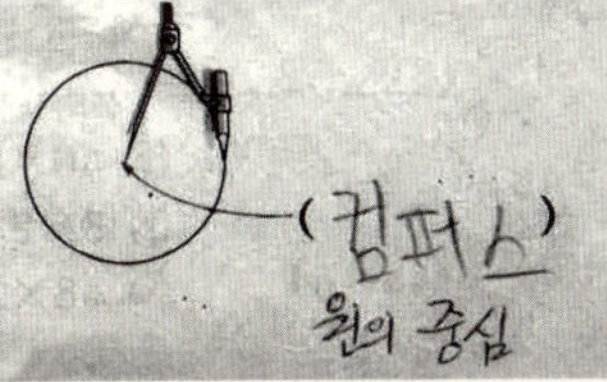


**10.** 다음은 무엇에 대한 설명인지 써라.

- 라, 도, 미 중의 한 음으로 시작한다.
- '라'음으로 끝난다.

단조 ( 악보 )

1994.5.

**2.** 피로 회복에 도움이 되는 음료를 두 가지만 써라. 1994. 4

우유 , 과즙 박카스디 박카스에프

# 도대체, 지구인이야 외계인이야?

남성의 권위는 갈수록 약화되고 여성의 파워는 점점 강성해지고 있는, 이른바 남약여강(男弱女强)의 지구인 사회에 아직도 이러한 시대적 흐름에 아랑곳하지 않고 사는 화성인급(級) 가장(家長)이 건재한다는 사실은 그 자체가 놀라움이다. 하지만 문제는 그가 집안에서 보여주는 일상적인 행동이 같은 남성의 입장에서도 도저히 편들어줄 수 없는 수준이라는 데에 있다.

도대체 무슨 사람이 이 모양인가. 직장에서 퇴근하면 손끝 하나 까딱하지 않고 아내인 저자를 음성인식 리모컨 취급을 하며 부려먹기만 하는 남편의 행태에 화가 치민다. 그러다가도 자기 뜻을 곧이곧대로 받아주지 않으면 연장자의 지위를 내세워 '노인 학대'라고 우기는 한 남자의 어이상실 위트와 궤변에 그만 맥이 탁 풀리며 웃음이 터지고 만다. 아빠 못지않은 재치와 유머 감각을 갖춘 두 아들과의 일상은 하루하루가 상쾌한 소동이며 유쾌한 부록이다.

저자가 어느 날 갑자기 유방암 진단을 받고 지나온 시간들을 새롭게 돌아보며 병을 이겨내는 과정, 만나고 헤어지고 어우러지는 주변 사람들 이야기는 우리가 인생에서 지나치거나 놓아버리기 쉬운 소중한 가치를 다시 생각하게 한다. 삶을 흔드는 큰 사건을 수선스럽지 않고 담담하게 옮겨 놓아 오히려 울림이 크다.

인생이 웃음과 눈물의 변주곡이라는 말을 추상적 개념이 아닌 구체적 현실로 깨닫게 한다는 의미에서, 몇 년 치의 개그콘서트와 힐링캠프를 한꺼번에 몰아서 본 느낌이다.

저자를 꽤 오랫동안 알고 지냈으나 이 많은 사연들을 내색 한번 않고 마음속에 켜켜이 쌓아가며 이렇듯 감칠맛 나는 글로 숙성시켜 왔다니, 남편을 닮아서인지 그녀도 평범한 지구인은 아닌 것 같다. 35년의 행복한 전쟁을 치러낸 저자에게 갈채를 보낸다.

민경식(카피라이터)

# 목차

## 조각보 일상

그들도 집에 가면 6
화환 7
앞집 아이 8
작당 10
잔디 물썰매 11
가족의 탄생 12
대단한 할머니 13
결혼 14
햇님반 어린이 15
윤리 선생님 16
구두닦이 아저씨 17
미장원 아줌마 18
시계포 아저씨 20
경비 아저씨 21
철없는 두목 22
예쁜 입 23
돈은 좀 천천히 모아도 되었는데 24
걱정 26
제로니모 27
힘을 빼라! 28
마음의 양식 29
고백 30
시계 31
가정교육 32
똘이와 주몽 33
사랑의 집 34
비싼 쓰레기 35
프랑스 남자 36
맹신 38
촌지 39

병동에서의 결혼식 40
살아있다는 것은 42
본모습 43
홍 사장 44
감기 47
훌륭한 패자 48
술 취한 시인 49
동행 50
마무리 51
이해 52
친구같은 아내 53

## 암이라는 축복

아포크린 암종 56
병실일기 58
드레싱 59
드디어 크리링이 되다 60
인생시계 61
마누라 근무 끝났다니까 62
입원할 때 하더라도 64
좋으시겠어요, 유방암이라서 65
분발 66
어린이 환자들 67
우리 병실 68
막내 아줌마 70
민간인신분을 회복하다 71
더 이상 참을 수가 없어서 72
대기실에서 73
이제 두 번 남았다 74
불면 75
한밤의 총격 같은 충격 76
복도에서 만난 사람 77
피투성이라도 78
마지막 항암치료 79
젊은 언니 80
생일파티 81
마지막 물 한 모금 82
치매걸린 암환자 84
자기분석 86
하느라고 했지만 88
환송식 90
암이라는 축복 92

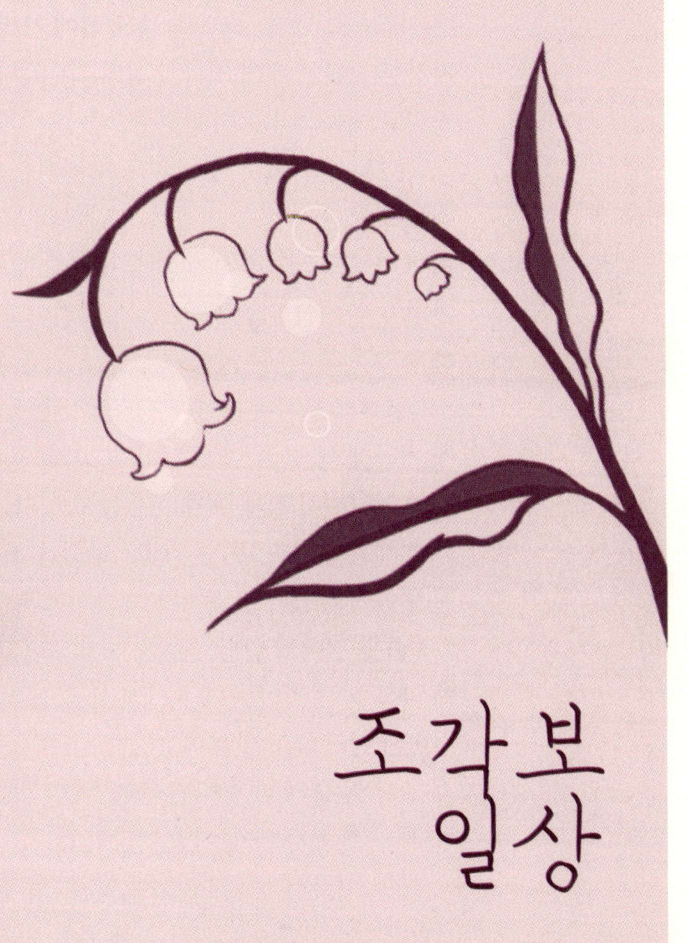

# 조각보 일상

나의 이야기를 하자면 어렸을 때부터 학교에서, 교회에서 만나온 친구들, 그리고 일상 속에서 만나는 사람들의 이야기도 빼놓을 수 없다. 개중에는 자연스럽게 인연이 끊어져 소원해진 사람도 있지만 그들 모두에게 감사한다. 그들은 나를 미소짓게 하고 위로하고 격려해주었으며 심지어 실망스러운 경우에도 나를 성장하고 성숙하게 했으니까.

# 그들도 집에 가면

생활을 나 혼자 책임진 게 아니라서 내가 일선에 나가있는 건 아니지만 출판사 일을 하다 보면, 특히 수금하러 다니다 보면 가끔 별스러운 사람을 만난다. 그 사람들도 집에 가면 좋은 아버지, 든든한 오빠, 자상한 남편일 텐데 계약서 상의 갑(甲)의 입장에 있다고 얼마나 느물거리고 애를 말리는지 모른다.

그런 날에는 혹시 내 남편도 밖에서는 남의 원망을 듣는 일이 있을지도 모른다는 생각이 든다. "만국의 노동자여, 단결하라!"라고 외치던 마르크스도 자기 집 가정부에겐 매우 파렴치하고 몰인정했지만 아내와 딸에겐 더할 나위 없는 남편이고 아버지였다고 하니까 말이다.

작년부터 도서총판이나 서점에 반품을 요청해서 이제 거의 종료되어 가는데 딱 한 곳이 말썽이다. 반품 들어온 책 꾸러미가 창고 어딘가에 있다면서 결제를 해주지 않고 있다. 반품되어 왔다는 책을 주든가 결제를 해달라고 하는 데도 창고가 복잡해서 찾을 수가 없지만 어딘가 있기는 있다는 것이다.

전화를 걸어도 담당자는 자리에 없다고 하거나 회의중이라고 하는 게 나를 피하고 있는 게 분명해서 직접 찾아갔다. 사무실에 들어서니 정면에 이런 문구가 붙어있다.

누군가 할 일이면 내가 하고
언젠가 할 일이면 지금하고
어차피 할 일이면 최선을 다하자

담당자와 오래 이야기한 끝에 만족스럽지는 않지만 내가 받지도 못한 반품을 인정하기로 하고 결제를 약속 받았는데 이번에는 그 회사 사장님이 결재를 하지 않고 있다.

좋은 말 한다고 좋은 사람이 아니고 옳은 말 한다고 옳은 사람이 아니네.

# 화환

어제 남동생과 함께 동탄에서 개업한 덕호 선생의 음식점에 갔다. 대학 입시 준비할 때 내게 영어와 수학을 가르쳐 준 덕호 선생이 동탄에서 '진천토종순대'라는 식당을 개업한 것이다.

덕호 선생은 신길동성결교회의 선배이기도 한데 같은 동네에 살면서 함께 교회에 다니던 사이라 각자의 형제들끼리 지그재그로 오빠, 언니가 되는 사람들이 여럿 모이기로 했다.

40여 년 전, 예배가 끝나면 철길 건너 밤동산 쪽으로 넘어가 스케이트를 타고 여름에는 수련회다 야외예배다 해서 몰려다니고 가리방에 파라핀 종이 대고 철필로 글도 쓰고 그림도 그려 등사기로 문집 만들던 기억이 새롭다.

나와 남동생이 자리를 잡고 앉아있는데 덕호 선생이 불렀다.

"야! 이리 좀 나와 봐."

"왜요?"

"재미있는 거 보여줄게."

무슨 일인가 싶어서 바깥으로 따라 나갔다.

"이거 좀 봐."

덕호 선생이 가리킨 것은 식장에서 자주 보는 화환이었는데 리본에 '국회의원 조 아무개'라고 쓰여 있었다. 조 아무개가 전화로 자신은 일이 있어서 개업식에 가지 못하는데 대신 화환만 하나 보내드리겠다고 하더란다. 그러더니 꽃집에서 그런 리본이 달린 화환을 가져왔더라나.

나중에 도착한 후배들이 손뼉을 쳤다. "그 오빠, 너무 센스 있다!"라고. 좋은 아이디어 하나 얻어 간다고 하면서 사진도 찍어갔다.

1년에 서너 번 만나는 그 모임은 이제 동탄에서 열리게 된다. 돈암동, 신길동, 분당, 송파, 대전, 울산, 음성 그리고 가끔은 호주에서부터 모여 드는데 순대국집 사장님이 된 덕호 선생은 이제 카운터를 지켜야 하기 때문이다.

다음 모임은 12월 16일로 정하고 헤어졌다. 그날은 조 의원도 온다고 했다.

# 앞집 아이

마당에서 앞집 아이를 만났다. 제 형은 이미 중학교 2학년인데 이 녀석은 만 세 살이다. 말하자면 늦둥이인 셈인데 얼마나 힘이 넘치는지 맥없이 앉아 있다가 이 녀석에게 밀리면 벌렁 나가자빠질 정도이다.

"아줌마, 어디 가요?"

"슈퍼에."

"나도 같이 갈래요."

이렇게 따라나선 앞집 아이에게 아이스크림을 먹겠느냐고 했더니 좋아라 하더니만 얼마 먹지도 않고 뱃속에 소식이 갔는가 보다.

"아줌마, 나, 똥 나와요."

다급하게 슈퍼 안의 화장실을 찾아 문을 열고 바지를 내려주었는데 이 녀석이 바지뿐만 아니라 팬티까지 홀라당 벗어던지고 변기 위에 올라앉았다. 일을 보고 난 후에는 궁둥이를 하늘로 쳐들고 내가 닦아주기를 기다렸다. 녀석은 물기가 있던 화장실 바닥에 그냥 내려서는 바람에 젖어버린 양말을 홀떡 벗어서 내팽개치고 나서 샌들을 신겨달라며 나에게 맨발을 내밀었다.

그러더니 아까 먹다만 아이스크림을 먹으며 흘리며 돌아다닌다. 나는 장 본 물건들이 들어있는 큼직한 비닐봉지는 팔에 걸고 한 손엔 젖은 양말, 다른 한 손엔 휴지를 들고 아이의 뒤를 따라다니며 바닥에 흘린 아이스크림을 닦았다.

잠깐 사이에 갖가지 일을 벌이는 고놈 때문에 슈퍼에 가서 사려던 물건이 무엇이었는지 잊어버릴 지경이었다. 돌아오는 길에도 얼마나 나대는지 지나가는 차에 부딪칠까봐 집에 당도할 때까지 아이의 손목을 꼭 쥐고 놓지 않았다.

바로 앞집인지라 아이와는 자주 마주치게 되는데 숫기 없는 제 형과는 달리 사람을 잘 따른다. 2층인 우리 집에서도 아이와 엄마의 대화가 들릴 때가 있는데 아이와 놀아줄 요량으로 마당에 나온 엄마가 먼저 지치는 모양이다. 처음에는 아이를 달래는 소리가 들린다.

"우리 이제 그만 집에 들어갈까?"

그러다가 나무라는 소리가 들린다.

"한 시간만 놀기로 엄마랑 약속했잖아. 약속을 어기면 나쁜 어린이라고 했죠?"

그 다음에는 화를 낸다.

"엄마 이제 화났어요."

다음 단계는 협박이다.

"이렇게 말 안 들으면 이번 토요일에 놀이공원에 안 갈 거예요."

그래도 끄떡하지 않으면 아이에게 통사정을 한다.

"이제 그만 좀 들어가자."

그 두 모자(母子)의 실랑이를 듣고 있으면 나도 옛날 생각이 난다. '그래. 아이가 저만할 때가 제일 힘들지. 저렇게 젊은 30대 후반의 엄마도 힘들어하는데 이다음에 나는 어떻게 손주를 봐주나.'

아들은 여자 친구도 없는데 손주 볼 걱정부터 해본다.

## 작당

지난 토요일에는 조카 둘을 데리고 수영장에 다녀왔다. 초등학교 2학년과 중학교 2학년. 여섯 살이나 차이가 나는데도 항상 제 언니에게 지지 않으려고 한다.

"고모! 언니는요, 자기도 손도 있고 발도 있는데 제가 냉장고에 더 가까이 있다고 하면서요, 맨날맨날 저보고 물 가져오라고 시켜요. 제가 싫다고 하면요, 말 안 들으면 때린다고 그래요. 그거 협박 아니에요?"

"고모부도 마찬가지야. 고모가 부엌에 있으면 커피 가져와라, 녹차 가져와라 하면서 부탁한단다. 그리고 자기가 몸이 더 크니까 산소 소모량이 많다면서 지구환경을 위해서 이산화탄소 발생을 줄이려면 고모가 움직이는 게 더 낫다는 거야."

"그렇지만 몸이 큰 사람이나 작은 사람이나 움직여야 돼요. 몸 크다고 움직이지 않고 빈둥빈둥 하고 있으면 파업자가 되잖아요."

"그건 파업자가 아니라 실업자라고 하는 거란다."

"그래두요, 자기가 먹을 물은 자기가 가져오는 게 맞잖아요."

"다음에 고모부 만나면 네가 꼭 그렇게 말씀드려. 알았지?"

어제 일본에서 돌아온 남편이 이번 주 토요일에 수영장 갈 때는 조카들도 데리고 가자고 했다. 어린 조카 만나면 무슨 말을 들을지는 꿈에도 모른 채.

# 잔디 물썰매

어린이대공원 수영장에서 잔디 물썰매를 타고 왔다!

인조잔디가 깔린 비탈진 언덕에서 튜브를 타고 내려오는 게 재미있어 보여서 썰매장 입구에 세워져있는 입간판에서 읽은 대로 '튜브 위에 다리를 30도 각도로 벌리고 앉아 뒤로 15도 몸을 젖히고' 미끄러져 내려가기 시작했는데 이 후덕한 몸매로 물썰매장 중간쯤에서 나동그라졌다. 밑에 있던 안전요원 총각이 눈이 똥그래가지고 뛰어올라왔다.

"어머니! 괜찮으세요?"

'괜찮을 리가 있냐, 이놈아! 얼굴과 어깨가 제동장치 역할을 했는데.'

다른 사람이 탈 수 있으면 나도 탈 수 있어야 한다는 생각에 튜브를 하나 잡아끌고 다시 위로 올라갔다. 언덕 위에 있는 또 다른 안전요원에게 썰매 타는 요령을 묻고 나서 다시 자세 잡고 내려갔는데 이번에는 무사히 도착.

튜브를 타고 앞으로 내려갈 때는 그래도 괜찮은데 튜브가 반 바퀴 돌아 몸은 언덕 위를 향한 채 거꾸로 미끄러져 내려갈 땐 저절로 비명이 터져 나왔다.

"꺄아~~~~~악!"

나동그라진 것까지 포함, 도합 다섯 번 미끄러져 내려왔는데 내가 물썰매장을 떠날 때 안전요원 총각들은 오늘의 최고령 입장자의 퇴장에 한숨 돌렸을지도 모르겠다.

## 가족의 탄생

누가 될지는 모르지만 장래의 며느리가 영리하고 두세 가지 음식은 할 줄 알고 다른 사람들을 배려하는 사람이면 좋겠다고 했더니 고등학교 후배가 요즈음 그런 며느리감 얻기 쉽지 않을 거라고 했다. 하기는 좋은 며느리감 얻는 일보다 내 아들을 좋은 남편감으로 기르는 게 선결문제인 것 같다. 탐나는 사윗감으로 자라주어야 할 텐데 그것이 문제다.

사르트르와 시몬 드 보봐르 사이의 계약결혼 조건이 첫째, 서로 사랑하고 관계를 지키는 동시에 각자 다른 사람과 우연히 만나 사랑에 빠질 권리 역시 허락할 것. 둘째, 서로 어떤 것도 숨기지 않고 거짓말하지 않을 것. 셋째, 두 사람 모두 경제적으로 독립할 것이었다고 한다.

그렇지만 각자 다른 사람과 우연히 만나 사랑에 빠질 권리 역시 허락한다고? 혹시나 내 아들이 이런 말을 한다면 나는 신고 있던 신발을 벗어서 그 등짝을 흠씬 두들겨 줄 테다.

요즈음 젊은 사람들이 하는 표현을 빌리자면 그게 '쿨하다'고 생각하는 모양인데 결혼이란 건 사랑으로 유지되는 게 아니라 책임감과 인내와 신뢰와 성실로 유지되는 극기훈련 같은 것이다.

김제동 씨가 일전에 인터뷰 중에 '자기에게 있어서 가족은 큰 축복인 동시에 짐이며 또한 추진력'이라고 한 말이 생각난다. 장가도 안 간 사람이 여러 해 동안 가장노릇을 해보기라도 한 것처럼 참 신통한 말을 했다.

## 대단한 할머니

지난주에 서울에 왔던 시동생이 오늘 떠났다. 돌아가신 시어머니가 몇 권의 공책에 써놓으신 자서전을 바탕으로 소설을 쓰려고 한단다. 시동생은 이미 일본에서 진주성 함락과 이순신 장군을 소재로 두 권의 책을 낸 바 있는 작가이다.

지난주에는 시동생과 함께 시부모님 묘소에도 다녀오고 두 분의 일을 기억하고 있는 큰 시숙에게 데려다주고 돌아왔다. 시어머니와 함께 살 땐 힘들었지만 개성이 뚜렷한 분이어서 많은 일화를 남기셨기 때문에 시어머니를 아는 사람을 만나면 공통의 화제가 풍부하다. 남자들이 군대 이야기하는 게 이런 심정일지도 모르겠다.

어제는 시동생으로부터 시어머니의 새로운 일화를 들었다. 시어머니께서 쿄오토에 살고 계실 무렵, 한국으로 가실 때마다 짐이 많아 오사카공항까지 배웅을 나가야 했단다. 단체여행객이 있어서 공항리무진버스 두 대로 출발하게 되었는데 시어머니는 앞차, 시동생은 뒷차에 타고 가던 중에 고속도로에 들어서서 갑자기 앞차가 서더란다.

승객이 위독한 경우나 버스가 하이재킹 당하는 일 외에는 고속도로에서 리무진이 멈추는 법이 없는데 앞차가 서버린 것이다. 그런데 앞차에서 시어머니가 내리더니 뒷차로 올라와서는 "치웅이(시동생 이름), 탔냐?"고 하시더란다.

물론 앞차와 뒷차의 운전기사가 무지무지하게 화를 냈다고 한다. 그렇지만 시어머니가 그들보다도 더 무지무지하게 떼를 썼으니 고속도로에서 세워준 거겠지.

어제 저녁에 밥 먹다가 그 이야기를 듣고 박장대소했다. 잊어버리고 있었는데 역시 대단한 시어머니셨다.

결혼식이 끝나면 화려한 드레스와 멋진 턱시도를 벗고 아내는 식모, 남편은 머슴이 될 각오가 서지 않으면 결혼하지 말아야 한다는 게 어느 할머니의 말씀이다. 서로 상대를 섬기는 마음으로 돕는 배필이 되어야 한다는 뜻일 것이다.

어느 결혼식에서 주례목사님이 '셰익스피어가 말하기를 남자는 자유를, 여자는 운명을 걸고 하는 게 결혼이라고 했다'고 말씀하셨다. 인간이 어떤 대가를 치르더라도 쟁취하고 싶어하는 게 자유인데 남자는 자유를 걸고 결혼을 한다니 마음에 드는 이성을 만나 사랑에 빠지면 정서장애 및 복합적인 광적 증세를 동반한 집착에 빠진다는 말이 맞는가 보다. 신경과학자들은 사랑에 빠진 사람의 뇌를 단층촬영 해보고 배고픔과 갈증, 약물중독 증세가 나타나는 신경계 작용에 가깝다고 판독했다고 한다.

어제 함께 점심을 나눈 미혼의 후배에게 사랑이냐, 조건이냐는 시대를 초월해서 결혼을 앞둔 사람들의 공통적인 고민인가 보다고 했더니 무슨 시대착오적인 발상이냐고 면박을 준다. 당연히 조건이라고 했다. 조건이 좋으면 사랑도 솟아난다는 것이다.

요즈음의 결혼은 A라는 회사와 B라는 회사의 합병 같은 거라고 하면서 기대했던 수익을 내지 못하면 수년 안에 이혼하게 된다고 했다. 로맨스는 소설에만 남아있고 결혼은 비즈니스가 되었으며 젊은 부부들은 인스턴트 세대라서 기다리거나 참는 일과는 거리가 멀다고 한다.

예전에 어느 분이 부산 피난시절에 옆집에 사는 부부가 저녁이면 냄비를 던지며 부부싸움을 해서 시끄럽고 아침이면 밥을 하기 위해 지난 밤에 찌그러뜨린 냄비를 두드려 펴는 통에 시끄러워서 잠을 잘 수 없었다고 하는 이야기를 들은 적이 있다.

사람 사는 게 그런 거 아닌가 싶었는데 이제는 결혼이 비즈니스라는 말까지 나온다.

며칠 전 늘 다니는 산보길에 들어서서 언덕길을 올라가고 있는 중인데 유치원생 예닐곱 명이 재잘재잘 떠들며 걸어가고 있었다. 뒤따라가던 내가 그 아이들을 지나칠 무렵, 어떤 남자아이가 살그머니 내 손을 잡으며 이렇게 말했다.

"손 좀 잡아주세요."

"왜?"

"다리가 아파요."

아이의 손을 잡고 올라가다가 길 옆에 있는 침엽수를 가리켰다.

"이게 무슨 나무인지 알아?"

"소나무요!"

다른 아이들까지 합창하듯 대답한다.

"어디 보자. 이건 잎이 다섯 개니까 소나무가 아니라 잣나무란다."

"이건 뭐에요? 할머니!"

할머니라고? 내가 잘못 들었겠지.

"이건 무슨 나무에요?"

아이들이 길에 떨어진 마른 가지를 이것저것 주워서 내게 묻고 있을 때 선생님의 목소리가 들렸다.

"햇님반 어린이들! 저기 있는 정자로 가세요."

선생님은 다른 반 아이들을 기다리자고 하면서 정자 쪽으로 가고 나는 늘 다니던 산보코스 쪽으로 방향을 틀면서 잡고 있던 아이의 손목을 놓아주었는데 이놈이 자그마한 손을 흔들며 내 가슴에 대못을 박았다.

"할머니! 안녕히 가세요!"

오늘도 오후에는 병원에 가야하기 때문에 오전에 신덕왕후릉에 산보하러 갔다가 지난번의 그 햇님반 어린이들을 보았다. 그날과는 모자도, 옷도 다르니까 설마 나를 알아보지는 않겠지 싶어서 모른 척 하고 그 옆을 지나치려는데 지난번의 그 꼬마가 소리쳤다.

"**할머니!** 전에 나 봤지요?"

# 윤리 선생님

고등학교 때의 윤리 선생님 말씀이 이따금 생각난다. 어느 날 교실에서 수업을 하시다가 창밖을 내다보며 이렇게 말씀하셨다.

"여러분이 학교를 졸업하고 사회로 나갔을 때, 내가 가르친 대로 살면 꽤 힘이 들 텐데 이렇게 가르쳐도 되는가 하는 생각이 가끔 듭니다."

그때는 흘려들었는데 시간이 갈수록 선생님의 마음을 이해할 수 있게 되었다. 아이들에게도 정직하고 성실하게 살며 규칙을 지키고 남을 도와주고, 하지 않도록 되어 있는 일은 하지 말라고 강조하지만 아이들은 '바른 생활 하는 엄마'보다 '슬기로운 생활 하는 아빠'에게 점수를 더 주고 있는 것 같다.

몇 년 전 여론조사에서도 열 명 중 여섯 명이 '정직하게 살면 손해본다'고 응답했다고 한다. 사실 정직하게 사는 일 뿐 아니라 규칙을 지키는 일, 남을 돕는 일도 손해 볼 각오를 해야 가능한 일이다.

작년에 많이 팔린 책 중에 하나가 <정의란 무엇인가>라는 책이다. 저자는 정의가 무엇이라고 해답을 내놓지는 않았어도 여러 가지 정황을 설정하여 독자들로 하여금 많은 생각을 하게 했다. '자신에게 유리한 것이 정의'라고 말하는 사람도 있지만 많은 사람이 정의에 대한 갈망을 품고 있다는 데서 희망을 찾고 싶다.

# 구두닦이 아저씨

신문에서 20대 후반부터 20년째 구두를 닦고 있는 분의 기사를 읽었다. 어느 날 집에 돌아와 보니 아들 넷이 공부를 하고 있더란다. 보기가 좋아서 부모로서 뭔가 해주고 싶은데 학원에 보낼 여유는 없지만 그의 손님들 중에는 공부를 많이 한 사람들이 있다는 게 생각나서 아이들에게 '모르는 게 있으면 적어놓으라'고 했단다. 아이들이 건네준 메모지를 손님들에게 건네니 모두들 친절하게 문제를 풀어주더란다.

이제 그의 아들들은 이미 다 학교를 졸업했지만 학원에 갈 수 없는 동네 아이들을 위해 지금도 메모지를 돌리고 있다는 그가 이렇게 말했다.

> 부모의 자격은 늘 성실히 사는 데 있지 않나 해요.
> 백 마디 좋은 말 하면 뭐해요?
> 보기에도 자기 부모는 그런 사람이 아닌데.
> 어린 아이들도 부모의 이중적인 태도는 기가 막히게 눈치를 채요.
> 그러니 부모가 말이 아닌 몸으로 살아야
> 자식도 열심히 살겠지요?
> 술 마시고 집에 늦게 들어가지 마세요.
> 집에서 큰 소리 내지 마세요.
> 아이들에게 하지 말라고 한 일은 본인도 절대로 하지 마세요.
> 늘 성실히 사세요.
> 이보다 더 좋은 자식교육이 어디 있겠어요?

공부를 많이 하고도 변변치 못한 사람, 풍족하게 살면서도 인색한 사람이 적지 않은데 이 구두닦이 아저씨는 정말 훌륭하시다.

# 미장원 아줌마

돈암동으로 이사 온 지도 벌써 23년째로 접어들고 있다. 처음에 집에서 제일 가까운 미장원에 들렀다가 단골이 되어 전철역 입구, 성신여대 정문 앞, 주유소 뒷편 등 미장원 아줌마가 이리저리로 자리를 옮길 때마다 쫓아다닌 점포가 이번이 네 번째. 거의 한 달에 한 번 머리를 잘랐으니 한 2백 번 이상 만난 것 같다.

그 사이 알게 된 건 강원도 출신의 이 아줌마가 미장원 하면서 세 자녀를 미국으로 유학 보냈다는 것, 형제 중 막내라는 것, 수영, 피아노, 영어, 플루트, 요가 등 뭔가 늘 배우고 있다는 것이다.

어제도 오전에 미장원에 들렀더니 머리에 울긋불긋하게 세트를 말고 악보를 보면서 플루트을 불고 있었다.

"손님이 없어서 연습하고 있는데 내가 유희인 씨를 위해서 연주해 줄께."

이렇게 말하며 <당신은 나의 태양>을 들려주셨다. 머리를 자르며 그 아줌마가 아이들 키운 이야기를 들었는데 어떤 아이는 그냥 내버려두어도 되지만 어떤 아이는 몰고 가야 하더라고 하기에 그저께 선배들 만나서 들었던 이야기를 했다.

"나이 일흔 가까운 선배님들께서 세상에 내 맘대로 되는 건 없다고 하시더라고요."

"어머! 그거 내가 한 말인데?"

"그래요?"

"내가 며칠 전에 세상에 내 맘대로 되는 건 없고 다 네 맘대로 되더라고 했거든. 그 '너'가 누구냐 하면 하나님이야."

몇 년 전, 미장원 한쪽에 놓인 컴퓨터로 미국에 있는 아이들과 전화를 할 수 있도록 스카이프를 연결해 드렸더니 이 아줌마는 내가 만물박사인 줄 안다.

"언니! 이거 내가 영어공부 하는 건데 컴퓨터에 CD를 넣었더니 소

리가 너무 작아."

"그럴 리가요. 어디 줘 봐요."

컴퓨터에 CD를 넣고 보니 볼륨이 작게 조정되어 있어서 키워놓았다.

"어머! 언니가 오니까 너무 좋다."

아줌마가 정확한 나이는 말하지 않아 모르지만 환갑이 지난 건 확실하다. 요즈음에는 손님이 적은 오후 4시부터 1시간 동안 구민회관에서 요가를 배우고 있는데 이제 많이 숙달되어서 조금 있으면 물구나무서기 자세도 가능할 것 같다고 한다.

참 열심히 사신다. 만나면 기분이 좋아지는 사람 중의 하나다.

# 시계포 아저씨

충무로에서 일을 하던 게 1992년 무렵. 그때 회사 근처에 있던 시계포 아저씨를 지금도 가끔 찾아간다. 배터리가 떨어졌거나 고장난 시계를 들고 가는데 가게 안에 아저씨랑 나랑 둘이 앉으면 아무도 들어올 수가 없을 만큼 좁은 점포이다.

지난 봄에 갔을 때 그 옆에 있는 큰 가게로 옮기신 걸 보았는데 오늘 가보니 예전 그 자리로 도로 와 계셨다.

"어머나, 아저씨! 여기 수리하느라고 잠시 그리로 가신 거였어요?"

"아니. 거긴 넓은 대신 세가 너무 비싸서 돈 벌어 다 월세로 나가."

"그래도 그쪽이 좋은 점은 뭐예요?"

"가게가 넓으니까 물건도 많이 진열할 수 있고 사람들이 깎지를 않아."

그 대신 그 가게를 채울 물건을 수시로 사들이는 게 힘들고 지금의 가게보다 월세가 많이 나가서 원래의 자리로 오셨다고 했다.

치매를 앓고 있는 부인이 늘 무언가를 사들이기 때문에 집에 가면 상해서 버리는 식재료가 많다고 푸념하던 아저씨는 요 몇 년 사이에 더 늙으신 것 같다. 이북에서 형님하고 단 둘이 내려왔는데 형님은 돌아가시고 어찌저찌 만난 부인은 신혼 초부터 말이 없는 사람이었는데 치매에 걸린 이후로 말수가 더 줄었고 줄곧 누워만 지내신단다.

시계포에 갈 때마다 나는 "아주머니는 좀 어떠시냐?"라고 묻고 아저씨는 늘 "똑같애. 더 나아지지도 않고 더 심해지지도 않고."라고 대답한다.

아주머니를 낮에는 주간노인보호센터에 가시게 하면 어떠냐고 했는데 평생 친구도 없이 지낸 사람이라 그런 곳에 가기 싫어한단다. 여든을 바라보는 아저씨가 집에서 요리, 청소, 빨래까지 직접 하신다는데 아저씨까지 병 나실까 걱정이다.

# 경비 아저씨

아는 이가 해외로 이주하게 되어서 살림살이 정리하는 걸 도왔다. 의류, 가구, 신발, 학용품, 전자제품 외 잡동사니를 여러 차례 실어 날라 주변에 있는 사람들에게도 나누어 주고 아파트의 여직원, 청소 도우미 아줌마에게 골라가도록 했다. 나머지는 '아름다운 가게'에 갖다 주면 된다.

지난 화요일에 마지막 짐 정리를 했다. 영월에서 벌도 치고 산채도 기르시는 분에게 사무용 의자와 데이블을 드리기로 했는데 서로 시간이 맞지 않아 영월로 내려갈 수도, 그분에게 서울로 올라오시라고 할 수도 없어 경기도 광주의 그분 댁까지만 갖다드리기로 했다. 영월의 거처가 마땅치 않아 아내와 아들은 아직 광주에 살고 있는 것이다.

요즈음처럼 비가 자주 내리는 때에 광주에 가기로 한 날, 다행히 비가 그쳤다. 트렁크를 비우고 뒷좌석을 접어서 최대한 공간을 만들었다.

압구정동까지 가서 짐을 싣고 성남을 지나 광주에 도착하기는 했는데 들어갈 때는 문제없던 사무용 의자가 나중에 넣은 짐에 걸려 옴짝달싹도 하지 않는다. 난감하던 차에 경비초소에 계신 아저씨가 눈에 들어왔다.

"아저씨, 저 좀 도와주실래요?"

"뭡니까?"

"제가 짐을 싣고 왔는데 꺼낼 수가 없네요."

초소를 나오면서 목장갑을 찾아 낀 아저씨는 의자를 번쩍 들어 마당에 내려주셨다.

"아이고, 정말 고맙습니다."

"뭘요. 부탁하는 것도 능력입니다."

"멋져요, 아저씨! 이제부터 저도 그 능력을 키워볼게요."

# 철없는 두목

매달 후원금을 보내는 호스피스 시설에서 보내온 월간잡지에 '철없는 두목'이라는 기사가 실렸다. 뚝섬 부근에서 자라 동네 조폭으로 지내다가 마음잡고 가정을 꾸린 남자가 간암에 걸려 44세에 세상을 떠났다는 내용이었다.

그의 나이 19세에 거느리던 조직원이 스무 명이 넘었고 조직원이 들어오면 하루에 3시간씩 유원지에서 훈련을 시키고 먹이고 사우나에 가서 쉬게 하며 지내다가 사람을 죽이고 12년 형을 받았다. 형을 살고 나오자 동네 형이 돈놀이 하며 살라고 자금을 주었는데 백만 원 빌려주고 일주일에 10만원의 이자를 받았다고 한다.

그렇게 힘없는 사람들을 괴롭힌 것이 후회된다며 병이 나으면 조그만 가게를 하며 아이들에게 떳떳한 아버지의 모습을 보여주고 싶다, 그 일이 불가능한 것도 아니었는데 왜 우습게 여겼는지, 그때는 왜 그렇게 철이 없었는지 모르겠다고 했다.

그는 이미 이 세상 사람이 아니었다. 그가 사망한 날짜가 적혀있는 사진 속에는 환자복을 입은 그의 양손을 유치원생, 초등학교 2학년생 쯤으로 보이는 사내아이들이 잡고 있다. 두 아이가 아버지 없이 살아갈 생각을 하니 가슴이 아리다.

'아버지가 있어도 쉽지 않은 세상인데…….'

오래 전에 어느 주부가 텔레비전에 나와서 "조실부모한 것은 내 잘못도 아닌데 아버지 일찍 여읜 일을 시댁에서 흠 잡았어요. 세상의 모든 부모님들! 부디 오래오래 살아주십시오."라고 하던 일도 겹쳐 생각난다. 아무쪼록 두 아이가 반듯하고 씩씩하게 자라나기를.

## 예쁜 입

얼마 전 지하철에 탔는데 옆 자리에 앉은 여학생이 휴대전화로 통화하고 있었다. 옷차림도 얌전하고 목소리도 조용했는데 통화 중에 이런 소리가 들렸다.

"닥치고 빨리 나와!"

깜짝 놀라서 돌아보니 그녀는 화를 내고 있는 게 아니라 생글생글 웃고 있었다. 이어폰을 꽂고 마이크는 입 근처에 갖다 댄 채 시종 즐거운 듯이 대화를 이어가는 그녀에게 '닥치다'는 '입을 다물다'라는 뜻으로 쓰는 일상용어인 모양이다.

피아노 학원을 운영하던 친구가 있었는데 학원에 온 초등학생들이 대화 중에 '존나게 재미있다'고 말하는 것을 듣고 물었다고 한다.

"너, 그게 무슨 뜻인지 아니?"

"네."

"무슨 뜻인데?"

"매우, 몹시. 그런 뜻이죠."

그 아이들 사이에서는 그 거북한 단어가 '보통 정도보다 훨씬 더' 혹은 '더할 수 없이 심하게'라는 뜻의 부사로 쓰이는 것이다.

말은 마음을 담는 그릇이며 말씨는 마음씨, 솜씨, 맵씨와 더불어 남녀를 불문하고 갖추어야 하는 덕목인데 요즈음 거리에서 마주치는 아이들의 말이 거칠다. 고 예쁜 입으로 험상스러운 단어를 주고받는다. 불러 세워서 타이를 용기는 없고 그냥 그러다 말기만 바라면서 내 영역이 확실한 집에서만 단속하고 있다. 그런데 이 녀석들이 나 안보는 데서 그런 험한 말을 쓰고 있는 거나 아닌지 모르겠다.

# 돈은 좀 천천히 모아도 되었는데

가끔 사회복지사들의 모임에 참석하고 있다. 그 모임에는 노인들의 수발을 직업으로 하시는 분들이 많이 온다. 독거노인을 돌보거나 복지관에서 일하는 사회복지사, 노인병원에서 일하는 사회복지사, 성당의 노인대학에서 일하는 자원봉사자, 너싱홈을 운영하고 있거나 운영할 계획을 가지고 준비 중인 사업가 등.

공부가 끝나고 돌아오는 전철 안에서 복지사 선생님들에게 물었다. 나야 시어머니, 친정아버지가 핏줄이니까 어려워도 수발을 해냈지만 그 일을 직업으로 삼는 당신들의 보람은 어디에 있는 거냐고. 그분들 대답이 '핏줄이 아니니까 할 수 있다'는 거였다. 핏줄이 아니니까, 그리고 근무하는 동안에만 상대하면 되는 것이니까 애매한 소리를 하거나 엉뚱한 일을 벌여도 견딜 만하다는 것이다.

그날 노인병원에서 일하는 복지사 선생님이 안타까워하면서 이런 이야기를 했다.

"친하게 지내는 할아버지에게 좋은 영화를 보여드리겠다고 주말에 약속하고 어렵게 비디오를 한 편 구했는데 월요일에 가니까 돌아가셨어요. 내가 좋은 글귀를 읽어드리면 무척 기뻐하시고 당신이 그동안 잘못 살아왔다고 하시면서 자식들에게 보여줄 수 있도록 복사해달라고 하셨는데……."

'잠깐 검사만 하러 가자'는 딸에게 이끌려 들어오신 게 작년 가을인데 원무과에서는 자녀들로부터 절대로 퇴원시키지 말라는 요청을 받았다고 한다. 이미 폐암이지만 80대 중반이시라서 병의 진행이 느리기 때문에 수술도 하지 않았는데 생각보다 너무 일찍 돌아가셨다고 했다.

금형기술자로 일하면서 돈을 모은 그 할아버지는 아들은 강하게 키워야 한다면서 무척 엄격하고 인색하게 대했고 딸에게는 그렇지 않으

셨던 모양이다. 돈이 있어야 행복할 수 있다고 생각했던 그분은 돈을 모으는 동안 자녀들은 물론이고 할머니와의 관계도 악화되어서 입원하시기 전부터도 할머니와는 별거 중이셨다고 한다. 돈을 좀 천천히 모으시더라도 가족들과의 관계를 깨뜨리지 않았으면 좋았을 것을.

복지사 선생님이 그 할아버지의 자녀들을 만나서 그분이 돌아가시기 전에 얼마나 후회하셨는지 말씀드리고 싶다고 했다. 아들은 아버지 도움 없이 성공했다고 아버지를 자주 찾지 않았고 딸은 할아버지가 입원 전에 맡긴 통장의 돈을 이미 많이 써버려서 나중에 가족들 사이에 분란이 났다고 한다. 아내와 자녀들이 임종이나 했는지 모르겠다.

아버지가 자녀들에게 줄 수 있는 가장 좋은 선물은 그 자녀들의 어머니를 사랑하는 모습을 보여주는 거라고 한다. 오늘 내가 사는 모습이 내 아이들의 결혼생활에 영향을 준다고 생각하면 말도 행동도 조심해야 하는데 나 역시 작정하고 조심하는 건 잠시뿐이다.

## 걱정

오늘은 거래처 준공식에 보낼 선물을 사러 모 주류백화점에 들러 와인세트를 골랐다. 거래처에 보낼 선물이랬더니 주인 아저씨가 묻는다.

“근데 아짐니는 뭐하는 분이시오?”

“출판사를 하고 있어요.”

“시작한 지 몇 년 되얏소?”

“1년 좀 넘었는데요.”

“그렇게 순하게 생겨가지고 어디 사업하것소? 흐~미, 걱정되아부러!”

그러니까 내가 만만하게 생겼다는 소리를 그렇게 돌려서 이야기한 것인가 보다.

흐~미, 짜증나부러!

빈 라덴이 죽었다. 오랫동안 준비해 온 작전 끝에 사살했다고 한다. 그 작전의 이름이 '제로니모'란다.

미국땅에 원래 살고 있던 아메리카 원주민을 인디언이라고 부른 건 북아메리카에 도착한 유럽인들이 그곳을 인도라고 생각했기 때문이었다. 그래서 콜롬부스가 신대륙을 '발견'한 게 아니라 신대륙에 '도착'했다고 하는 게 맞다는 게 아메리카 원주민들의 주장이다.

그 땅의 주인인 아메리카 원주민들로서는 어이가 없는 일이지만 유럽에서 도착한 사람들은 신대륙을 발견했다며 교회도 짓고 학교도 짓고 집을 지으며 자신들의 영역을 서쪽으로, 서쪽으로 확대해 나아갔다.

원래 아메리카 원주민들은 땅에 대한 소유의 개념이 없었다. 그들에게는 '대지의 어머니'를 소유한다는 발상 자체가 없었기 때문에 백인들이 내민 계약서의 내용도 모르고 사인을 했다. 백인들은 그 터무니없는 계약서의 내용조차도 이행하지 않았다.

백인들이 자기 땅이라며 말뚝 박는 걸 본 인디언들은 웃었다고 한다. 땅은 사용하는 것이지 소유하는 게 아니라고 생각하던 그들은 누구나 쓸 수 있는 땅에 백인들이 왜 그런 일을 하는지도 몰랐던 것이다. 그 땅을 지나가다가 백인들의 공격받은 인디언들이 분노하는 건 당연했다.

야비한 백인들과 선교사들은 인디언에게 술을 주었고 물물교환 시에는 인디언들에게서 모피를 받는 대신 유럽의 천연두 병균이 묻어있는 담요를 주었다. 유럽에서 온 전염병은 인디언들에게는 치명적이어서 전투에서 죽은 것보다 전염병에 걸려 죽은 인디언들이 더 많다고 할 정도이다.

제로니모는 그러한 백인들에 대항하여 싸운 아파치의 전사이다.

# 힘을 빼라!

운동을 잘 하는 사람의 움직임에는 낭비가 없다. 수영기록이 좋은 사람은 스트로크를 빨리 하는 게 아니라 길게 한다. 그렇게 하면 속도도 빨라지고 심박수도 올라가지 않아 에너지를 아낄 수 있기 때문이다.

누구나 오리발처럼 큰 발, 큰 손바닥, 긴 스트로크를 할 수 있는 긴 팔과 긴 몸통, 커다란 폐와 튼튼한 심장을 다 갖추면 좋겠지만 키가 작을수록 스트로크 횟수가 늘어나므로 자기에게 맞는 스트로크 횟수를 찾는 게 관건이다.

피아노를 전공한 선배가 이런 말을 했다.

"수영 뿐 아니라 연주도 그래요. 서툰 사람은 몸에 힘이 잔뜩 들어가지. 골프도 마찬가지야. 힘으로 때리는 게 아닌데 잘 쳐야지 하는 욕심이 생기면 저절로 힘이 들어가요."

운동이나 연주뿐만 아니라 일도 그렇다. 목표지향적이 되어 스스로를 담금질하다 보면 '일하는 즐거움'을 잊게 된다. 잘 하고 싶다는 욕심 때문에 가속이 붙고 속도를 조절하지 못해서 몇 번 나가떨어지고 나면 그때부터 힘을 뺄 수 있게 된다.

욕심을 버린다, 마음을 비운다는 말도, 무소유라는 말도 힘을 뺀다는 말과 동의어이다. 힘을 빼면 유연해진다. 폭풍 속에서도 부러지지 않는 갈대처럼.

# 마음의 양식

사람 사귀는 데에도 맷집이 필요하다고 하는 광고 문안에 끌려서 <언니들 집을 나가다>라는 책을 샀다. 그 속에 아버지 때문에 상처받은 여성의 이야기가 나온다.

어머니가 7년 동안 뒷바라지를 하여 세무사가 된 그녀의 아버지는 돈을 벌자 여자를 얻어 이복동생을 둘이나 만들어주었고 국회의원이 되겠다고 나서서 집안을 거덜내더니 돈이 궁해지자 20대 초반이었던 그녀의 이름으로 사업자등록증을 내어 수천만 원의 세금이 나오게 만들었다고 한다. 결국 현 주소는 교도소이고 내년에 출소하신단다.

그 아버지는 '평소에도 책을 끼고 사는 독서광'이었다고 하는데 어떤 마음의 양식을 어떻게 잘못 먹고 그리 되셨는지 모르겠다. 책뿐만이 아니다. 일반적으로 우리가 긍정적 가치로 생각하는 머리 좋은 것, 몸이 튼튼한 것, 많이 아는 것, 재물이 넉넉한 것 등도 그로 인하여 옆에 있는 사람에게 유익이 되지 않으면 무슨 소용인가?

자신밖에 모르는 사람들에게는 좋은 머리, 튼튼한 몸, 학식과 재산은 있으나마나 한 것이 아닐까 생각하다가 그렇게 말하는 나는 이웃에게 얼마나 유익을 끼치고 있는지 반성해 보았는데 유익은커녕 피해나 주지 않고 살면 다행이니 우선 내 앞가림부터 해야겠다.

# 고백

금요일에는 온종일 밖에 나가 있었더니 다음날 인천에서 있을 결혼식에 참석할 자신이 없었다. 게다가 비도 내리고 황사에 강풍까지 분다고 한다. 어지간하면 축의금만 보내고 말겠는데 어르신 리크레이션을 업으로 삼고 있는 곱상한 젊은이가 마흔이 넘어 드디어 장가를 간다니까 직접 가서 축하해주고 싶었다.

축의금과 결혼식장까지 가는 약도와 우산을 챙겨들고 집을 나섰다. 공항철도를 타고 검암역에서 내려 택시를 타고 도착한 식장에서는 결혼식 전에 대형화면으로 두 사람의 사진을 보여주고 있었다. 늦게 장가가면서도 커플룩과 결혼 예복 차림으로 비눗방울 날려가며 웨딩사진을 많이도 찍었네.

멀리까지 간 김에 그 근처에 사는 친구와 미리 약속을 해서 김포공항에 있는 릴렉스샵에서 만나기로 했다. 마사지를 받으려고 슬리퍼로 갈아 신으려다가 기겁을 했지만 시침 떼고 발 마사지에 등 관리까지 받고 친구와 아이스크림을 먹으러 갔다. 실컷 수다를 떨다가 저녁시간이 다 되어 헤어지기 전에 친구에게 말했다.

"사실은 나, 너에게 고백할 게 있어."

"뭔데?"

"이걸 좀 봐."

내가 신고 있는 신발을 가리키자 친구가 박장대소 하였다.

아까 공항철도에서는 손님이 적어 건너편 의자에는 군인 한 사람, 내 쪽에는 나 혼자, 이렇게 둘이 마주 보며 타고 왔는데 어쩐지 건너편에 앉은 군인이 나를 자꾸 쳐다보더라니. 서두르며 나오다가 잊은 게 있어 다시 집으로 들어갔는데 그때 신발을 짝짝이로 신고 나온 모양이었다.

이번에 도배하면서 벽에 걸려있던 시계를 떼어냈다가 다시 걸려고 하는데 시계바늘이 움직이지 않았다. 건전지가 다 되었나 해서 새로 갈아 끼웠는데도 움직이지 않았다.

'멀쩡하게 잘 돌아가던 시계인데 도배하시던 분들이 떨어뜨렸나?'

이렇게 생각하며 시계에 귀를 바짝 대니 주기적으로 딸깍거리는 소리가 들리는 걸 보면 아주 못쓰게 된 건 아닌 모양이었다. 건전지의 방향을 돌려 다시 끼워 보기도 하고 시계 뒷판을 손바닥으로 탕탕 두들겨보기도 했는데 딸깍거리는 소리는 여전해도 바늘이 움직이지 않았다.

시어머니께서 쓰시던 시계이니 이제 수명이 다 되었나 보다 생각하고 마루 한 구석에 처박아 두었다가 분리수거 하는 날, 드라이버를 꺼내들고 시계를 분해하기 시작했다. 유리와 플라스틱 재질은 각각 재활용쓰레기통에 나누어 넣고 시계 뒷판과 기계 장치는 일반쓰레기로 버릴 작정이었다.

뒷판을 뜯어내고 유리를 분리한 후, 금속으로 분류될 시계바늘을 잡아당겼는데 어머나! 시계바늘을 당기자마자 그 순간부터 시계가 재깍재깍 작동하는 것이었다. 생물도 아닌 것이 어찌 제 목숨 끝나는 걸 알았는지 "나, 아직 살아있어요. 버리지 마세요."라고 말하기라도 하듯 초침이 돌았다.

사람도, 물건도 한 번 인연 맺으면 치명적인 하자가 없는 다음에야 어지간하면 끝까지 함께 가는 편이라 모양도 없이 숫자만 큰 낡은 시계지만 다시 거실에 모셔두었다.

# 가정교육

어제 가평에 있는 코스모피아 (http://cafe.naver.com/cosmopia)에 가서 하룻밤을 보내고 왔다. 날이 흐려 어쩌나 했는데 밤에 기온이 내려가면서 구름이 걷히고 하늘이 맑아졌다.

이세영 천문대장이 '있는 시설 가지고 좋은 일 하고 싶다'고 해서 아프리카 학생들을 소개했는데 스무 명에게 1박2식의 비용도 받지 않았을 뿐만 아니라 영어로 실내강의도 해주고 돔에 올라가 슈미트 카세그레인 천체망원경으로 토성도 보게 해주었다.

아프리카는 별이 많이 보이는 곳이기는 하지만 토성의 테두리를 본 학생들이 감탄, 또 감탄! 마당으로 나와서는 북두칠성, 백조자리, 스피카, 직녀성 등 그 시간에 보이는 별자리를 다 설명해 주었다.

학생들이 돔에 올라가 천체망원경을 들여다보는 동안 나는 캄캄한 마당을 거닐었다. 빛이 없어야 별이 잘 보인다고 해서 모든 불을 꺼놓았는데 한 구석에서 개똥벌레가 나타나더니 빛을 내며 건물 벽을 따라 날아올랐다.

프로그램이 다 끝나고 학생들은 캠프파이어를 즐기는 동안, 나는 천문대 직원들과 앉아 있다가 신기한 이야기를 들었다. 코스모피아에서는 천문대를 운영하면서 벼농사도 하고 밭농사도 하고 한켠에서는 닭도 키운다. 암탉이 알을 품어 병아리가 부화되었는데 그 병아리가 자라 닭이 되자 이웃집에서 그 닭을 좀 달라고 하더란다. 그 이웃집에서도 닭을 키우고 있는데 왜 닭을 달라고 하나 했더니 어미닭이 품은 알에서 태어난 병아리는 자기가  닭이 되면 알을 품는데 기계에서 부화된 닭은 알을 낳고도 품는 확률이 떨어진다고 한다.

그 말을 듣고 내가 감탄했다.

"어쩌면! 닭도 가정교육이 중요하네."

닭은 닭인데, 알도 낳는데 품지도 않고 아무 데나 낳고 돌보지를 않는다니 어느 면에서는 사람과 똑같다. 겉보기는 사람인데, 멋낼 줄도 알고 일도 잘 하고 몸도 건강하고 아는 것도 많은데 사람 노릇 못하는 사람이 얼마나 많은가 말이다.

# 똘이와 주몽

오래간만에 여동생과 만나 점심을 먹었다. 동생은 '똘이'라고 이름 붙인 강아지를 여러 해 동안 기르다가 수명을 다하여 죽자 유기견센터에 가서 강아지를 한 마리 또 얻어 왔는데 이름을 역시 '똘이'로 지었다고 했다.

"유기견센터에도 예쁜 강아지가 있니?"

"그곳에 오는 개는 다 꾀죄죄해. 버려졌거나 사고가 나서 불구가 된 개들이니까."

그런데 동생이 강아지를 한 마리를 더 기르고 있단다. 어느 신혼부부가 기르던 강아지인데 시골에서 올라오신 아버님이 너무 때리는 바람에 신혼부부가 눈물을 머금고 '똘이'의 단골가축병원에 맡겼다는 것이다. 어쩌다 들른 가축병원에서 그 강아지를 본 동생이 집으로 데려와 키우면서 '주몽'이라는 이름을 붙여주었단다.

수의사 선생님은 아무도 데려가는 사람이 없으면 유기견센터로 보낼 예정이라고 하셨단다. 유기견센터에 가본 적이 있는 동생은 주몽이 그곳에 가면 어떤 운명을 맞게 될지 알고 있기 때문에 도저히 그냥 두고 올 수가 없더란다. 그곳에서 돌볼 수 있는 개는 백 마리라서 백 마리가 넘으면 안락사 시키는데 센터에 들어온 순서대로가 아니라 시끄럽게 짖는 개, 자주 싸우는 개, 아픈 개 순서로 선택되어 주사를 맞고 서서히 죽어간다고 한다.

돌보는 개가 백 마리가 넘으면 센터에서 근무하는 두 사람의 직원 중, 한 사람은 빨리 처리하고 싶어하고 나머지 한 사람은 가능하면 하루라도 더 데리고 있으려고 한단다. 안락사 시키기 전에 누가 입양이라도 해가기를 바라면서.

동생이 유기견센터에 전화를 걸어 강아지를 한 마리 데려가고 싶다고 하자 그 직원이 강아지를 깨끗이 씻기고 털을 매만져 놓았더란다. 한 마리라도 살려서 내보내려는 그 아저씨의 마음이 아름답다.

# 사랑의 집

며칠 전 3호선 충무로 플랫폼에서 기다리고 있을 때였다. 똘망똘망하게 생긴 남자아이가 다가와서 말했다.

"아줌마! 저, 사랑의 집에서 나왔는데요. 배가 고파서 그래요. 돈 좀 주세요."

십중팔구는 거짓이겠거니 하면서도 지갑에서 천 원짜리를 한 장 꺼내주었다. 돈만 받고 갈 것 같던 아이는 갑자기 내게 물었다.

"아줌마! 내 인상이 어때요?"

"똑똑해 보이네. 공부 잘 하게 생겼는데?"

"제가 몇 살로 보이세요?"

"글쎄, 한 열여섯?"

"제가 키가 작아서 그런지 다들 편하게 생각해요. 사람들은 자기보다 키 작은 사람에게는 마음을 놓는대요."

그 말 듣고 자세히 보니 키는 작아도 아이가 아니라 스무 살은 넘은 청년인 것 같았다. 눈이 묘하게 반짝거리는 것 같아서 약간 경계심까지 갖게 되었다.

청년이 또 물었다.

"아줌마! 어제 SBS 보셨어요?"

"아니."

"전철에서 구걸하는 아저씨가 나왔거든요. 그 아저씨는 하루에 4~50만원 번대요. 5억 짜리 빌딩도 가지고 있대요. 약올라 죽겠어요."

"너, 그렇게 살고 싶니?"

청년은 내 말에 대답도 하지 않고 돌아서서 가버렸다.

난 또 속은 거네. 그 청년이 사랑의 집에서 나왔을 리가 없지.

이번 달에 있을 동창회 행사 때문에 거의 매주 회의를 하고 있다. 바자회에서 팔 물품도 골라야 하고 동창회보 편집도 해야 한다. 지난 주 모임에서는 행사 당일 순서를 인쇄한 현수막이 낡았으니 다시 만들자는 이야기가 나왔다.

"순서가 달라진 게 없으니 그냥 쓰도록 하지요."

"작년에 만든 게 좀 구겨져서요."

"그거 다시 만드는 데 얼마 들어요?"

"만 오천 원이라던데요."

"그냥 다림질해서 씁시다. 구겨졌다고 새로 만들면 이건 만 오천 원짜리 쓰레기가 되는 거예요."

지난봄에 컴퓨터를 새로 장만할 때도 케이스는 예전에 쓰던 걸 다시 쓰겠다고 했더니 컴퓨터 가게 총각이 케이스도 바꾸라고 했다.

"왜요?"

"새로 나온 케이스가 더 예쁘잖아요."

"그게 얼만데요?"

"이만 오천 원이요."

"케이스를 바꾸면 이만 오천 원짜리 쓰레기가 생기는 거잖아요."

쓰레기를 적게 만들며 살기로 한 지 꽤 되었다. 굳이 없어도 되는 물건을 사는 건 경제적으로도, 시간적으로도 낭비이다.

함께 다니면 자주 충동구매를 하는 친구가 있는데 그녀가 가게에 들어가서 "이건 어때? 저건 어때?" 하고 물어볼 때마다 나는 사지 말라고 말린다. 가게 주인의 눈총을 받으면서도.

# 프랑스 남자

나이를 먹으면서 남자들을 볼 때마다 이런 생각을 한다.

'내게 딸이 있다면 사위로 삼고 싶은 사람인가?'

교회 친구, 학교 친구, 회사 동료를 비롯해서 사회생활 하며 만난 많은 남자들. 그들은 저마다 착하거나 재미있거나 머리가 좋거나 사려 깊다는 장점을 가지고 있지만 마음 놓이는 사윗감으로는 무던한 사람을 꼽게 된다.

뛰어나게 분석적이지만 옆 사람과 잘 지내지 못하거나 재테크는 잘 하지만 인색하거나 양보할 줄 모르는 사람들은 제껴 놓는다.

며느리 볼 일밖에 없으면서도 사윗감 생각하는 건 두 아들 때문이다. 이 녀석들이 탐나는 사윗감인지, 두고두고 '사위 잘 맞았다'는 말을 들을지 궁금하다. 더불어 이미 어쩔 수 없게 된 남편까지 다시 보게 된다.

언젠가 재일교포 모임에서 어느 아주머니가 내게 '당신 남편은 프랑스 남자 같다'고 한 적이 있다.

'생뚱맞게 프랑스 남자라니!'

매력있고 유쾌하고 무책임한 게 마치 프랑스 남자 같다는 것이다.

얼마 전 텔레비전에서 유치원 다니는 아이를 둔 주부의 아침이 소개되었다. 아이를 깨우고 씻기고 입히고 먹여 내보낸 다음에 들여다본 방안은 어지러웠고 식탁과 싱크대에는 설거지감이 쌓여 있었다. 흐트러진 장난감을 치우고 설거지와 청소를 하고 맥이 빠져 소파에 앉아있는 엄마. 오래간만에 보는 낯익은 장면이다.

'맞아! 저걸 매일 했었지.'

그때에 비하면 요즈음 집안 일은 일도 아니다. 물건은 언제나 제 자리에 있고 쏟아지거나 깨지거나 쓰러지는 일이 없으니까. 별 것도 아닌 거 만들면서 한나절을 보내던 요리에도 이력이 났다.

텔레비전은 다시 저녁 장면. 퇴근한 남편은 지쳐 있고 아이들은 뭘

가를 던지며 싸우다가 소리내어 운다. 엄마는 가끔 고개를 돌려 큰 소리로 아이들을 나무라면서 그 와중에 저녁 준비를 한다.

'저럴 때 아들 녀석들은 제 아내를 잘 도와주려나? 내가 저 장면에 있으면 뭘 해줄 수 있을까? 며느리는 내가 있는 것 보다는 힘들어도 저희들끼리 사는 걸 좋아하겠지? 나도 그랬으니까.'

출근할 때 멋내기에 공 들이는 아들을 생각하면 조금 불안하다.

'저 녀석이 그 힘든 걸 해낼 수 있을까?'

결혼 초, 밤에 자주 깨는 아이를 돌보며 주말에는 남편이 좀 도와주려나 했더니 토요일에 퇴근하자마자 총각 때 만나던 친구들과 어울려 주말을 보냈다. 남편은 하고 싶은 대로 사는데 나만 아이에게 묶여 있다는 생각이 들었지만 가끔 들르던 시어머니는 아들 편을 들었다. 살다가 갑갑한 일이 있을 때마다 찾아뵙는 김동선 교수님도 프랑스 남자 편이었다.

"너랑 사는 그 새끼도 힘들어. 참으라우!"

그 이후로 힘들고 약오르는 일이 있으면 '그 새끼'도 힘들다니 나도 한 번만 더 참아야겠다고 생각하곤 했다.

요즈음 아들들이 좋은 사윗감이 되기를 바라는 한편으로는 며느리가 나처럼 한다면 과연 나는 만족할 것인지 돌아보게 된다. 그래서 남편이 한밤중에 소면을 끓여 달라고 해도 아들이 제 아내에게 그런 말 했을 때 며느리가 냉큼 갖다주기 바라는 마음으로 벌떡 일어나서 국수를 삶는다.

# 맹신

얼마 전에 만난 지인이 <자본주의역사 바로알기>라는 책을 소개해 주었다. 그 속에 십자군의 수송을 부탁받은 베네치아 총독의 이야기가 나오는데 십자군전쟁을 기독교도들이 성지탈환이라는 그럴 듯한 명분을 내세우고 경제적인 이익 때문에 벌인 전쟁이라고 볼 수 있는 구체적인 이유를 알 수 있다.

그는 십자군전쟁에 가담해달라고 하는 프랑스 귀족들의 부탁에 말과 말을 수송할 수 있는 배와 기사와 보병, 또 그들을 수송할 수 있는 배, 그리고 그들이 9개월 동안 먹을 양식과 무장한 갤리선을 제공하는 대신에 육로나 해로를 통하여 얻는 토지와 돈의 절반을 갖는다는 조건을 내세운다.

심지어 3차 십자군전쟁에서는 전쟁의 목적인 예루살렘은 비켜가면서 상업적 이익을 낼 수 있는 연안의 무역도시로 진군하기도 하였다. 베네치아 총독이 '하나님의 사랑을 위해' 기꺼이 십자군을 돕기는 했어도 그 사랑에 눈이 멀어 전리품의 기름진 몫을 놓친 적이 없다는 것이다.

게다가 십자군이라는 게 '먼저 가서 차지하는 사람이 임자'라고 생각하는 탐욕스러운 오합지졸 집단이었다는 건 <기독교죄악사>라는 책에도 소개되고 있다.

그 책에는 기독교계에서는 추앙받고 있는 존 칼뱅이 자신을 반대하는 사람들에게 잔인한 사람이었다고도 쓰여 있었다. 목사님께서 나에게 그 책을 읽지 말라고 하신 이유를 알겠다.

신앙은 지식이 아니라며 이해되지 않아도 무조건 믿으라고 하지만 마음으로부터 승복할 수 없는데도 믿을 수는 없는 노릇이다. 다른 사람들은 '나는 기뻐요 정말 기뻐요 주 예수 사랑 기쁨 내 맘에'라고 찬송하는데 나는 회의하고 실망하고 자책하고 갈등하는 시간이 많다고 했더니 친구가 "너희 교회 목사님이 '골치아픈 신자 하나 들어왔다'고 생각하시겠다."라고 하며 놀렸다.

결혼하게 된 남성을 대동하고 학부모의 집을 방문하여 "곧 결혼해요."라고 인사한 여교사가 있었다고 한다. 예비부부의 방문을 받은 학부모는 축의금으로 돈을 건넸다니 명색이 교사라면서 하는 짓은 자릿세 거두러 다니는 조폭 수준이다.

국민권익위원회가 2009년에 1,660명의 초등학생 부모들을 대상으로 조사했는데 촌지가 사라지지 않는 이유는 자기 자녀만을 생각하는 학부모의 이기심(54.7%), 그리고 교사의 윤리의식 부족(20.3%) 때문이라고 답했다. 자기 자녀만을 생각하는 학부모의 이기심 때문이라고 답한 학부모 중에 촌지를 건네지 않은 사람은 얼마나 될까?

두 아이를 기르면서도 한 번도 촌지를 건넨 적이 없다. 교사였던 친구도 사랑받기는 제 할 탓이지 촌지는 상관이 없다고 했다. '그런 걸 내밀면 선생님이 나를 어떤 사람으로 볼 것인가? 그리고 촌지를 받은 선생님은 얼마나 민망해 할 것인가?'하는 생각에 촌지를 건네지는 않았으나 학년이 끝날 때에는 감사하는 마음으로 선물을 드렸는데 선생님 보시기에는 참 눈치없는 엄마이거나 소신있는 엄마이거나 둘 중에 하나였겠지.

# 병동에서의 결혼식

금요일 2시에 기도실에서 그녀가 결혼식을 올린다는 소식을 듣고 축하를 하면서도 한편으로는 복잡한 기분으로 호스피스 병동으로 들어섰다. 신랑, 신부와 목사님 그리고 친정어머니만 참석한다고 하니 조촐하다 못해 쓸쓸하기까지 할 것 같았다.

친정어머니는 신부측만 북적거리는 것도 신랑에게 미안한 마음이 들어서 친척들에게도 알리지 않았다고 했다. 호스피스 병동에서도 가끔 결혼식을 올리는 사람들이 있는 모양으로 예복도, 꽃도, 음식도 자원봉사자들이 다 준비하기로 되어있으니 그저 참석만 하면 된다고 했다.

그녀를 처음 만난 건 십여 년 전으로 그녀가 뇌종양 수술을 하고 회복 중일 때였다. 그러던 그녀가 몇 년 전에 좋은 짝을 만나 아이를 가졌을 때 호르몬 분비가 왕성해지면서 잠자고 있던 암세포가 깨어난 모양이었다.

아이를 낳을 때까지 항암치료를 미루다가 출산 후에 치료를 시작했지만 척추로 전이된 암세포 때문에 이미 걷지 못하게 되어버렸다. 그래도 3년 째 입퇴원을 거듭하면서 항암치료와 방사선치료를 해왔는데 병세가 악화되자 이번 주 월요일에 호스피스 병동으로 옮겨왔다고 한다.

기도실 옆 신부대기실에는 곱게 화장을 하고 예복을 입은 신부가 침대 위에 누워있었다. 그녀가 화장한 모습은 처음 보았다. 뇌종양 후유증으로 손이 떨려 자기 손으로는 화장을 할 수 없기 때문이다.

"이렇게 예쁜 사람이었어?"

싱거운 말을 건네며 그녀의 손을 잡아보니 걱정될 정도로 손이 짤짤 끓는다. 복도로 나와 친정어머니에게 물었다.

"열이 많이 나나 봐요?"

"네. 올랐다 내렸다 해요."

"생각보다 하객들이 많이 오셨네요."

"시부모님도 오시고 신랑 형제분들이 다 왔어요."

"그럼요, 그래야지요."

신부가 전에 뇌종양을 앓았던 사실을 신랑만 알고 있다가 암이 척추로 전이된 다음에 시부모님들도 알게 되었다고 했다. 그게 노여웠는지 결혼식에 참석하지 않으신다고 들었는데 다른 자녀분들과 함께 오셨다니 참 기쁘다.

제대로 앉지도 못하는 신부를 휠체어에 태우고 피아노로 연주하는 결혼행진곡에 맞추어 신랑이 입장했다. 호스피스 병동에서도 예식장과 똑같은 결혼행진곡이 울리는 게 정말 생뚱맞게 들렸다. 신랑이 오른손을 들고 왼손으로는 이제 팔조차 들어올릴 수 없게 된 신부의 팔을 받쳐주며 혼인서약을 마쳤다. 결혼식을 진행하는 동안 앉아있는 게 힘들었는지 신부의 머리가 흔들리기 시작하자 자원봉사자 한 분이 신부의 머리 뒤에 베개를 받쳐주었다.

순서에 따라 축가연주도 있었고 자원봉사자들이 "뽀뽀해! 뽀뽀해!"라고 연호하자 신랑이 신부의 뺨에 입을 맞추었다. 사진은 수녀님들과 함께 온 신부님이 찍어주셨다.

"자, 신부는 이쪽을 보고 웃으세요. 그렇죠. 한번 더!"

친정어머니가 눈물을 훔치고 간간히 하객들이 훌쩍거리는 것만 빼고는 케익도 자르고 자원봉사자 아주머니가 거들어주는 가운데 부케도 전달하는 등 밖에서 하는 결혼식과 다름없는 순서로 진행되었다.

무거운 마음으로 병동에 들어섰는데 결혼식이 나름 성대해서 다행이었다. 다시 병실로 돌아가 가발을 벗고 침대에 누운 그녀도 오늘만큼은 무척 행복해 보였다.

# 살아있다는 것은

날씨가 춥다고 방에만 틀어박혀 있다가 정기검진일도 다가오고 무엇보다 '체중을 줄이지 않으면 약을 하나 더 추가해야 한다'고 하던 내분비내과 의사의 경고가 생각나서 다시 정릉산보를 시작한 날, 대학친구의 부음을 들었다.

박완서 선배님의 부음을 듣던 날에는 장례식장으로 조기를 보내도록 조치하고 동파된 수도 파이프를 임시로라도 막아보려고 철물점에 가서 절연테이프를 샀다. 자꾸 다운되는 컴퓨터를 수리점에 맡겼다가 찾아왔지만 수리점에서는 제대로 작동되었다는데 우리 집에서는 여전히 커서가 움직이지 않아 다시 맡기러 가느라고 여러 번 들락거렸다.

박완서 선배님이 아들을 잃은 직후, 당신 아들이 없는데도 온 세상은 살판난 것처럼 들떠 있는 올림픽의 축제 분위기를 참을 수 없더라고 했다.

살아있다는 것은 그런 것이다. 누군가에게는 생의 마지막 날에 나는 동파된 수도관을 고치고 컴퓨터를 고치느라고 바빴다.

# 본모습

친구가 속해있는 한 단체에서 바자회 장소 섭외를 한 게 잘못되어 소동이 벌어졌다. 섭외하러 간 사람은 바자회장으로 쓰겠다고 했는데 사용 승인을 한 사람은 일반적인 모임인 줄 알았던 거다. 온갖 인맥을 동원하고 백배사죄하는 소동을 치르며 겨우 장소 사용 허락을 받아 바자회를 하게 되었다고 했다.

남편은 늘 '일이 틀어졌을 때부터 진짜 일이 시작된다'고 말한다. 틀어진 일을 수습하는 게 능력인지도 모른다. 틀어지려는 관계 앞에서 보이는 태도, 서로 잘 지낼 때 보다 헤어질 때의 태도가 바로 그 사람의 본모습인 것처럼.

탤런트 김혜자 씨가 이제 곧 결혼해서 탤런트 일을 그만 둔다는 후배의 결혼식에서 상당한 금액을 축의금 봉투에 넣는 걸 보고 일용엄니인 김수미 씨가 물었다고 한다.

"그 애를 다시 볼 것도 아닌데 왜 그렇게 많이 줘요?"

그러자 김혜자 씨가 이렇게 대답했단다.

"다시 볼 게 아니니까 그렇지."

그 이후로 김혜자 씨에 대해서 좋지 않은 이야기를 듣는 일이 있어도 나는 무조건 그녀 편이다.

# 홍사장

어제 아는 사람을 따라서 강원랜드에 다녀왔다. 하루에 왕복하기는 힘든 일정이지만 단풍구경도 할 겸, 일도 볼 겸 따라나섰다. 영월에서 장릉비빔밥을 먹고 강원랜드에 들어선 게 오후 2시 반. 평일인데도 주차장이 꽉 차서 언덕 위에 있는 주차장까지 올라갔는데 주차장 가는 길 양 옆으로도 차가 줄줄이 세워져 있었다.

도대체 어디서 사람들이 이렇게 몰려오는 거냐고 물었더니 전국에서 온단다. 언덕 위 주차장에서 카지노가 있는 건물까지는 셔틀버스가 운행되고 있는데 그게 봉고차가 아니라 45인승 버스이다. 평일에는 15분, 주말에는 10분마다 운행한다고 한다. 그러니 10~15분마다 승용차가 스무 대 가까이 주차장에 들어오는 셈이다.

내 볼 일을 마치기까지는 30분도 안 걸렸다. 같이 간 일행을 기다리는 동안 로비에 앉아있었는데 웬 아가씨가 나를 '이모'라고 부르며 말을 걸기에 내가 물었다.

"아가씨는 여기서 뭐해요?"

"핸드폰을 팔아요."

"누가 여기서 핸드폰을 사요?"

"올인한 사람들이요."

"내가 아직 말을 잘 못알아들었는데 올인한 사람들이 누구예요?"

"다 털린 사람들이죠."

"그 사람들이 핸드폰을 왜 사요?"

"보조금이 나오잖아요. 신용이 좋으면 여섯 개까지 살 수 있어요."

"핸드폰을 사서 뭐 하게?"

"보조금이 25만 원 정도 나오니까 여섯 개면 150만 원 되잖아요. 그걸로 다시 도박하는 거죠."

'세상에나! 마상에나!'

같은 소파에 앉은 아저씨가 말을 걸었다.

"내가 여기 처음에 온 게 2006년도예요. 모 은행 속초지점장이랑

같이 왔었는데 나보고 '홍 사장은 이런 데 오지 말라'고 했어요. 그 사람은 은행 일을 봐야 하니까 오지 못해도 나는 사업을 하니까 자주 올 수 있었죠. 처음엔 30만원 가지고 시작했는데 좀 땄어요. 재미가 붙어서 그 다음에도 가끔 왔죠. 어느 날은 저녁에 술 마시고 대리운전기사를 불렀는데 아침에 눈 떠보니까 여기 있었어요. 내가 이리로 가자고 했다는 거예요. 그날도 좀 따가지고 운전기사에게 70만 원 주었거든요. 100만 원 가지고 온 날도 있었는데 5분만에 다 털렸어요. 3시간 걸려서 왔는데 다 털렸다고 5분만에 그냥 갈 수 있겠어요? 도박을 하면 본인만 망하는 게 아니라 사촌도 망해요. 돈이 떨어지면 사촌에게서도 빌리거든요. 사촌이야 도박하는 줄 알고 빌려주겠어요? 돈을 따면 갚을 수 있지만 잃으면 못 갚는 거죠. 못 갚으면 '거래처가 부도나서 돈을 떼었다'고 하는 거예요. 그게 바로 내 이야기예요, 내 이야기!"

핸섬하게 생긴 그 40대 후반의 남자가 눈빛은 좀 이상했다.

"한 2백만 원 땄을 때 가야 해요. 그러면 한 달에 2천만 원 정도는 벌지요. 그렇지만 이렇게 말하는 나도 2백만 원 따면 가지를 못해요. 그러다가 다 잃는 거죠. 나를 보세요. 옷이야 옛날에 산 거니까 멀쩡하지만 난 다 망했어요. 그런데 내가 여기에 왜 오느냐 하면 도박꾼을 사람 취급해주는 데는 여기밖에 없거든요. 내가 요새 뭐하는지 아세요?"

그렇게 말하면서 홍 사장이 주머니에서 꺼낸 것은 줄자였다.

"사람 죽으면 수의 만들잖아요. 요새 내가 죽은 사람 칫수 재는 일 하고 있어요."

로비에 한 20분 앉아있는 동안, 홍 사장에게서 들은 이야기는 1년에 3백 명 가량이 그 부근에서 목을 매거나 약을 먹거나 투신하고 있다는 것, 어제도 어떤 아줌마 하나가 뛰어내렸다는 것, 얼마 전에는

화장실에서 여자 셋이 함께 음독하고 죽었다는 것, 자수성가 했다가 여기서 다 털린 사람은 자살까지는 하지 않는데 아쉬운 거 모르고 살다가 여기서 다 털리고 남에게 손 벌려야 하는 사람이 자살한다는 것 등 온통 별세계의 이야기였다.

일행에게서 서울로 떠나자는 전화가 와서 일어날 즈음에 핸드폰 아가씨와 홍 사장도 이런 이야기를 하면서 함께 자리를 떴다.

"어제 2억 원짜리 잭팟이 터졌다면서요?"

"그 사람, 2백만 원 가지고 시작했대."

"아침부터 하다가 저녁 무렵에 터졌다지요?"

2백만 원을 썼다고 하니 1억 9천8백만 원을 번 거네. 그 맛에 홍 사장이 수의 칫수 재는 일을 하면서도 그 동네를 떠나지 못하나 보다.

2백만 원 땄을 때 떠나면 한 달에 2천만 원은 번다고 말하는 것 자체가 허황된 이야기라는 걸 본인은 느끼지 못하는 모양이지만 그래도 나에게는 '이런 데 오면 큰일난다'면서 빨리 집으로 가라고 했다.

일정 비율로 그 동네 주민들을 채용해야 하고 청소부 연봉도 적지 않다고 하니 지역경제는 살아나겠지만 1년에 3백 명이 목숨을 끊게 만드는 그 사업을 해야 하는 건지 모르겠다.

그래도 사람이 몰려들어 기계 앞에 줄을 서기 때문에 현재 영업장 두 배 크기의 새로운 시설을 짓고 있는데 내년에 개장된다고 한다. 경마장도 그렇고 카지노도 그렇고 그런 시설을 만드는 사람들은 그게 정말 건전한 여가문화를 제공하는 일이라고 생각하고 있는 것일까?

# 감기

아는 사람이 소개해 주어 어느 증권회사의 일본인 직원에게 한국어를 가르치고 있는데 오늘 한국어 수업 중에 '~해 보세요'라는 예문이 나왔다.

감기에 걸렸어요. 기침이 나고 목이 아파요.
그럼, 병원에 가서 주사를 맞고 잠을 자 보세요.

교재에는 남자가 얼굴을 찡그리고 있고 간호사가 남자의 엉덩이에 주사를 놓는 그림이 있다. 그 페이지를 넘기기 전에 학생에게 물어보았다.

"모르는 단어가 있나요?"

"없어요. 괜찮아요. 그런데 질문이 있어요."

"뭔데요?"

"한국에서는 감기에 걸려 병원에 가면 엉덩이에 주사를 놓나요?"

"네. 일본에서는요?"

"일본에서는 팔뚝에 주사를 놓습니다."

"그래요? 그게 왜 다를까요? 어느 쪽에 놓는 게 흡수가 더 빠른지 모르겠네요."

"아무튼 이 그림을 보고 깜짝 놀라서 한국에서는 감기에 걸리면 안 되겠다고 생각했어요."

결혼한 지 6개월 된 이 새신랑은 엉덩이에 주사를 맞는 게 싫은가 보다.

아무쪼록 조심하여 감기에 걸리는 일이 없기를.

# 훌륭한 패자

요즈음 올림픽에서는 올림픽 정신이 사라진 듯하다. 이기기 위해서라면 다소 개운치 않은 일도 한다. 유럽에서도 논란이 되고 있다는 펜싱의 오심이나 강력한 상대를 피하려고 성의없는 시합을 했던 우리나라 배드민턴 팀도 마찬가지. 열심히 땀 흘리며 준비해 온 선수들의 노력까지 빛이 바랠까 봐 걱정하면서 오래 전에 스크랩해 둔 기사를 다시 꺼내 보았다.

경기장을 잘못 알아 준결승시합에 지각한 미국팀에게 기회를 주도록 부탁한, 우승후보였던 호주의 수영선수, 경쟁자가 물수렁에서 넘어지면서 페이스조절을 위해 휴대하는 스톱워치를 빠뜨리자 그를 일으켜 세워주고 시계를 찾도록 도운 프랑스 육상선수, 장애물 경기에서 선두를 달리고 있었지만 말의 부상을 무릅쓰는 대신 경기를 포기한 일본의 승마선수, 파울을 거듭 하는 제시 오웬스에게 도약 요령을 귀띔해 준 독일의 멀리뛰기 선수, 영국팀 썰매의 볼트가 부러져 기권하게 되었을 때에 경기를 마치고 나서 자기 썰매에서 볼트를 뽑아준 이탈리아 팀, 사나운 파도에 휩쓸린 경쟁자를 살리느라 금메달을 포기한 캐나다의 요트 선수, 뜻하지 않게 스키 폴이 부러져 고전하는 캐나다 선수에게 자기의 폴을 건네준 노르웨이 팀의 코치.

그들은 경쟁자의 실수나 불운을 이용하지 않는 '신사'들이었다.

- <리더스 다이제스트> 중에서 -

# 술 취한 시인

자비출판 하겠다는 원고를 받아서 검토 중이었는데 다른 출판사와 진행하다가 우리에게 가져온 원고라서 덥썩 받기 전에 검토해야 할 사항을 알아보려고 출판경력 20년이 넘는 지인을 만나러 갔다. 그 자리에서 소개받은 다른 출판사 사장님이자 시인이라는 분이 이미 어지간히 술이 오른 상태에서 나에게 물었다.

"처음 뵙겠습니다만 나는 57년생, 이 사람도 57년생인데 실례지만 몇 년생이신지."

"저요?"

"네."

"53년생인데요. 호호호."

그러자 옆에 있던 지인이 소리를 질렀다.

"야, 임마! 가만히 있으면 중간이나 갈텐데 너 때문에 나까지 이제부터는 누님이라고 불러야 되잖아?"

그분은 1991년도에 신춘문예로 등단한 시인이란다. 함께 자리한 여성분은 같은 사무실을 쓰는 소설가이며 동화작가라고 한다. 글 쓰는 분들이라 다른 자리에서 만나는 사람들보다 순수한 데가 있다. 순수한 사람들은 가리거나 재는 게 없어서 그들과의 대화는 아주 유쾌하고 재미있다.

시인이라고 하니까 생각이 나서 말했다.

"우리나라 사람들은 시를 참 좋아하나 봐요. 지하철 역에도 시를 써 놓았잖아요?"

그러자 지인이 벌컥 화를 냈다. 이 사람 역시 술이 오른 상태.

"그건 지하철공사가 장난치는 거예요. 시를 거기다 썼으면 그 시인에게 돈을 줘야 되잖아? 그런데 이 새끼들이 안 준다고! 시는 공짜로 써도 되는 건 줄 안다니까!"

취한 사람이 하는 이야기이긴 해도 듣고 보니 맞는 말이다.

# 동행

여행을 갈 때에 어디로 가느냐 보다 누구와 가느냐가 더 중요한 것처럼
인생도 삶의 목표를 얼마만큼 이루었느냐 하는 것보다
어떤 사람들과 함께 가느냐가 중요하다.
나는 자존심이 강한 사람보다는 재미있고 유쾌한 사람,
올바른 사람보다는 따뜻하고 신실한 사람이 좋다.
자신이 옳다고 생각하는 사람은
그 옳다는 이유로 태도가 거칠거나 사나워지기 쉽다.
경찰서에 가보면 누가 잡아온 사람이고
누가 잡혀온 사람인지 구분되지 않을 때가 있다.

프리드리히 니체가 이렇게 말했다.

> 괴물과 싸우는 사람은
> 그 싸움 속에서 스스로도 괴물이 되지 않도록 조심해야 한다.
> 우리가 괴물의 심연(深淵)을 들여다봤다면
> 그 심연 또한 우리를 들여다 볼 테니까

# 마무리

오늘은 재활용쓰레기를 버리는 날이라서
그동안 모아두었던 재활용쓰레기를 버렸다.
쓰레기를 분류하여 넣는 중에 어떤 젊은 주부가
안쪽에 내용물이 묻은 채로
마요네즈와 케첩 용기를 버리는 것을 보았다.
살림의 여왕이 아니더라도
재활용쓰레기는 재활용 될 수 있게 버리는 게 기본 아닌가?
봉변당할 각오를 하고
그런 건 씻어서 버리셔야 한다고 참견을 했는데
그 젊은 주부가 샐쭉한 표정을 짓지는 않았지만
“아! 네에~!”하고 대답한 후, 그냥 가버렸다.

전업주부라고 다 프로페셔널한 건 아니다.
프로가 한 일은 마무리가 다르다.
일도, 연애도.

# 이해

가끔 '안녕하세요'라는 프로그램을 본다.
어처구니없는 사연, 안타까운 사연, 재미있는 사연이 소개되고
그 사연을 올린 주인공들이 등장하여 고민을 토로하고
고민의 원인 제공자인 사람도 함께 출연한 가운데
게스트와 150명의 방청객이 고민여부를 판단한다.
몇 번 듣다 보니 상식에 어긋나는 이야기를 하는 경우도 있지만
고민의 주인공이나 원인 제공자나 제각기 할 말이 있다.
그 중에 참 듣기 싫은 게
"조금만 이해해 주면 되는데…….''라는 말이다.
원인 제공자의 대부분 배우자이거나 형제 또는 친구인데
이게 그렇게 큰 고민거리인 줄 몰랐다고 하면서도
'네가 좀 참아주면 안 되겠느냐'고 한다.

아무리 다정하고 상냥하게 말해도,
미안해하면서 부탁하거나 애원조로 말해도 그건 폭력이다.
사랑이란 상대방이 싫어하는 것은 하지 않는 게 기본이다.
내가 좋아하는 걸 상대방도 좋아하는 건 아니니까
설득하거나 기다려 보다가
그래도 안 되면 포기할 줄 아는 것도 사랑이다.
그게 안 되면 감히 '사랑'이라는 말을 쓰지 말든가.

## 친구 같은 아내

아내인 동시에 친구일 수도 있는 여자가 참된 아내이다.
친구가 될 수 없는 여자는 아내로도 적당하지 않다.
-윌리엄 펜의 <고독의 과실> 중에서-

탤런트 김호진은 그의 아내 김지호가 아내이면서도 연인이고 좋은 친구라면서 '함께 영화보고 산책하고 운동하고 취미 생활을 즐기기에도 시간이 결코 넉넉하지 않다. 술을 마셔도 아내와 함께 마시는 게 좋다. **결혼은 내게 가장 좋은 친구를 선물했다**'고 했단다.

보기도 좋고 듣기도 좋다.

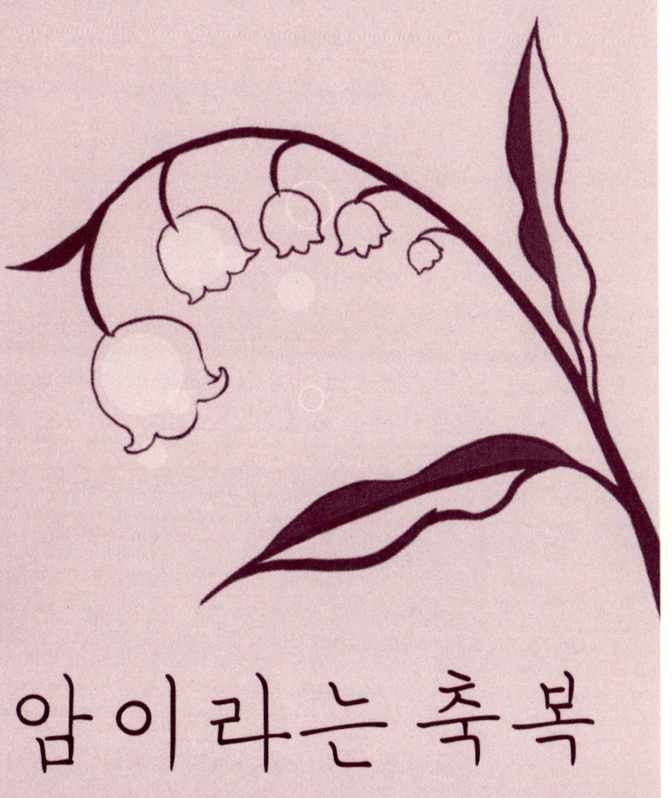

# 암이라는 축복

몸에 이상을 느끼고 병원에 가서 진찰을 받았는데 며칠 후 결과가 좋지 않으니 큰 병원으로 가보라고 연락이 왔다. 모 대학병원을 찾았더니 내가 가져간 자료를 보자마자 유방암이라며 수술해야 한다고 했다. 다만 수술이 밀려서 두 달 후에나 가능하다고 하므로 좀 더 빨리 수술을 할 수 있는 다른 병원에서 수술을 하고 항암치료와 방사선치료를 받았다. 수술할 때 떼어낸 조직을 검사한 결과, 재발가능성이 높은 것으로 나타나서 표적치료제도 맞았다.

# 아포크린 암종

벗어둔 브래지어를 세탁기에 넣으려다 보니까 유두가 닿는 부분에 피가 묻어있었다. 그냥 넘길 수가 없어서 고등학교 동창 카페 익명게시판에 유두에서 피가 나는데 괜찮은 건지 묻는 글을 올렸다. 인터넷으로도 검색을 해보았다. 유선염인 경우에도 유두에서 피가 날 수가 있고 피가 난다고 다 유방암이라고 할 수는 없다고 쓰여 있었다.

얼마 전에 건강검진을 했을 때 아무 이상이 나타나지 않았기 때문에 대수롭지 않게 여기고 넘어가려고 했다. 그런데 며칠 뒤에 잠옷에서도 유두가 닿는 부분에 피가 묻은 것을 발견했다.

친정어머니가 유방암으로 돌아가셨기 때문에 위나 장 내시경 검사는 하지 않아도 1년에 한 번씩 꼬박꼬박 유방암 검사를 해오던 터였다. 작년 11월에 검사했을 때 아무 이상이 없었으니 일곱 달밖에 지나지 않은 지금, 무슨 이상이 있으랴 싶었지만 혹시나 싶어 영상의학과에 가서 엑스레이를 찍고 초음파 검사를 하였다. 모니터를 들여다보던 의사선생님이 석회화된 부분이 보인다며 조직검사를 하자고 하셨다. 가슴에 부분마취를 하고 미세침으로 조직을 몇 곳에서 떼어냈다.

며칠 후에 병원 쪽에서 먼저 전화가 왔다. 조직검사 결과가 좋지 않으니 큰 병원으로 가보라고 했다. 검사결과가 좋지 않다는 건 무슨 뜻이냐고 물었더니 암이라는 거였다.

'설마? 그럴 리가! 일곱 달 전의 검사에서도 아무 이상이 없었는데.'

병원에 가서 검사결과기록을 보니 아포크린 암종이라고 쓰여 있다. 전에 발견되었던 양성종양이 악성으로 바뀐 거냐고 물어보았다. 의사는 그 양성종양들은 그 자리에 그대로 남아있고 새로운 종양이 생겼는데 진행이 무척 빠르다고 했다.

경황이 없는 중에 선배언니에게 의논을 하니 고맙게도 서울대병원에 예약해주셨다. 초음파촬영 기록이 담겨있는 CD와 엑스레이 필름

을 가지고 진찰을 받으러 간 첫날, 의사는 촉진을 하자마자 망설이는 기미도 없이 말했다.

"수술합시다!"

그러나 수술환자가 밀려있어서 두 달 후에야 수술을 받을 수 있나고 했다.

주위에 있는 사람들에게 수술하게 된 사실을 알렸더니 친구 중의 하나가 다른 병원에서 더 빨리 수술을 받을 수 있도록 도와주어서 그 병원으로 진찰받으러 간 날 바로 입원을 하게 되었다.

암세포도 날 닮아서 성질이 급한지 진행이 빠른 모양이었다. 암이라고 진단받은 지 불과 두 주일이 지났을 뿐이었는데 입원할 무렵에는 몸을 굽히면 유두 쪽으로 뭔가 쏟아질 것 같은 느낌이 들 정도였다.

암이라는 진단을 받은 다음부터 갑자기 마음이 바빠지기 시작했다. 앞으로 얼마나 더 살 수 있을지 모르지만 내가 죽은 다음에 남아있는 사람들이 당황하지 않도록 미리 처리해두어야 할 일들이 많았다.

## 병실일기

오늘로 딱 일주일째 입원 중이다. 같은 병실에 계시던 분 중에서 벌써 네 분이나 퇴원하셨다. 나와 같은 날 수술하신 아주머니는 창밖의 나무도 보이고 사람들이 왔다 갔다 하는 게 다 보였다며 마취도 제대로 하지 않고 수술했다고 하시던데 회복실에서 깨어나신 이후의 일만 생각나서 그러시는 것 같다.

나도 회복실에 있을 때에 옆 침대의 환자가 말하는 소리를 들었다.

"왜 이렇게 아파요? 아프지 않게 좀 해주세요. 아이구, 아파. 아파 죽겠네."

간호사들이 조금만 참으시라고 했지만 계속 아프다고 하니까 진통제를 놓아준 모양이었다. 그렇지만 그 환자는 계속 비명을 질러댔다.

"뭐가 이렇게 아파요? 아이고오, 못살겠네."

그러자 간호사가 진통제를 또 한 방 놓아준 모양이다.

잠시 후, 간호사들이 큰일 났다며 그 환자를 깨우는 소리가 들렸다. 마취 후에 분비물이 폐로 넘어가면 폐렴이 되어 열이 나기 때문에 분비물이 넘어가지 않도록 계속 헛기침을 하거나 심호흡을 해야 하는데 환자가 잠이 들어버렸다는 거다. 고개를 돌려보니 그 환자가 아주 편안한 얼굴로 자고 있었다.

또 같은 병실의 다른 아주머니가 수술을 마치고 가족들에게 고통을 호소했다.

"아이고, 아파라. 아파서 미치고 미치고 미치겠네!"

곁에 서 있던 아드님이 그 아주머니에게 말했다.

"엄마! 애도 많이 낳으셨으면서 뭘 그러세요?"

"야! 너 낳을 때보다 더 아파!"

그래도 자녀들이 그 아주머니를 잘 보살펴드리는 것이 참 보기 좋았다. 심하게 코고는 사람도 없어서 조용하기는 한데 나는 심심해서 미치고 미치고 미치겠어서 이렇게 휴게실에 나와 앉아있다.

일어나거나 누울 때에 수술한 자리가 벌어지는 것 같은 통증은 많이 가셨는데 가슴과 겨드랑이가 얼얼하다.

오늘은 토요일이라 선생님이 회진을 하러 오시지 않는 날이다. 아침에 인턴이 드레싱을 하러왔기에 물어보았다.

"겨드랑이가 왜 이렇게 얼얼해요?"

"박박 긁어냈으니까 그렇죠."

"어디까지 긁어냈는데요?"

"얼얼한 데까지요."

# 드디어 크리링이 되다

남편이 학창시절엔 배드민턴 선수였다는데 그 날렵하던 몸매는 어디 가고 요즈음에는 가슴 바로 밑에서부터 부풀어 오른 산만 한 배를 안고 다닌다. 그 배를 해가지고도 자기 부모님은 두 분 모두 여든아홉에 돌아가셨으니 자신은 장수하는 유전자를 타고 났다며 여전히 담배를 피운다.

그래도 요즈음에는 건강이 온전치 못하다고 생각되었는지 얼마 전에 담배를 끊기로 했다. 회사에서도 여러 사람 앞에서 공언을 했단다. 내심 잘 되었다 했는데 다음날 저녁에 작은아들 방에 슬쩍 들어가더니 담배를 한 개비 들고 나왔다.

"담배 끊었다면서요?"

"내가 살면 얼마나 산다고. 그렇지만 얘한테는 말하지 마."

"왜요?"

"어제 내가 담배 끊었다고 했더니 그놈이 비웃었거든."

그래도 건강을 위해서 다음 주부터 태극권을 배우러 같이 다니잔다.

"왜 하필이면 태극권이야?"

"지난 번 상해에 출장 갔을 때 공원에서 어떤 할아버지가 태극권 하는 걸 봤는데 진짜 멋있었어."

"그거 원래 노인들에게 알맞은 운동이잖아요."

"그런가? 그렇지만 너도 이제 크리링이 됐으니까 멋있어 보일 거야."

크리링은 <드래곤 볼>이라는 만화에 나오는 주인공 중 한 사람으로 소림사에서 놀림을 받다가 도망쳐 무천도사에게 무술을 배우러 온 동자승인데 잔꾀에 능하지만 항상 손오공에게 당하는 착한 소림 무술가이다.

# 인생시계

지난 7월에 수술을 받은 이후로 전에는 하지 않던 실수를 하기 시작했다. 어느 날 외출했다 현관문을 열고 들어가려는데 이미 현관문이 열려있었다.

'이 양반이 낮에 들어왔다 나갔나?'

남편은 집을 나설 때 거의 문을 잠그지 않고 나간다. 그래서 저녁 때 집에 돌아온 남편에게 물어보았다.

"당신, 낮에 집에 왔다 갔어요?"

"아니. 왜?"

"현관문이 열려 있더라고."

"무슨 소리를 하는 거야?"

그렇다면 내가 나가면서 문을 잠그지 않은 게 틀림없다.

그 후 며칠 있다가 아침에 일어나 보니 국 냄비의 뚜껑이 열려 있었다. 어제 저녁에 내가 국을 뜨고 나서 뚜껑을 덮지 않았던가 보다.

얼마 전엔 세탁기를 돌린 후 탈수가 끝났다는 신호음을 듣고 세탁기 뚜껑을 열었더니 세제서랍 속에 세제가 그대로 남아있었다.

'이런! 세제를 넣지 않고 그대로 세탁기를 돌려버렸네.'

빨래를 그냥 맹물에 흔들어 빤 셈이다.

어제 저녁 화장실에서 거울을 보니 어딘가 이상했다. 하루 종일 입고 다닌 티셔츠의 상표가 앞쪽에 붙어있는 걸 보니 앞뒤를 반대로 입은 게 분명하다. 예전에는 별 신경 쓰지 않아도 저절로 되던 일들인데 이제는 집중하지 않으면 실수하는 일이 잦다. 이게 치매초기증세와 비슷하다는 생각도 든다.

인생을 하루에 비교한다면 내 나이는 오후 4시 무렵이 아닐까? 해가 기울기는 했어도 밤이 되려면 아직 멀었고 뭔가 한 가지 볼 일을 처리할 수는 있는 시간이다. 지난여름에 수술을 한 관계로 내 시계가 조금 빠를 뿐, 사위지 않는 불이 어디 있으며 겨울로 끝나지 않는 봄이 어디 있으랴.

## 마누라 근무 끝났다니까

항암치료를 받으러 갔는데 선생님이 혈액검사 결과를 보시더니 간 수치가 올라갔다며 우선은 간이 회복된 다음에 다시 항암치료를 계속하자고 하셨다. 항암주사를 맞지 못하고 집으로 돌아와서 그동안 쌓이는 걸 보면서도 미루어두었던 일들을 정리했다. 개봉하지 않은 채로 밀쳐둔 우편물도 뜯어보고 냉장고 안쪽으로 밀려들어간 반찬들은 잘게 썰어 볶음밥에 넣었다. 여름 내내 깔고 자서 납작해진 요 호청도 벗겨냈다.

청소며 빨래며 나를 도와주느라고 수고한 작은아들과 저녁을 먹고 있을 때 전화가 왔다. 전화를 받은 아들이 처음엔 나를 부르더니 바꿔주지 않고 그대로 전화를 끊었다.

"누군데 그래?"

"아빤데 10분 후에 도착하신대요. 저녁식사 안 하셨다는데요."

집에 오는 중에 일부러 전화를 한 건 들어서자마자 식사할 수 있게 준비해달라는 뜻이겠지. 식사준비를 한 번 더 하고 세 사람이 먹은 설거지를 마친 후, 남편의 목욕물을 받아놓고 마루에서 텔레비전을 보다가 깜빡 잠이 들었다가 안방에서 남편이 나를 부르는 소리에 잠이 깼다.

"어이쿠, 이런! 잠이 들어버렸었네. 오~이! 커피 한 잔 줘!"

시계를 보니 11시다.

"오늘 마누라 근무 끝났는데요."

"무슨 소리야? 데루오가 얼마나 피곤하면 텔레비전을 보다 잠들었겠어? 아이구, 불쌍한 데루오!"

"또 나왔다! 불쌍한 데루오!"

조웅(照雄)이라는 남편의 이름을 일본어로 읽을 때는 데루오라고 발음한다. 시어머니는 '앞을 내다볼 줄 몰라서 매살맞은 여자랑 결혼했기 때문에' 당신 아들이 집에서 제대로 대접받지 못하고 있다는 뜻으로 가끔 "불쌍한 데루오!" 혹은 "男はかわいそう。女は恐ろしい。

(남자는 불쌍해. 여자란 무서운 것이야.)"라고 탄식하시곤 했다. 혹자는 남편을 '간이 배 밖으로 나온 게 아니라 온몸이 간'이라고 하는데도 시어머니 눈에는 당신 아들이 불쌍하게 보였나 보다.

세상에는 어머니 같은 아내, 누이 같은 아내, 친구 같은 아내, 며느리 같은 아내, 종 같은 아내, 원수 같은 아내, 도둑 같은 아내가 있다는데 나는 어느 쪽에 속하는지 모르겠으나 어쨌든 나이든 남자에게 필요한 게 아내, 부인, 마누라, 와이프, 집사람이란 걸 수시로 깨우쳐줘야겠다. 초과근무 자주 시키면 아예 문 닫는 수가 있다는 것도.

## 입원할 때 하더라도

어제 병원에 갔다가 내일 오후에 입원하라는 말을 들었다. 심장이 커진 것 같다고 한다.

지난번에 항암주사 맞을 때 항암제가 몸속에서 새는 바람에 혈관이 망가졌기 때문에 이제부터는 팔에 주사 놓기가 어려워졌다며 이번에 입원하면 겨드랑이 밑에 튜브를 삽입해서 주사를 놓아야 한다고 했다. 대신 그걸 빼낼 때까지 앞으로 두 달 동안은 샤워도 할 수 없다.

앞으로 세 번만 더 항암주사를 맞으면 방사선치료로 넘어간다. 이번처럼 간이 나빠지는 일 없이 올해 안에 항암치료가 끝나기를 바랄 뿐이다. 큰 살림살이는 아니어도 입원하기 전에 정리해두어야 할 게 많다.

입원할 때 하더라도 얼마 전부터 배우기 시작한 태극권 수련을 위해 오늘 아침에 중국문화원에 갔다. 어려운 동작은 아니지만 천천히, 아주 천천히 움직이는 거라서 팔도 흔들리고 다리도 덜덜 떨리는데 앞에 계신 사부님의 동작은 무용하는 것처럼 우아하다. 사부님의 동작을 곁눈질하며 엉거주춤 비틀비틀 따라 하는 사이에 한 시간이 훌쩍 지나버렸다.

태극권은 에어로빅이나 스포츠댄스처럼 역동적이지는 않아도 땀이 난다. 그리고 수련하신지 오래된 할머니, 할아버지 회원들의 시범은 너무 멋지다.

# 좋으시겠어요, 유방암이라서

어제 5인실에 입원을 하고 보니 왼쪽에는 30대의 젊은 아기 엄마, 오른쪽에는 60대의 아주머니가 누워계시다. 입원이 달갑지 않기도 하고 피곤하던 차라 입원준비를 미루다가 병원에서 병실이 났다고 연락 온 다음에 급히 짐을 싸가지고 오느라고 빠뜨린 게 몇 가지 있는데 왼쪽의 젊은 환자가 곰살맞게 챙겨준다. 말하는 게 어눌해서 좀 모자란 듯이 보이는 그 여자는 내가 샐러드 먹는 것을 보더니 부러운 듯이 말한다.

"유방암환자는 아무거나 드실 수 있으니까 많이 드세요. 저는 침샘에 암이 생겨서 양쪽 폐로 전이되었는데 침샘을 잘라내고 나니 입이 말라서 이렇게 말하기도 힘들고 음식에도 제한을 받아요."

그녀는 침샘암에 쓰는 약이 정해진 게 없어서 이것저것 써보고 있는 중이라고도 했다. 유방암환자에게 쓰는 약도 써보았다고 한다. 이 약, 저 약 써보는 사이에 탈모, 구토, 피부염 등 온갖 부작용을 다 경험했단다.

침샘을 잘라내어 침이 나오지 않아 입속이 마르기 때문에 발음도 제대로 되지 않는 그녀가 이렇게 말했다.

"그래도 유방암은 흔해서 약도 많이 있으니까 좋으시겠어요."

## 분발

항암치료 견디려면 체력을 길러야 한다고 해서 병원에서 주는 대로 잘 먹고 친구들이 밥 사주는 것도 남기지 않고 다 먹었더니 수술 전보다 체중이 8kg이나 늘어버렸다. 저녁에 회진 온 의사선생님에게 말씀 드렸더니 먹는 건 그대로 먹고 땀나게 걸으라고 하신다. 입원하고 나서는 밤마다 복도를 1시간 정도 걸었는데 오늘은 항암주사도 맞았고 아직도 링거를 꽂고 있어 걷기가 좀 불편해서 침대에 누워있었다.

그러다가 같은 아파트의 아줌마가 생각났다. 은행에 다니던 남편이 아파트 가격보다 큰 돈을 대출받아 쓰고 나서 돌아가셨다는데 내가 우리 아파트 동대표 회장 일을 보고 있을 때에 1년이 넘도록 관리비를 못 내셨기에 한번 만나자고 했었다.

사정을 들어 보니 남편은 세상을 떠났고 하나밖에 없는 아들은 아직 학생이고 자신은 유방암에 걸려 수술한 지 얼마 안 되었다고 했다. 은행에서도 경매에 들어가겠다고 으름장을 놓고 있지만 그렇게 해도 대출해 준 돈을 다 받을 수 없어서 집값이 오르기만 기다리는 모양이었다. 염치없는 줄은 알지만 아들이 학교를 졸업하고 취직하면 관리비를 나누어 내겠다고 하셨다.

얼마 전에 머리카락이 많이 빠진 내게 가발을 빌려주시겠다고 우리 집에 오셨길래 나랑 같이 산보 다니자고 했더니 자신은 남편이 세상 떠난 뒤부터 새벽에 신문배달을 하면서 하루에 꼬박 3시간을 걷는다고 하셨다. 그럼 항암치료 받으실 때도 신문배달을 하셨느냐고 했더니 생활비를 마련할 다른 방법이 없었기 때문에 항암치료 중에도 계속 하셨다고 했다. 침대에서 뭉그적거리다가 그 아줌마 생각이 나서 몸을 추스리고 일어났다.

보통 때라면 저벅저벅 걸어 3분 걸리는 코스에 6분이 걸렸다. 그 걸음걸이로도 1시간을 걸으니 땀이 난다. 이제 병실에 들어가 자야겠다.

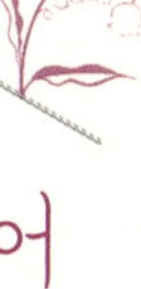



내가 주사걸이를 끌고 복도를 걷는 건 늦은 밤이다. 낮에는 환자, 보호자, 방문객, 의사, 간호사들이 돌아다니니까 늦은 시간이 되어야 복도가 조용해진다. 두 개의 복도를 사이에 두고 병실이 늘어서 있는데 건물 중앙에는 유리정원이 마련되어 있어서 정원을 지날 때면 유리창을 통하여 건너편 복도가 보인다.

내가 있는 55병동의 건너편에는 산부인과 병동과 소아과 병동이 있는데 유리정원이 있는 휴게실에 온 식구가 나와 있는 경우가 있다. 네 살쯤 된 꼬마를 달래고 있는 엄마, 그 뒤에서 아직 걷지 못하는 아기를 안고 있는 아빠. 졸음이 가득한 눈으로 아기를 업고 복도로 나온 아기엄마가 남편에게 짜증을 내는 것도 보았다. 그런 과정을 겪으면서 가족의 유대가 다져지는 거겠지.

우리도 오밤중에 아이를 안고 응급실로 달려간 적이 여러 번 있다. 열이 펄펄 나는 큰아들의 몸을 알코올로 닦고 있는데 어느 젊은 엄마가 응급실로 뛰어들어 와서 포대기에 싼 아기를 보아달라고 내밀었다. 아기를 살펴보던 의사가 이미 죽었다고 말하자 젊은 엄마는 처음에는 그게 무슨 뜻인지 알아듣지 못한 얼굴이더니 잠시 후 털썩 주저앉아 울기 시작했다.

작은아들이 까치발을 하고 화장대에서 향수병을 꺼내어 누워서 가지고 놀다가 뚜껑을 열리면서 향수가 입 속으로 쏟아져 들어가 버린 적이 있다. 아이의 얼굴이 금세 빨개지면서 열이 올라 급히 응급실로 가서 위세척을 하자 온 응급실에 향수 냄새가 진동했다.

아이들을 다 키운 다음에 일본어로 된 육아백과를 번역할 일이 있었는데 아기들에게 생기기 쉬운 질병과 사고가 그렇게 많은 줄은 정말 몰랐다. 덜렁거리는 엄마 밑에서 별 탈 없이 자라준 아이들이 고맙기만 하다.

## 우리 병실

같은 병실에 있던 침샘암 환자가 퇴원했다. 1주일 후에 다시 입원한다면서 그때까지는 친정에 있다가 올 거라고 했다. 원래는 1주일 전에 퇴원하여 집에서 보름 정도 쉬다 왔어야하는데 혈소판 수치가 너무 떨어져서 퇴원하지 못하고 있었다.

그 자리에 새로운 환자가 왔다. 그 아주머니는 10년 전에 유방암인 걸 발견했으면서도 수술을 하지 못하고 방치했다고 한다. 부정맥에 심비대, 그리고 당뇨병 때문에 수술을 할 수 없을 것이라고 스스로 판단하고 아무런 처치를 하지 않았다고 한다.

앞쪽의 아주머니는 남원에 사시는 분인데 정강이에 뭐가 잡히기에 정형외과에 갔더니 근육이 뭉친 거라며 수술을 해주더란다. 그 몇 달 후에 다시 뭐가 생겨서 수술을 했는데 조직검사를 해보더니 암이라고 하면서 큰 병원으로 가보라고 했단다. 큰 병원에서 수술을 한 지 얼마 지나지 않아 이번에는 반대편 허벅지와 가슴으로 전이된 게 발견되었다고 한다. 가슴이라면 유방이냐 폐냐고 물어봤더니 무서워서 의사에게 확인도 못해봤다고 했다.

오른쪽에 있는 아주머니가 막내인데 이분은 백혈병이다. 항암제를 놓아주러 오는 인턴을 믿지 못해서 가능하면 간호사에게 맞으려고 하신다. 지난번에는 주사액이 새는 사고가 있었다고 한다. 수액이었기에 망정이지 항암제가 샜더라면 화상을 입었을 것이다. 항암제는 독해서 피부에 닿으면 껍질이 벗겨지거나 물집이 생긴다.

대각선 쪽의 아주머니도 백혈병이신데 이번에 골수이식수술을 받고 회복되기만을 기다리시는 중이시다. 얼마 전에 따님이 앨범을 가져와서 우리 병실의 환자들이 모두 돌려보았다. 지금은 머리카락이 다 빠져서 머리에는 두건을 쓰고 계시다. 면역력이 떨어진 상태라서 감염될까 봐 입에는 마스크를 쓰고 계셔서 몰랐지만 사진을 보니 탤런트 박정수 씨와 비슷한 미인이시다. 백혈병에 걸린 후 8kg이나 빠졌는데 배는 여전히 불룩한 게 불만이신 유쾌한 분이다.

아주머니가 입원하신 후, 남편 되시는 분이 슈퍼에서 베지밀을 잔뜩 사면서 집사람이 백혈병에 걸려서 석 달 동안 치료해봐야 한다고 말했는데 슈퍼아줌마가 석 달밖에 못산다더라고 소문을 내는 바람에 동네 사람들이 몰려와서 아줌마를 붙들고 울었다고 한다. 그 화목하고 행복해 보이는 가족사진이 불과 2년 전에 찍은 거라니 언제 어떤 일을 만날지 아무도 모르겠다.

## 막내 아줌마

어젯밤 항암주사를 맞기 시작한 옆 침대의 막내 아줌마가 다급하게 간호사 호출버튼을 눌렀다. 주사액이 들어가기 시작하자 온몸이 떨리고 손발이 차가와졌다는 거다. 주사액을 들여다보던 막내아줌마는 약병에 W라고 써있기는 한데 반대편에서 보면 M이라고도 볼 수 있으니 약이 바뀐 것 같기도 하다고 했다. 여자라면 F라고 쓰여 있지 않겠느냐고 했더니 Man과 Woman으로 표시되는 일도 있다면서 몹시 불안해했다.

담당의사와 간호사가 뛰어와서 주사액이 들어가는 속도를 두 배로 늦추었는데 막내 아줌마는 나더러 주사액이 어느 정도 들어갈 때까지 함께 지켜봐달라고 했다. 나는 3시쯤에 잠이 들었는데 막내 아줌마는 5시까지 주사를 맞았다고 한다. 잠이 모자라 머리가 아프긴 한데 주사 맞을 동안 너무 긴장해서인지 잠이 안온다고 했다.

미장원을 하던 막내 아줌마는 올 6월에 걸린 감기가 낫지 않아 병원에 왔다가 백혈병인 걸 알게 되었단다. 급하게 가게를 정리하고 '임시휴업' 표시를 붙여놓았더니 미장원 아줌마가 바람이 나서 야반도주했다는 소문이 났었다고 했다. 이제는 미장원 일을 완전히 그만두기로 했다고 하면서도 병실의 다른 환자들 눈썹을 다듬어 주겠다며 도구를 챙겨 오셨다.

침대 앞에 이름과 나이가 쓰인 카드가 붙어있으니 언니, 동생이 저절로 정해진다. 암병동에는 너나 할 것 없이 머리카락이 다 빠진 사람들뿐이어서 굳이 모자를 쓰고 있지 않아도 되니까 편해서 좋고 자신이 링거를 꽂지 않고 있을 때는 식판을 운반하거나 마실 물을 갖다 주는 등 서로 일을 도와주기 때문에 간병인 없이도 잘 지낼 수 있어서 참 좋다.

다만 골수이식을 한 아주머니에게서 이상세포가 발견되어 오전 중에 새로운 검사를 받으셨는데 그게 꽤 아픈 모양으로 침대에서 일어나지도 못하는 걸 보고 퇴원한 게 마음에 걸린다. 이제는 항암제를 맞지 않아도 된다면서 좋아하셨는데.

퇴원했다고 알렸더니 '민간인 신분이 되신 것을 축하한다'는 문자 메시지가 왔다.

'그렇지. 유니폼을 벗고 사복을 입을 수 있게 되었으니 그것도 맞는 말이네.'

양쪽 팔에 차고 있던 표식도 떼어냈다. 병원에 있는 동안에는 오른쪽 팔에는 'arm save'라는 표시와 함께 이름, 병실이 적혀있는 비닐 팔찌를, 왼쪽 팔에는 이름, 병실, 등록번호 등이 적혀있는 비닐 팔찌를 차고 다녔었다.

'arm save'라는 표시만 보아도 그쪽으로는 혈압도 재지 않고 주사도 놓지 않는다. 왼쪽 팔에는 말초정맥혈관에 연결되는 튜브를 삽입해놓아서 혈압을 잴 수가 없다. 간호사가 하루에 두 번씩 체온과 혈압을 체크하러 오는데 그럴 때마다 다리를 내밀면 간호사는 매번 허벅지에 혈압계를 두르고 정강이에서 맥박을 체크했다.

밤마다 주사걸이를 끌고 복도를 산보하던 것도 끝났다. 오늘 야간 산보를 나가보니 날이 추워져서 모자만으로는 선뜩했다. 이제는 가발을 써도 덥지는 않겠다. 복도에서 산보할 땐 울렁거릴 때마다 복도에 있는 공동화장실로 뛰어 들어갔었는데 오늘은 울렁거리는 건지 소화가 안 되는 건지 구분이 되지 않을 정도로 많이 가라앉았다.

산보를 하며 아직 병실에 남아있는 아주머니들 생각을 했다. 어젯밤, 당신 큰 아드님이 환갑 맞는 걸 볼 수 있게 앞으로 25년만 더 살 수 있으면 좋겠다고 하는 아주머니를 보고 반대편 침대의 아주머니는 "자식들에게 25년 동안 병수발을 시킬 셈이냐?"라고 펄쩍 뛰었다.

내가 "그런데요, 아주머니! 그 25년 뒤도 준비하셔야 돼요."라고 말했는데 그 아주머니가 알아들으셨을까?

# 더 이상 참을 수가 없어서

항암제가 몸속에서 새는 바람에 혈관이 굳어버렸을 뿐만 아니라 처음엔 멍든 것 같던 피부가 점점 딱딱해져 가고 있다. 일반적인 방법으로는 주사를 맞을 수 없게 되어 팔꿈치 위쪽에 말초정맥혈관과 연결되는 튜브를 삽입한 지 2주일이 되어간다. 앞으로 3주마다 한 번씩, 두 번만 더 주사를 맞으면 되는데 그때까지는 샤워를 할 수 없다.

그동안은 튜브가 삽입된 왼팔에 물이 들어가지 않도록 조심하면서 욕조에 들어갔다 나오기만 했는데 보름 가까이 비누칠을 하지 못했더니 영 개운치 않다. 튜브가 삽입된 왼팔을 쳐들고 물속에 앉아있기도 쉽지 않고 여러 날 동안 오른손으로만 몸을 닦았는데 어쩐지 근질거리는 것 같아서 도저히 못 참겠다.

욕실로 들어가려다가 안방 문을 열고 먼저 목욕을 마친 남편을 물끄러미 바라보았다.

"왜?"

"……."

"뭐?"

"……."

"왜 그래?"

남편의 채근에 기어들어가는 소리로 대답했다.

"나, 목욕 좀 시켜줘."

# 대기실에서

어제 병원에 갔다가 같은 선생님에게 진료 받고 있는 친구를 대기실에서 만났다. 대학에 입학하여 만난 같은 과 친구니까 거의 40년 지기이다. 2년 전에 췌장암 진단 받은 후, 항암치료를 포기하고 유기농식품과 운동만으로 버티어 오다가 올해 들어 자주 입원한다. 지난주에 퇴원했다가 오늘은 외래로 왔다고 했다.

내가 유방암인 것으로 확인되자 '암환자는 나 하나로 족한데 왜 너까지 그러냐?'고 했었다. 그렇지만 모든 문제 뒤에는 하나님의 섭리하심이 있으며 어떠한 상황에서도 하나님의 손길을 느낄 수 있다는 게 얼마나 감사한 일인지 모르겠다고 서로 격려해왔는데 올해는 둘 다 환자복을 입고 만나는 일이 잦다.

앞으로 1년 정도밖에 살 수 없다던 친구가 2년 째 살아있으니 의사들은 차트를 보고 어떻게 이 사람이 아직 살아있느냐고 했단다. 나는 수술을 받고 나서 힘들다, 죽겠다 하면서도 항암치료가 거의 끝나가는 중이어서 친구에게 "네가 치료를 너무 빨리 포기한 건 아닐까?" 하고 물었더니 자신은 수술로 효과를 볼 수 있는 상황이 아니었다고 말했다.

남편이 허리 아파 병원에 갔다가 폐암인 걸 알고 입원하여 공격적인 수술과 치료를 했지만 6개월 만에 세상 떠나는 걸 본 그녀다. 수술하는 대신 식이요법과 운동을 병행하며 지난 2년 동안 양질의 삶을 살며 외동딸이 천하에 없이 좋은 사위 만나는 것도 보았고 올봄에는 손녀딸도 보았으니 하나님이 자신의 소원은 하나도 남김없이 다 들어주셨다고 만족해했다. 병원에 입원하여 진통제를 맞으며 임종을 기다릴까, 요양원으로 갈까, 아니면 집에서 가족들의 병구완을 받으며 임종할까에 대해서도 이미 딸과 이야기를 끝냈다고 한다.

'축복'을 성공과 물질로가 아니라 하나님과 연결되어 있다는 데서 오는 평안함으로 확인한다는 게 얼마나 힘든 일인지 그렇지만 얼마나 확실한 일인지 이야기 하다가 각자 처치를 받으러 헤어졌는데 "그래도 넌 회복될 수 있다는 희망이 있잖니?"라는 그녀의 마지막 말이 고맙고도 가슴 아프다.

# 이제 두 번 남았다

지난 금요일에 퇴원한 뒤로 줄곧 누워 지냈다. 이제까지 항암주사 맞던 중에 회복이 제일 느리다. 회복이 늦다기보다 이러다 영영 일어나지 못하게 되는 게 아닐까 싶을 정도로 자꾸 침대 위에 고꾸라졌다.

여러 사람이 보내주기도 하고 직접 찾아와서 만들어 주고 간 반찬이 있으니 먹는 건 문제가 아닌데 밥을 먹고 나면 도저히 앉아있을 수가 없다. 식탁에 갔다 오기만 해도 심장에 무리가 오는지 가슴이 두근두근하고 편도선이 부은 듯 침을 삼키기도 어렵다.

진행이 빠른 경우에는 항암치료를 하고 있는 중에 재발하는 수도 있다는데 목에도 종양이 생긴 건가? 이대로 못 일어나게 되면 내 짐 정리는 누구에게 부탁할까? 정리하지 못한 베란다를 보고 누가 흉보면 어떻게 하지? 아무튼 주말 내내 온갖 오두방정을 떨었는데 오늘 아침에는 일어나 앉을 만했다.

아침을 먹고 컴퓨터 앞에 앉아 인터넷으로 설교도 듣고 예전에 써 놓은 글도 읽으며 1시간쯤은 앉아있을 수 있었다. 퇴원 이후로 낮이고 밤이고 늘어져있으니 잠을 잔 것 같지도 않고 몸만 무거워서 사흘만에 신발을 신고 음식물쓰레기를 버리러 밖으로 나가보았더니 날이 무척 좋았다.

'이만하면 좀 걸어 봐도 되겠다.'

공과금도 내야하고 우편물도 부쳐야 하고 은행에서 돈도 찾아야 하겠기에 일단 모두 챙겨들고 집을 나섰는데 친구에게서 전화가 왔다. 내가 칼국수 먹고 싶다고 했던 걸 기억하고 우리 집 근처까지 왔다는 것이다. 이왕 신세지는 김에 친구 차를 타고 여러 군데 다니며 볼 일을 다 보고 마지막 코스로 청량리에 들러 개업한 지 30년도 넘었다는 칼국수집에 갔다.

칼국수 국물을 뜨는 데 너무 감격스러워서 수저가 떨릴 지경이었다. 감칠 맛 나는 닭칼국수에 칼칼한 김치 한 보시기를 먹을 수 있어서 행복했다. 그리고 일부러 멀리서 와준 친구에게 고마웠다.

## 불면

오래간만에 잘 잤다. 마음은 편하게 먹고 있는데 몸은 그렇지 않은지 잠들기도 어렵고 잠들었다가도 1시간 반 혹은 2시간마다 잠이 깨서 기운은 없지만 의식은 명료하고 눈이 말똥말똥해진다.

밤에 자지 못했으니 낮잠이라도 잘 수 있으면 좋으련만 낮에도 잠이 오지 않아 생으로 고문 받듯 수면시간이 부족한 날을 열흘 넘게 보내니 몸이 견디지 못하고 입술이 트고 혓바늘이 돋았다. 수면유도제를 먹어볼까도 했는데 약을 먹고 잠들었다가 일어나면 몸이 무거운 게 싫어서 그대로 버티기로 했다.

어젯밤에도 12시쯤 잠들었다가 새벽 2시에 눈이 떠져 인터넷도 들여다보고 책도 읽고 부엌도 정리한 후, 누워서 텔레비전을 보다가 잠들었는데 다시 새벽 4시 반에 잠이 깼다. 마침 새벽에 나가야 할 일이 있다는 남편에게 아침 식사를 차려주며 나도 함께 밥을 먹고 잠들었다가 이제 막 일어났다. 오래간만에 깨지 않고 4시간 넘게 잤다.

인간이 야행성 동물이 아닌 다음에야 밤엔 잠이 오고 아침엔 저절로 눈떠지는 게 뭐 그리 힘든 일인가 했는데 이제는 잠을 못자 괴롭다는 사람의 사정을 충분히 이해하겠다. 밤에는 잠을 자야 한다. 그 당연한 일이 안되는 게 환자다.

# 한밤의 총격 같은 충격

밤에 쉽게 잠들지 못하고 잠들었다가도 자주 깨는 건 여전해서 수면유도제를 가지고 입원했는데 간호사실에서 약을 다 회수해갔다. 대신에 병원에서 처방해주는 약을 먹으라고 했다.

어저께는 취침 전에 병원에서 주는 약을 먹고 편안하게 잠들 수 있었다. 오늘 저녁에 병실에 들른 주치의에게 어제와 같은 약을 달라고 했더니 그러겠노라고 했는데 밤 9시가 되어도 약을 안 준다. 10시에 물어봐도 아직 처방이 안내려왔다고 하고 11시에 물어봐도 '아직'이라고 한다.

할 수 없다. 좀 무식한 방법이기는 하지만 졸릴 때까지 복도를 걸어보려고 운동화로 갈아 신고 복도를 걷기 시작한 지 40분쯤 지났을까? 간호사실 앞을 지나가는데 예쁘장하게 생긴 간호사가 나를 불렀다.

"어르신! 약이 나왔어요."

어르신이라고?

올봄 대학로에 있는 고깃집에 갔을 때 주문받으러 온 총각이 남편에게 어르신은 무엇으로 하시겠냐고 해서 내가 입을 가리고 웃었다.

"우히히히! 어르신이래. 당신 보고."

그런데 어젯밤에 내가 그 '어르신'이란 말을 듣고 말았다. 생글생글 웃는 그 간호사에게서.

이번엔 신장내과병동에 입원했다. 일요일 오후에 병원에서 신장내과병동에 병실이 났다고 연락이 왔다. 들어와 보니 췌장암에 걸린 친구가 입원했던 병실 건너편이다. 신장내과병동이라는데 암환자가 드문드문 섞여있다.

입원한 후 여러 번 혈액검사를 했는데 맨 마지막 혈액검사결과, 면역력을 나타내는 백혈구 수치가 겨우 1000을 넘었다고 해서 오늘 오전에야 항암주사를 맞았다. 약 기운이 돌면서 오후부터는 누워있어도, 앉아있어도 속이 불편한데 물을 가지러 복도에 나갔더니 휠체어에 앉아 쉬고 있던 아주머니가 묻는다.

"오늘은 산보 안하세요?"

"오전에 항암주사를 맞았더니 좀 힘들어서 쉬고 있어요."

"매일 씩씩하게 산보하시는 게 보기 좋아요."

"아주머니는 왜 오셨는데요?"

"남편이 항암치료를 받고 있어요."

"어디에 암이 생겼는데요?"

"코요."

'세상에! 이놈은 자리 잡지 않는 데가 없구나.'

그 아주머니의 남편은 중이염을 1년 넘게 앓았는데 도무지 낫지를 않더란다. 남편을 치료하던 이비인후과 의사가 큰 병원으로 가보라고 해서 이리로 왔는데 검사 결과, 코 속에 4cm 정도의 종양이 있는 걸 발견했다고 한다. 다른 데라면 절개를 하고 잘라내겠지만 얼굴 한복판이 되다보니 40여 차례의 방사선치료를 했고 현재는 항암치료 중이란다.

야밤에 복도를 1시간씩 걷는 나를 보고 힘을 얻는다는 말에 신이 나서, 또 항암치료 중에도 신문배달을 쉬지 않은 동네아줌마 생각을 하며 용기를 내어 진땀을 바작바작 흘리면서 1시간을 걸었다.

# 피투성이라도

항암치료를 받고 퇴원한 지 닷새째.

누워있어도 힘들고 앉아있어도 힘들더니 오늘 아침에는 겨우 일어나 앉을 수 있다. 침대 째 가라앉는 것 같기도 하고 움직이기만 하면 넘어올 것 같은 상태에서는 모든 게 다 귀찮다. 하루 종일 누워있으니 텔레비전을 보며 지내는 시간이 많은데 '아내를 사랑한다면 좋은 집에 살게 해주어야 한다'거나 '좋은 차는 당신의 오늘을 말해준다'는 광고를 볼 때마다 저게 나와 무슨 상관이 있으랴 싶고 '당신의 스타일이 10년은 젊어진다'는 패션광고나 '보습효과가 오래 유지된다'는 화장품광고를 보면 그게 뭐 그리 중요하단 말인가 하는 생각이 든다.

이제는 서로의 집으로 방문하지는 못하고 가끔 병원에서나 만나게 된 췌장암 걸린 친구와는 이런 면에서 말이 통한다. 몸이 괴롭다 보면 사람이 죽을 때는 이렇게 힘들어하다가 죽는가 보다 하는 생각이 들 정도로 견디기가 어렵지만 조금이라도 회복되면 처리해야 할 공과금이나 은행 업무, 세무서 일들이 눈에 들어온다고 했더니 친구가 "너도 그러니? 나도 그래."라며 맞장구 쳐주었다.

정말 삶과 죽음 사이는 아무 것도 아니다. 남편은 출장 가고 작은아들은 출근하고 난 후에 집에 혼자 남아있을 때, 못 견디게 울렁거리면 휴대전화를 쥐고 침대에 눕는다. 죽을 것 같이 힘들면 119를 불러야겠다고 생각하면서.

일어나 앉지를 못해서 이번 주일에는 교회에도 나가지 못했는데 아침에 전화를 걸어준 이연정 권사님이 고맙다.

"아침에 기도하는데 유 권사님 생각이 났어요. 혹시 지금 성경이 옆에 있으면 같이 읽으십시다."

이연정 권사님이 펴라고 하신 데는 에스겔서 16장 6절이다.

> 내가 네 곁으로 지나갈 때에 네가 피투성이가 되어 발짓하는 것을 보고 네게 이르기를 너는 피투성이라도 살아 있으라 다시 이르기를 너는 피투성이라도 살아 있으라 하고

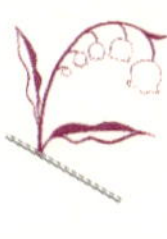

## 마지막 항암치료

지난 번 진료 때에 마지막 항암치료를 위해 입원 예약을 한 게 2주일 전인데 예약 당일에 병실이 없다고 해서 이틀째 기다리고 있는 중이다.

입원하기 전의 준비로 베란다 청소도 하고 빨래도 끝냈다. 냉장고 속의 반찬들도 정리하고 음식물쓰레기도 처리했다. 이불은 솜을 틀어달라고 이불집에 맡겼고 내가 없을 동안 식구들이 쓸 생활필수품이나 음료수도 구입해 놓았다. 집을 며칠 동안 비우는 준비가 이렇게 부산하다.

입원하고 나면 푸욱 쉴 수 있을 것 같아서 좀 무리를 했더니 어제는 산보도 걸러야 할 정도로 지쳐버렸다. 오늘은 원무과에서 병실이 났다는 전화가 오기만을 기다리며 침대에 누워 자다 깨다 하기를 반복하면서 점심도 거르고 잠을 잤다. 내 몸이 그 정도로 휴식을 원하는 것이다.

항암주사 맞고 나서 기운이 없을 때는 이러다가 영 일어나지 못할지도 모르겠다는 생각마저 든다. 그럴 때는 어지간한 문제는 눈에 들어오지도 않는다. 그러다가도 내 손으로 식사준비를 할 수 있을 정도로 회복이 되면 공과금 연체되는 것도 신경 쓰이고 재활용할 수 있는 음료수 캔을 남편이 쓰레기통에 던져 넣는 것도 거슬린다. 삶과 죽음의 경계선 사이에서 사람은 이렇게 간사하다.

## 젊은 언니

병실이 없다고 해서 기다리던 중에 원무과에서 전화가 오자 엎어지듯 자빠지듯 서둘러 나만 먼저 병원에 도착하여 입원수속을 마쳤다. 나머지 입원준비물은 소파에 챙겨놓았으니 남편이든, 아들이든 먼저 퇴근한 사람이 병원으로 가지고 오라고 부탁해 두었다.

이번에 입원한 병실에는 암환자들만 있다. 근처의 병실도 마찬가지인 모양이다. 오후에 다른 병실 환자가 우리 병실을 방문했다.

"아이고, 어디 마실을 가려해도 거기가 거기네."

마실 다니는 중이라는 이웃 병실 환자에게 내 보호자 침대에 앉기를 권했다.

"젊은 언니가 들어왔다더니 이 양반이로구만."

"제가요?"

"지금 몇이시오?"

"쉰여섯이에요."

"근데 이렇게 젊으셔?"

"수술 후에 체중이 늘더니 주름이 쫘악 펴져서 그래요. 하하하!"

"머리카락도 많이 나셨네."

"머리가 다 빠진 다음부터 두피관리를 하고 있거든요."

"그런 게 있으면 내게도 소개해주구려."

"헤어오일을 바르고 마사지 한 다음에 한 시간 후에 샴푸하시면 돼요. 약초 성분이 많이 들어갔다는데 탈모도 방지되고 모근이 튼튼해진대요."

"근데 참 말씀을 예쁘게 하시네. 애교도 많으시고."

지난번에 입원했을 땐 '어르신'이라는 말을 들었는데 이번엔 말을 예쁘게 하는 애교 많은 '젊은 언니'다.

어제 외래로 병원에 갔다가 나오는 길에 친구의 전화를 받았다.

"잘 지내?"

"응. 나, 지금 병원에 왔다 가는 길이야."

"그래? 난 병원에 입원해 있는데."

"지금? 언제 입원했어?"

"월요일에."

"기다려. 내가 올라갈게."

그 친구가 늘 입원하던 83병동에 가서 찾으니 간호사가 금방 알려 준다.

"왜 왔어? 올해는 더 이상 오지 말아야지. 열이 나서 온 거야?"

"아니."

"언제 퇴원해?"

"내일."

"그럼, 나 내일도 올께."

내일은 그녀의 생일이다. 마지막 생일이 될지도 모른다고 경주에 사는 친구도 올라오겠다고 했는데 환자인 친구에게는 폐가 될 것 같아서 오지 말라고 말렸다. 친구도 자신을 잠깐 동안 만나보려고 그녀가 경주에서부터 올라오는 것이 부담된다고 했었다.

케이크 담을 접시 대신 쓸 뻥튀기과자도 한 봉지 사들고 생일케이크랑 다른 친구들이 전해달라고 부탁한 생일선물들을 가지고 병원에 갈 예정이다. 다른 친구들의 문병은 거절하는데 나는 자유롭게 문병할 수 있다. 내가 암에 걸려있기 때문에 좋은 일 중의 하나다.

## 마지막 물 한 모금

저녁 때 수면제를 처방받아 먹었는데 어제와 달리 나팔꽃 씨앗 반쪽만한 노란약이 빠져 있다. 그 조그만 것 안 먹었다고 잠 못 자겠나 싶어 처방받은 약만 먹고 자리에 누웠는데 계속 뒤척거리다가 결국 2시에 잠이 깼다.

불이 환하게 켜진 복도로 나가 휠체어에 앉아 책을 읽고 있는데 병실에서 무슨 소리가 나는 것 같았다. 귀를 기울이고 들으니 역시 소리가 나는 게 분명해서 병실에 들어가 보았다.

직장암에 걸린 어머니를 따님이 간병하고 있는데 어머니가 물을 찾고 있음에도 따님은 잠에 취해 듣지 못하나보다. 내가 할머니께 여쭈었다.

"할머니! 물 드릴까요?"

"응!"

할머니 침대 옆의 보리차병을 찾아 드렸지만 남아있는 물이 적어 고개를 어지간히 젖히지 않으면 물을 마실 수 없게 생겼다.

"빨대가 달린 물병은 없으세요?"

"있는데 안 가져왔어."

"제 걸 빌려 드릴 테니 잠깐 기다리세요."

이럴 땐 암이 전염성이 없는 질병이란 게 정말 다행스럽다. 내 것을 말끔하게 씻어서 물을 채워 할머니께 갖다드리고 다시 복도로 나왔다. 물을 마시고 난 할머니는 따님에게 심술을 부리는 모양이었다. 따님이 졸음이 가득한 목소리로 할머니를 달래는 소리가 들렸다.

"왜 그러시는데요? 말씀을 하셔야 알지요."

나도 겪어보았지만 몸이 불편한 어른을 모실 때에는 언제나 잠이 모자란다. 우선 원하는 시간에 잠을 잘 수 없고 잠들더라도 화장실에 가고 싶다거나 물을 마시고 싶다고 하시면 나도 함께 일어나야 하기 때문이다.

제대로 자지 못하는 게 여러 날 되어서 생으로 병이 나게 생긴 따님

과 날로 체력이 떨어져 컵에 있는 물을 마시기 위해 고개를 젖힐 수도 없는 할머니, 두 분 다 딱하다.

벌써 3시가 되려고 한다. 오늘은 그 할머니에게 물을 갖다드리라고 하나님이 내 잠을 깨우셨나 보다. 나도 이젠 자러 가야지.

할머니는 다음날 이른 아침에 몇 번 구토를 하셨다. 간호사들이 달려와 처치실로 옮긴 후에 인턴, 레지던트들이 뛰어와서 응급처치를 했다. 나중에 짐을 가지러 온 따님 말로는 중환자실로 옮기던 중에 돌아가셨다고 한다.

## 치매 걸린 암환자

옆 침대의 간암환자가 퇴원하고 그 자리에 할머니 한 분이 오셨다. 아침에 그 할머니가 간호사에게 간병인을 불러달라고 부탁하자 간호사가 조금 더 기다려 보시라고 했다.

"오늘 퇴원하시게 될지도 모르니까 30분 후에 회진할 때 선생님 말씀을 듣고 부르시지요."

"그래도 불러줘."

"간병인이 왔다가 할머니 퇴원하셨으면 어떻게 해요?"

"할 수 없지."

할머니는 간단하게 말씀하셨지만 간병인으로서는 하루 일을 공치고 교통비만 쓰는 손해를 보게 된다. 회진 때에 의사가 그 할머니에게 말했다.

"원래 할머니를 담당하시는 선생님이 수요일에 귀국하시니까 일단 퇴원하시고 목요일에 외래로 오세요."

"왜 퇴원하래? 어디가 나쁜가?"

"담당선생님이 해외에 가셨거든요. 여기 계시는 것보다 댁에 가셔서 쉬는 게 나을 거예요."

"왜 집에 가래? 항암치료를 받을 수 없을 만큼 나빠?"

"그게 아니고 며칠 동안만 항암치료를 쉬시는 거예요."

"근데 왜 퇴원하래?"

할머니가 같은 질문을 여러 번 반복하자 설명하던 의사는 포기하고 뒤로 물러섰다. 대신 간호사, 코디네이터들이 아무리 상세하게 설명을 해드려도 왜 퇴원하라고 하느냐는 말씀만 하신다. 할머니는 암뿐만 아니라 약간의 치매증세도 있는 것 같다.

마침 할머니에게 문병오신 같은 교회의 신자가 전후 사정을 듣고 교회에 연락하여 할머니의 퇴원을 도와줄 차를 보내달라고 했다. 교회에서 할머니를 돌보아 드리는 분이 계시는 것 같지만 옆에서 보고 있자니 답답하다.

나중에 알게 되었는데 그 할머니는 예약된 날짜보다 일찍 입원하신 거라고 한다. 나는 수면제를 먹고 자느라고 몰랐지만 어젯밤에도 환자복 속에 옷을 여러 겹 입으시고는 간호사들이 와서 벗기면 간호사들이 간 다음에 다시 껴입기를 반복하셨단다. 아까도 외투까지 입으시고는 방이 너무 더우니 창문을 열라고 하셨다.

딸이 둘이나 있어도 한 분은 연락이 안 되고 나머지 한 분은 자기 살림 꾸려가기에 바빠서 할머니는 당신이 출석하시는 교회의 도움을 받으며 혼자 지내고 계신다니 딱하기만 하다.

# 자기분석

항암치료 받고 퇴원한 다음이라 거의 침대에 붙어 있다시피 지내고 있는데 일본에 있는 큰아들에게서 인터넷으로 전화가 왔다.

"엄마?"

"응."

"뭐해?"

"누워있지. 넌 뭐 하냐?"

"나, 요즈음 재취업준비 때문에 알아보고 있는 중인데 여기서는 대부분의 회사가 자기분석이라는 서류를 내라고 해. 근데 자신이 생각하는 자기와 남이 보는 자기가 다르잖아? 어렸을 때부터 있었던 일을 생각하면서 쓰고 있는데 이거 정말 재미있다. 요즈음 이거 쓰는 게 너무 즐거워."

"그래? 잘 됐구나."

큰아들이 대학교 4학년 때에 '졸업하고 나면 일본에 가서 생활해보고 싶다'고 지나가듯 말했는데 그 말을 듣자 유학업무에 관여하고 있던 남편이 즉시 일을 진행시켰다. 아들은 학교를 졸업하면 1년 동안 준비했다가 떠날 예정이었는데 생각지도 않게 유학수속이 일사천리로 진행되는 바람에 대학을 졸업하자마자 바로 일본으로 유학을 떠났다.

올해 대학원을 졸업할 때까지 제 녀석도, 우리도 힘든 시간을 보냈는데 다행히 졸업을 하자마자 한류 붐을 타고 생겨난 엔터테인먼트회사의 일본 사무소에 취직했다. 일하기 시작한 지 얼마 안 되는데 무엇을 기준으로 판단했는지 몰라도 자기가 생각한 것보다 만족스럽지 않아 회사에 퇴사 의사를 밝히고 재취업준비 중이다.

대학원에서 공부하는 동안 남편과 큰아들 사이가 걱정스러울 정도로 벌어졌었는데 자기분석을 하면서 아버지의 좋은 점이 보이기도 한다니 다행이다. 자기가 이제까지 살아오면서 만난 사람 중에 손가락에 꼽을 정도로 두뇌회전이 빠르고 일이 치밀한 점, 엄청난 인맥, 누

구에게나 호감을 주는 점 등은 정말 대단한 장점이라고 했다. 그렇지만 가까이 가면 시끄럽기 때문에 아버지와는 좀 떨어져 있어야 관계가 좋아진다고 했다.

보통 때는 아들과 통화를 하다보면 남편성토대회로 끝나는데 어제는 1시간이 넘는 통화를 마칠 무렵, 아들이 제 아버지 편을 들었다.

"그래도 지금 우리 집에서 제일 힘든 사람은 아버지시죠. 엄마는 아프지, 우리들은 독립을 못했지, 아버지를 도와드리고 있는 사람이 아무도 없잖아요."

구정 연휴가 끝나고 다시 방사선 치료를 시작했다.

치료를 마치고 8층으로 올라가서 지난달부터 입원해있는 친구를 만났다. 간병인이 있다고는 해도 몸이 아프면 여러 가지가 불편하다. 게다가 걸을 수조차 없게 되면 내 손으로 물 마시고 내 발로 화장실 출입하는 게 소원이 된다.

친구는 오늘은 무슨 검사를 하러 가야 한다고 금식 중이었다.

"검사는 왜 하는 거야?"

"몰라."

"그래도 무슨 증상이 보이니까 검사를 하자는 거 아냐?"

"담즙이 적게 나온다고 하더니 어디가 막혔는지 알아보려나 봐."

"이 줄은 왜 끼운 거야?"

"나도 몰라. 끼워야 하니까 끼웠겠지. 내가 회복을 위한 치료를 포기한 사람이기는 하지만 적어도 왜 이런 처치를 하는지 말은 해주어야 하는데 내 의견 같은 건 묻지도 않아. 답답하기는 하고 나로서는 어떻게도 할 수가 없으니까 너희 시어머니가 국회로 가자고 했던 심정이 이해가 된다."

친구는 통증을 완화하기 위하여 진통제 처방을 많이 받은 터라 처치하러 온 사람들이 설명을 해주었는데도 기억하지 못하는 것일지도 모른다. 그러나 설명이 없었던 게 사실이라면 환자로써 답답하기도 하고 한편으로는 불안해질 수도 있다.

병원에 있다 보면 '이 선생님은 정말 좋은 의사가 되겠구나' 싶은 생각이 드는 수련의들을 만날 때가 있다. 그 태도와 말 속에서 환자에 대한 배려가 느껴지는 경우이다.

나의 시어머니가 국회로 가겠다고 하신 것은 오래 전의 일이다. 시어머니를 모시고 여의도성모병원에 다닐 때였는데 그 즈음에 의약분업이 시행되어 진료를 받은 후에 수납을 하고 나서 처방전을 받아 병

원 근처의 약국에서 약을 사기도 했지만 의약분업이 시행되던 초기라서 일부 약은 병원에서 받아가야 했다.

병원에 속한 약국 대기실에서 기다리던 시어머니가 뭐가 이렇게 복잡하냐고 불평을 하자 주위에 있던 어르신들이 동조를 했고 여기에 힘을 받은 시어머니가 이렇게 선동했다.

"우리 모두 국회로 갑시다!"

그러자 이제까지 시어머니의 이야기에 제일 신나게 맞장구치던 할머니께서 갑자기 풀이 죽은 목소리로 대답했다.

"그런데 걸을 수가 있어야 가지."

모시고 있을 때는 시어머니가 참 별나다고 생각했는데 이제 생각하니 미안한 마음이 드는 일이 많다. 당신 손으로 할 수 없는 일은 점점 많아져서 내게 부탁할 수밖에 없으니 마음에 차지 않아도 어쩔 수 없었을 것이기 때문이다. 내가 해드리는 게 불만스럽고 답답해도 당신 자신이 어떻게도 할 수 없다는 데서 느꼈을 무력감을 이제야 헤아릴 수 있게 되었다.

# 환송식

지난 목요일에 호스피스병동으로 간 친구가 사흘 만인 오늘 세상을 떠났다고 연락이 왔다. 그동안 잘 버텨왔는데 다음 달에 있을 손녀딸 돌이나 치르고 갈 것이지.

친구가 일반병실에 입원해 있는 동안 마침 내가 방사선치료를 받고 있었기 때문에 치료가 끝나면 매일 병실에 올라가서 만나곤 했는데 나와 이야기하는 게 크게 위안이 된다고 했다.

"나는 네가 있어서 다행인데 이다음에 너 아플 때 내가 있어주지 못할 것 같으니 어떻게 하냐? '이놈의 기지배, 저만 먼저 가버렸네' 하고 욕하지 마."

이렇게 말하며 웃던 친구는 병이 점차 진행되면서 몸이 물에 젖은 솜처럼 무겁다고 했다.

"나, 아무래도 죽을 때가 지났나 봐."

"왜?"

"선생님에게 언제까지 이렇게 힘들어야 하느냐고 물어봤더니 지금 아주 잘 하고 계시는 거라고 하더라구."

처음부터 회복을 위한 치료는 하지 않고 열이 나면 해열제를, 통증이 오면 진통제를 맞아가며 버티어 왔기 때문에 어느 때는 나와 이야기를 나누다 말고 깜빡깜빡 잠이 들기도 했다.

"야, 난 이러다가 암 때문에 죽기 전에 뽕쟁이가 될 것 같아."

친구는 자기가 하늘나라에 먼저 가서 좋은 자리를 맡아놓을 테니까 날더러는 천천히 오라고 했다. 이제 더 이상 만날 수는 없어도 이게 끝은 아니지만 친구의 재치 있는 이야기와 여유롭게 웃는 모습이 몹시 그리워질 것 같다.

친구는 병원에 있는 동안 마음에 담았던 것들을 내려놓고 또 내려놓는 연습을 했다고 했다. 사람에게 섭섭했던 일, 하나님에게 섭섭했던 일도 다 내려놓았다며 자신의 마음을 그렇게 인도하신 하나님께

감사하다고 했다.

그리고 오래 전부터 자기가 죽으면 장례식이 아니라 '천당 가는 길 환송식'으로 해달라고 하면서 자신의 장례식에 온 사람들이 되도록 많이 웃다가 갔으면 좋겠다고 했었다. 그러나 친구의 환송식에서 입관예배를 인도하신 목사님이 친구의 집을 심방하면서 메모해놓은 기도제목을 읽어주셨을 때에는 눈물이 후두둑 떨어졌다.

10년쯤 전에는 고등학생이던 딸의 대학입학을 위해서, 그 다음에는 그 딸의 미국유학을 위해서, 발병 후에는 딸의 결혼을 위해서 그리고 작년 2월에 심방했을 때는 태중의 아기를 위해서 기도해달라며 그 아기의 얼굴을 볼 수 있을 때까지 살 수 있기를 소망했다고 한다.

친구의 환송식이 끝난 후, 휴대전화의 문자메시지 정리하다 보니까 친구가 작년 12월 6일에 내게 보내온 게 있다. 내가 항암치료 끝났다고 연락했을 때 답장으로 온 메시지이다.

(용타!!! 기도는 계속 하고 있으니까 주님께서 도우시리.)

작년 연말 즈음부터는 그 친구의 목소리에 힘이 없어서 전화로 이야기할 때는 잘 알아들을 수가 없었기 때문에 자꾸 되묻기도 민망해서 주로 문자메시지만 보냈다. 답장이 없으면 많이 아픈 거라 생각하고 내가 병원에 갈 때 병실에서 직접 만났다. 그래도 목소리가 작아서 입술을 잘 쳐다보며 주의 깊게 이야기를 들어야 무슨 말을 하는 지 알 수 있었다.

그 메시지를 차마 지우지 못하고 문자보관함에 저장했다.

# 암이라는 축복

올해 7월에 보건복지부로부터 '수술한 지 5년이 경과했으므로 암이 완치된 것으로 간주하여 더 이상 중증 환자로 분류하지 않는다'는 연락을 받았다. 8월 초에 혈액종양내과 선생님도 이제 5년이 지났으니 일단 고위험군에서는 벗어났다고 말씀하셨다. 그동안 가족과 친구들에게 염려를 끼쳐왔는데 잘 회복되고 있으니 감사한 일이다.

나보다 먼저 췌장암 진단을 받고 함께 투병하다 떠나는 친구를 보면서 암이라는 것도 나쁘지 않다고 생각했다. 세상을 떠나는 방식에는 사고도 있고 돌연사도 있고 자연사도 있는데 의식이 맑은 상태에서 죽음을 준비할 시간을 가질 수 있다는 점에서 암은 축복된 방법이라는 생각이 든다. 재클린 오나시스가 치매에 걸려 있었더라면 그녀가 했던 것처럼 자신의 마지막 순간에 입을 옷과 침대 시트를 고르고 그 시간에 틀어놓을 음악을 정하고 초대할 사람의 명단을 작성할 수 없었을 것이다.

그동안 나의 건강, 재능, 가족, 친구, 이웃과 환경은 당연한 것으로 여기고 '더 빨리, 더 많이, 더 높이'를 지향하며 바쁘게 사느라고 이미 가지고 있는 것에 대한 감사를 모르고 지냈으나 요즈음에는 철이 바뀔 때마다 입던 옷을 세탁하여 집어넣고 계절에 맞는 옷을 꺼내며 앞으로 이걸 몇 번이나 더 할 수 있을지 생각한다. 그리고 남편의 발을 마지못해 밟아줄 때도 있는데 언젠가는 우리 둘 중에 한 사람은 아침에 혼자서 눈을 뜨게 될 테니까 이런 일도 그리워지는 날이 올 것이라는 생각도 하게 된다.

예전에 서점에서 <성공할 사람과 한배를 타라>는 제목의 책을 본 적이 있는데 나는 성공할 사람의 배에 타려고 하기 보다는 아직 말할 수 있을 동안에, 아직 움직일 수 있을 동안에 내가 가진 시간과 재능과 물질이 옆에 있는 이들에게 유익이 되도록, 그래서 나와 한배에 탄 사람이 성공하도록 돕고 싶다.

성경에는 죽었다가 살아난 사르밧 과부의 아들과 나사로의 이야기가 나오는데 그들 역시 몇 년 더 살다가 결국에는 세상을 떠났다. 100세 시대가 되었어도 우리는 언젠가는 죽는다. 아직 죽음을 준비할 수 있을 때 정말 중요한 것이 무엇인지 돌아보면 삶의 우선순위가 이제까지와는 달라진다. 나 역시 수술을 하고부터 육신의 정욕과 안목의 정욕과 이생의 자랑을 좇는 게 무의미하며 내일을 위해 유보해 둔 것이 많아도 그걸 써 볼 사이도 없이 인생이 지나가버릴 수 있다는 것을 실감했다. 내가 아끼고 소중하게 여겼던 모든 것들과 헤어지는 날이 생각보다 빨리 올지도 모르는데 허무한 것에 주목하지 않도록, 그래서 오늘이라고 일컫는 매일의 수고가 헛되지 않도록 잠깐 멈추어 서서 정말 중요한 것이 무엇인지 생각할 수 있는 기회를 얻은 것이다.

성경에는 '남편들아 이와 같이 지식을 따라 너희 아내와 동거하고 그를 더 연약한 그릇이요 또 생명의 은혜를 함께 이어받을 자로 알아 귀히 여기라'는 말씀이 있음에도 남편이 나를 연약한 그릇으로 생각하지 않는 것만 탓했는데 남편 역시 연약한 그릇이라는 것을 얼마 전에야 깨달았다. 결혼하고 한 15년 동안은 치열하게 전면전을 펼쳤지만 나이가 들면서 인간적으로 성숙해서가 아니라 체력이 바닥나서 간헐적으로 국지전만 해왔는데 피차 만신창이가 된 이제서야 우리는 서로에게 좋은 말벗이며 함께 밥 먹는 이성친구가 되었다.

'왜 하필 내게 이런 일이...'라고 생각한 순간도 많았으나 날이 갈수록 하나님께서 내게 하시는 일은 다 선하고 옳다는 것을 깨닫는다.

# 우리 친구, 유 대인

언제나 그가 쓰는 짧은 글들은 살아있는 느낌입니다.
그는 자신의 느낌을 직접적으로 언급하지는 않아요.
의도적인지 무의식적인지는 몰라도 극히 사실만을 이야기 합니다.
그럼에도 충분히 살아있습니다.
궁금하기도 합니다. 어찌하여 그럴까?
아마도 그것은 그가 유별난 시어머니와 치매 걸린 친정아버지를 연이어 모시고,
그 경험을 책으로 써서, 월간 신동아에서 상을 받은 바로 그 이유와 같으리라.
그러니까 그가 암에 걸렸음에도 초연하게 그것을 받아들이고,
항암치료를 받고 회복했으며, 회복한 사실 또한 그저 자연스레 받아들이는 그 태도.
그것에 대해 그가 믿는 하나님께 유별나게 감사드린다는 표현을
들은 적이 없음에도, 그러함에 틀림없다고 믿어지는 그의 담담함,
아니 그보다, 아무것도 덧칠해지지 않은 그 담백함 때문이 아닐까 생각합니다.

겨울은 추워야 하고

작년에 사온 백합의 꽃이 진 후에도 화분에 뿌리를 그대로 둔 채 베란다에서 겨울을 나게 했는데 오늘 아침에 화분을 들여다보니 새순이 나오고 있었다.

"이거 좀 봐요! 백합 싹이 났어요." 남편이 느릿느릿 다가와서 들여다보며 말했다. "진짜네. 겨울에 그렇게 추웠는데." "정말 신통하지요?" "겨울은 추워야 하는 거요. 봄은 따뜻해야 하고 여자는 말을 잘 들어야지." "남자는?" "잘 시켜야 하고." "푸하하하!" 베란다에 쪼그리고 앉아 화분을 들여다보다가 너무 웃겨서 털썩 주저앉을 뻔했다.

대단한 기지로 마누라를 꼼짝 못하게 하는 남편에게 꼼짝 못하고 해달라는 대로 해주는 듯 보이지만, 사실은 당하는 것이 아니라 푸하하하 웃으며, 진정으로 해주고 있다는 거.

그런 에피소드들을 가감 없이, 느낌 없이, 있는 그대로, 짧게.

정말 한 글자도 머릿속에서 만들어 낸 것 없이

생활을 그대로 옮겨놓은 것, 쓰는 것이 아니라,

느낌은 온전히 우리의 몫으로 오히려 그래서 더 생생한 건지도 모르겠습니다.

우리 동창들은 그를 '유 대인'이라고 부릅니다.

지식백과에서 '대인'을 찾아보았더니 "감각기관에게 우위를 빼앗기지 않고 마음의 기능을 발휘하여 선한 본성을 현실화시킨 사람"이라고.

그가 대인의 풍모를 지닌 것, 맞습니다.

그가 발휘하고 있는 '마음의 기능'들 중 특히 다음의 것을 그의 행동에서 많이 봅니다.

"결혼이란 건 사랑으로 유지되는 게 아니라 책임감과 인내와 신뢰와 성실로 유지되는 극기 훈련 같은 것이다."

"한 사람이 쓸 수 있는 에너지의 총량은 다 비슷비슷하기 때문에 자기를 위해서 쓰는 게 너무 많으면 남을 위해 쓸 게 남아있지 않은 법이다. 겉을 치장하는 데에 치중하다 보면 속이 부실해지는 법이고."

생활 자체이며, (그의) 마음 그대로인 그의 글들을 친구들이 얼마나 좋아하는지요.

모두가 즐겨했던 그 이야기들이 한 권으로 엮여 나옴에 한 마음으로 기뻐합니다.

평화..

유수정(한국지역사회교육협의회 부모리더십센터 수석강사)

여기까지 읽고

책을 뒤집으시면

'아니, 아직도 그 남자랑 살아?'가

시작됩니다.

여기까지 읽고
책을 뒤집으시면
'여보, 오늘은 마누라 근무 끝났어!'가
시작됩니다.

KOREAN AIR LINES

POST CARD

그래 알았오!

기다려

날라 갔께!

이것이 길었던

우리 연애시절의

마지막 편지이다.

만세!!

SEOUL

김조웅

EXPRESS

AIR MAIL

千葉県 市川市 鬼高 2-26-1

JAPAN 中山寮

Woman at the Lotus Pond: A genre painting by Sin Yun Bog, Yi Dynasty (18th-19th Century).
Describing a Gisaeng lost in thought with Saenghwang (traditional reed instrument) and bamboo smoking-pipe on hands.
Gisaeng: Korean traditional hostess for noble men.

1979년 9월 21일 소인이 찍힌 엽서

남편은 이 엽서를 보낸 후 곧바로 나의 귀국 이삿짐을 싸주러 일본으로 왔고
함께 서울에 도착하자마자 10월에 결혼식을 올렸다.